憎むのでもなく、許すのでもなく

ユダヤ人一斉検挙の夜

ボリス・シリュルニク
林昌宏＝訳

吉田書店

憎むのでもなく、許すのでもなく——ユダヤ人一斉検挙の夜

目次

本文と注における〔　〕は、訳者による補足である。

フランス全土
ソワソン
（著者の父は、ソワソン の戦いで負傷し逮捕された）
ドランシー
（ユダヤ人移送のためにナチスが作った収容所があった）
◎パリ
メリニャック
（著者の父が監禁された収容所があった）
ヴィラール＝ド＝ラン
（著者が終戦直後の一時期を過ごした）
ガロンヌ川
リヨン
ボルドー
ポンドラ
（著者の戦時中の疎開先）
マルセイユ
ラ・セーヌ＝シュル＝メール
ボルドー
カンコンス広場
ガロンヌ川
パ＝サン＝ジョルジュ通り
（著者の通った幼稚園があった）
ルセル通り
シナゴーグ
（ユダヤ人一斉検挙の舞台となった会堂）
アドリアン・ベッスランス通り
ボルドー サン＝ジャン駅
（著者が潜んでいたファージュ家があった）

パリ

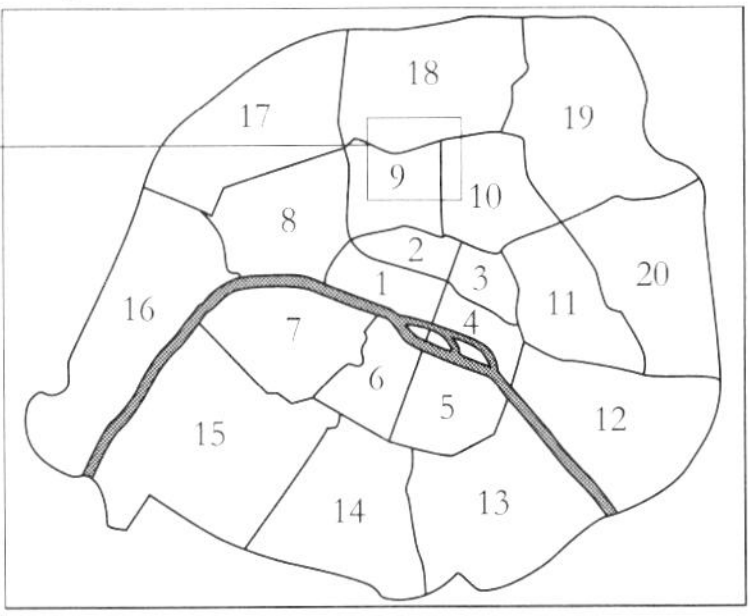
18
17
19
9
10
8
2
3
20
1
11
16
4
7
6
5
12
15
14
13

モンマルトル周辺

オルドゥネ通り
（著者がドラと暮らした
アパートがあった）
ムーラン・ド・ラ・ギャレット
サン＝ヴァンサン通り
バルベス通り
サクレ＝クール寺院
テルトル広場
洗濯船
レピック通り
ロシュシュアール通り
（終戦直後しばらくの間、著者が
ドラと暮らしたアパートがあった）
ピガール
広場
テュルゴ通り
ジャック＝ドクール校
（著者が通った高校）

憎むのでもなく、許すのでもなく――ユダヤ人一斉検挙の夜

大きな幸せをくれたフローンスに捧ぐ。

私たちの生活を愛情と驚きで満たしてくれる、私の子どもたちと孫たちに捧ぐ。

過去をきちんと伝えるために、私の友人たちに捧ぐ。

第一章

ユダヤ人一斉検挙

私は、二度生まれた。

最初に生まれたときの記憶は、もちろんない。一九三七年七月二十六日に、私はボルドーで生まれたことになっている。

一方、第二の誕生は、はっきりと覚えている。ある晩、目を覚ますと、ベッドの周りには武装した人々がいた。彼らは私を逮捕したのである。私を殺すためにやって来たのだ。私の物語はその晩から始まる……。

逮捕

「死」が何を意味するのか、六歳の私にはわからなかった。「死」について、時間が完全に止まるという不可逆的なイメージを抱くようになったのは、その一年後、あるいは二年後のことだ。

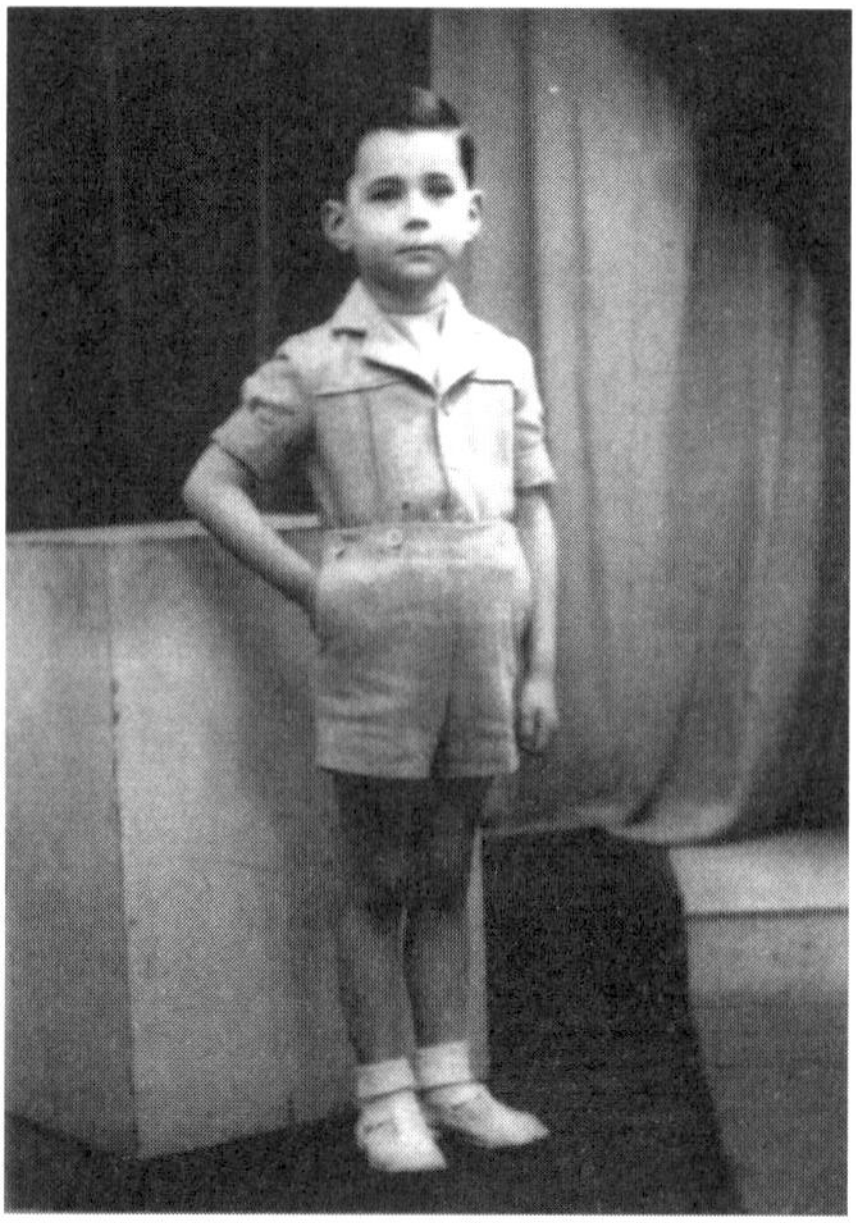
逮捕される数カ月前の私（1944年）

私ははっきり覚えている。ファージュ婦人が「この子を助けてあげて。この子がユダヤ人であることは誰にも言わないで」と訴えていたのを。武装した男たちは、私の死を願っていたのだ。ファージュ婦人のその言葉から、彼らが銃口を向け、私を叩き起こした理由がわかった。彼らは、片手に懐中電灯、もう一方の手には拳銃を握りしめ、フェルト帽をかぶり、黒いサングラスを掛け、コートの襟を立てていた。これが子どもを殺そうとするときの格好だなんて奇妙ではないか。

私は、ファージュ婦人の様子を不思議に思った。寝間着姿のファージュ婦人は、小さなボストンバッグに私の衣服を詰めながら、彼らに訴えた。「この子を助けてあげて。この子がユダヤ人であることは誰にも言わないで」。ユダヤ人であることが何を意味するのかは知らなかったが、そのとき私は、「生き続けるには、ユダヤ人だとさえ言わなければいいんだ」と子ども心に思った。

責任者らしき男は答えた。「ユダヤ人の子どもたちには消えてもらう。さもないと奴らは、いずれヒトラーの敵になる」。要するに私は、大人になったら悪いことをするので、死刑宣告されたのだ。

その晩、第二の私が生まれた。私を殺すための拳銃、夜のサングラス、小銃を肩から下げたドイツ兵、いずれ私は犯罪者になるのだという宣告を背景に。目の前に現われた大人たちは真面目な人物ではなく、また、人生は波乱に富んだものだと私は悟った。

この想像を絶する夜の出来事があったとき、私は六歳半だった。読者は信じられないかもしれないが、私がそのことを知ったのは、かなり後になってからだ。この出来事をきちんと把握しようと思い、ボルドー地方でユダヤ人一斉検挙が行われた時期を調べてみたところ、それは一九四四年一月十日のことだった。私の第二の誕生は、過ぎ去った出来事を理解するために歴史的事実で自分の記憶を補ってやる必要があったのだ。(1)

昨年、私はキリスト教系ラジオ局RCFの文学番組に出演するために、ボルドーに招待された。ラジオ局の玄関まで送ってくれた女性ジャーナリストは、「最初の交差点を右に曲がって真っ直ぐ行くと、路面電車の駅があります。そこから電車に乗れば、街の中心のカンコンス広場に行けます

（1）医師のエリック・アウイゼラが提供したスリタンスキー記録文書。

よ」と教えてくれた。

その日は晴天で、ラジオ番組の収録が順調に終わったこともあり、壮快な気分だった。ところが、過去のイメージが突然、脳裏に浮かび上がり、私は驚愕することになる……。

——夜、道端では武装したドイツ兵が非常線を敷き、歩道には、長いシートの付いた数台のトラックと黒塗りの車が止まっていた。私は、その黒い車に乗せられたのだ——。

晴れていた。モラ書店〔ボルドーにある大型書店〕で、もう一件用事があった。

なぜそんな遠い過去を、突然思い出したのだろうか。

路面電車の駅に着くと、大きな建物の白い壁面には、「子ども病院」という文字が彫ってあった。はるか昔にファージュ婦人の娘マルゴに禁止されていたことを思い出したのだ。「子ども病院の通りに行ってはだめよ。あそこには大勢の人がいて、あなたを密告する人もいるわ」。

我ながら驚いたのだが、私は引き返し、アドリアン・ベッスランス通りを横切った。無意識のうちにファージュ婦人の家に向かっていたのだ。一九四四年以来、ファージュ婦人の家は一度も訪れていなかった。舗道との間の植え込みや玄関の石段を目にすると、私が逮捕されたときの記憶がよみがえってきた。

普段、なにげなく暮らしていても、過去に起こった一連の出来事が脳裏をよぎることがある。日々の暮らしや人との接触、日常の雑事により、過去の劇的な出来事は記憶の奥底に閉じ込められていたが、舗道との間の植え込みや、玄関の不恰好な石段が目に入った途端、もう忘れてしまったと思っていた昔の記憶が、鮮明によみがえってきたのだ。

一九四四年一月、私はその物語を出発点にして、自分の人生を過ごすことになるとは、思いもしなかった。もちろん、あの時代に死の恐怖にさらされながら日々を過ごしたのは、私だけではなかった。しかし、私は六歳にして「死をくぐり抜け、死を経験したのだ……」[(2)]。死は、記憶に埋め込まれ、成長していく過程で、私に大きな影響を及ぼしたのである。

思い出に意味を与える

両親の死は、私にとって事件ではなかった。父と母は、私の前から急にいなくなったのだ。両親の死に対する感情は残らなかったのに、突然目の前からいなくなったという事実だけは、心にしっかりと刻印された[(3)]。ある日突然、両親と離れて暮らすことになった私は、どのような心境だったの

(2) Semprun J. *L'Ecriture ou la vie*, Paris, Gallimard, 1994, p.149.

(3) ジョルジュ・ペレック『Wあるいは子供の頃の思い出』酒詰治男訳、水声社、二〇一三年と、「eux, mes parents（彼ら、わたしの両親）」を示唆するアルファベットの「e」を用いないで書かれたジョルジュ・ペレック『煙滅』塩塚秀一郎訳、水声社、二〇一〇年を参照のこと。

母のナディアと一歳の私（1938年）

私の両親（南仏への新婚旅行）

だろうか。苦痛は感じず、落胆しただけだったと思う。心が空虚な状態であれば、苦しみなど感じない。

戦前に家族で暮らしていたときのことを、はっきりと覚えている。二歳だった私は、しゃべり始めたばかりだったが、家族の情景は今でも覚えている。父が食堂のテーブルで新聞を読んでいた姿が目に浮かぶ。部屋の真ん中には石炭が山積みにしてあり、アパートの同じ階の部屋からは、肉を焼く美味しそうな匂いが漂ってきた。十四歳のジャックおじさんが、私めがけてゴム製の矢を放って遊んでいた。私は、ジャックおじさんの悪戯を大人に言いつけようとして、大声で泣きわめいた。母は、私が自分一人で靴を履くのを辛抱強く待ってくれた。ボルドーの岸辺には大きな船が停泊し、その船からは、巨大なバナナの房を背負った男たちが降りてきた。

他にも音のない情景がたくさん目に浮かぶ。そうした情景が、戦前の思い出となっている。

ある日、制服姿で戻ってきた父を見て、とても誇らしい気分になったのを覚えている。歴史資料によると、父は、在住ユダヤ人と共和派スペイン人からなる「外人志願歩兵連隊」に参加していたらしい。この連隊は、ソワソン〔パリの北東百キロメートルにある都市〕の戦いで大量の犠牲者を出し、大きな損害を被った(4)。当時、私はそのことを知らなかった。私は、軍人である父を誇りに思っていた。父は二カ所がとがったカロ帽〔ひさしのない帽子〕をかぶっていたが、私はその帽子が好きになれなかった。しかし二歳の私が、本当にそう感じたのだろうか。それとも戦後に父の帽子姿の写真を見て、そう思ったのだろうか。

一連の事実が出来事に意味を与える。

思い出の第一幕――。私は、ルセル通り〔ボルドー市内〕近くの大通りを行進するドイツ軍を眺めていた。軍靴の刻む力強いリズムが印象的だった。行進の先頭では音楽が鳴り響き、馬の両脇に取り付けられた大きな太鼓の拍子が、威風堂々たる雰囲気を醸し出していた。馬が足を滑らせて転ぶと、兵士たちはその馬を起こし上げ、再び行進した。それは実に見事な光景に思えたが、奇妙な

(4) 外人志願歩兵連隊には一万一千人の兵士がいたが、一九四〇年六月八日、ソワソンにおいて七千五百人の戦死者を出した。

私の父親、ポーランドにて

ことに、周りの大人たちは涙を流していた。

思い出の第二幕――。私と母は、郵便局にいた。数人のドイツ兵が散歩していた。彼らは武器を持たず、カロ帽をかぶらず、幅広の革ベルトさえもしていなかった。好戦的な雰囲気は感じられず、彼らの一人はポケットをまさぐり、私に一握りのキャンディをくれた。母はそのキャンディを奪い取ると、ドイツ兵に何か文句を言いながら突き返した。母の勇気に感動したが、キャンディをもらい損ねたのは、ちょっぴり残念だった。母は私に言った。

「ドイツ人とは、決してしゃべっちゃだめよ」。

思い出の第三幕――。軍休暇の父と一緒に、ガロンヌ川の岸辺を散歩した。父と母はベンチに腰掛け、私はボールで遊んでいた。ボールが二人のドイツ兵が腰掛けるベンチのほうへ転がっていった。ドイツ兵は、足元に転がってきたボールを拾い、私に手渡そうとした。私はとっさに拒否したが、ボールを手にしたドイツ兵は微笑んでいた。私はボールを受け取った。しばらくして父は軍隊に戻り、その後、母は父と二度と会うことがなかった。それ以降のことは、ほとんど覚えていない。

次に思い出すのは、マルゴが孤児院に私を迎えに来てくれたときのことだ。両親は、私の前から姿を消していた。私は、母との約束を破ってドイツ兵とおしゃべりしたことを思い出した。両親が死んだのは、私が自分の住所を教えたからだろうか、と自責の念にかられた。

若いころ（戦前）の私の母親

反ユダヤ法〔ナチス・ドイツの占領下にあったフランスが、一九四〇年に可決したユダヤ人社会を規制するための法律〕を知らない子どもにとって、両親が姿を消した理由など、わかるわけがない。当時の私が考えた唯一の原因は、母との約束を破ったことだった。「ドイツ人とは、決してしゃべっちゃだめよ」。過去の出来事に一貫性をもたせるために、子どもなりに記憶の断片をつなぎあわせたのだ。ばらばらの思い出を組み立てた私は、両親の死の原因は自分にある、という結論を下したのである。

それはあたかも雄牛の胃袋、鷲の翼、ライオンの頭をもつキマイラ〔ギリシャ神話に登場する火を噴く怪獣〕だ。もちろん、そんな動物はこの世に存在せず、意識の中にしかいない。とはいえ、記憶に残るイメージは、すべて本物である。それらの記憶から物語をつくるために、思い出を脚色して再構成する。記憶に刻まれるすべての出来事は、自分の意識の中でキマイラをつくり上げる材料になるのだ。

私には、普通に暮らしていたときの思い出しかなく、母が姿を消したときの記憶はない。一方、パ＝サン＝ジョルジュ通りにある幼稚園での体験は、今でもはっきりと覚えている。保母のマルゴ・ファージュは、学芸会で三歳児に『カラスとキツネ』〔ラ・フォンテーヌ原作〕を演じさせた。「木の上にとまっていたカラスさんが……」という台詞がうまく言えずにうろたえ、しまいには、舞台の木の枝にカラスをどうやってとまらせたらよいのかなどと、考えこんでいた……。それでも私は、キツネ役をしっかりと演じた。

二人の小さな女の子が同じ「フランソワーズ」という名前だったので、私は憤慨した。どの子も違う名前をもつべきであり、同じ名前の女の子が何人も存在するのは、その子たちの人格を軽視しているからだと思ったのだ。私はすでに精神分析を始めていたのかもしれない〔著者は精神科医〕。

ジャン・ボルド（ラボルドだったかもしれない）という偽名

生活が崩壊すると、精神は鈍化する。

一九四〇年、男性は従軍し、政府の福祉政策は機能していなかった。女性は親類を頼りにするしかないのに、パリに住む母方の親類も母の下の妹、十五歳のジャネットもいなくなった。警察に逮捕された形跡もなければ、検挙されたわけでもない。ジャネットは突如としていなくなったのだ。文字どおりの「煙滅」である。

〔ユダヤ人であるため〕就労は禁止され、働くこともできない。川の岸辺や道端で家財道具を売っていた母の姿を、なんとなく覚えている。


一九四〇年から一九四二年にかけての時期は、私の記憶からすっぽりと抜け落ちている。出来事の日付はもちろんわからないし、時間的な前後関係も混乱したまま。たとえば、「逮捕されたのは、二歳のときだったような気がするが……。いや、それはありえない。では八歳だったのだろうか……。違う、それでは戦争が終わっている」という具合だ。驚くほど鮮明なイメージが残っているが、それらを時系列的に把握することができなかったのだ。

ようやく最近になって、母が私を孤児院に預けたのは、母が逮捕される前日の一九四二年七月十

私をかくまってくれたマルゴ（私は彼女の家で逮捕された）（写真は戦後）

八日だったのを知った。私はこれまで、そのときのことを振り返ろうとは思わなかった。誰かが母に逮捕の日が近いことを知らせたのだろう。母が私を見捨てたのではないか、などとは寸分たりとも考えたことがない。きっと母は、私を助けるために孤児院に預けたに違いない。私を孤児院に預けた後、夫も子どももいない自宅へ戻った母は、その翌朝に一人きりでいるところを逮捕されたのだ。そんなことなど思い出したくもない。

私は一年間、孤児院で暮らしたはずだが、そのときのことは何も覚えていない。マルゴが私を迎えに来た日までは、まったく記憶がないのだ。それまでにもマルゴは、角砂糖の入った箱を孤児院にいる私に持ってきてくれたようだった。マルゴが「もう孤児院に行くこともないわ」と呟いたのは、ボルドーへ戻る列車の中のことだったと思う。

マルゴの家族に引き取られてから、私の記憶は再び鮮明になった。マルゴの母親で大学区視学官だったファージュ婦人は、顔を真っ赤にして、カンカンに怒った。私は驚いたふりをした。ファージュ婦人は自分の娘マルゴを叱った。「孤児院にこの子を引き取りに行くなら、私たちにも一言断るべきだったでしょ」。

マルゴの女きょうだいで教師のスザンヌは、居間の大時計を使って、時間の読み方を教えてくれた。また、犬のように一気に食べるのではなく、猫のように少しずつ食べる作法も教えてくれた。「どうしてそんな風に食べなきゃいけないの」と、スザンヌに尋ねたような気がする。

ファージュ家の人々は、よく大きなラジオの前に集まり、ラジオ番組を聞いていた。「ブドウは青くて食べられない」、あるいは「小熊は、蝶々にプレゼントをあげました」というようなラジオから流れてくる台詞を、私は真似した。ファージュ家の人々が大声でしゃべるので、ときどき台詞が聞き取れなかった。それがラジオ・ロンドン〔イギリスの公共放送局BBCが一九四〇年から一九四四年までの間、ナチス占領下のフランスのためにフランス語で放送したラジオ番組〕と呼ばれる番組だったとは知らなかった。滑稽《こっけい》な台詞を真剣に聞こうとして、ラジオの周りに集まるのを奇妙に思ったものだ。

ファージュ家では、私にいくつかの役割が与えられた。たとえば、狭い庭の手入れやニワトリ小屋の清掃の手伝い、子ども病院の正門の前で配給されるミルクをもらいに行くことなどである。それらの作業をこなすのが、私の日課だった。ある日、ファージュ婦人は私に言った。「今日からお前の名前はジャン・ボルドだよ。さあ言ってごらん」。

おそらく復唱でもしたのだろうが、なぜ自分が名前を変えなければならないのかは、理解できなかったはずだ。ファージュ婦人の家事を手伝うために出入りしていた女性が、優しい声で説明してくれた。「本当の名前を言うと、あなたは死んでしまうのよ。そしてあなたのことを愛している人たちも、あなたのせいで死ぬことになるのよ」。

毎週日曜日には、マルゴの男きょうだいのカミーユがやって来た。彼が現われると、家族全員が笑い、和やかな雰囲気になった。ある日曜日、カミーユは、友人を連れてボーイスカウトの姿で現われた。礼儀正しく控えめで、縮れ毛のその友人は、部屋の隅のほうに立っていた。カミーユが冗談を言って皆を笑わすと、彼も微笑んでいた。カミーユは、ジャン・ボルドという私の新しい名前にひっかけて、ダジャレを連発した。「じゃあ、俺はチビに話しかけてみよう」〔フランス語で発音すると、「チビのジャン・ボルド」とも聞き取れる〈le petit j'aborde / le petit Jean Bordes〉〕、「ジャン、お前、何がしたいんだ」〔前述の質問にひっかけたダジャレ〈Qu'est-ce que tu abordes, Jean?〉〕。

私の偽名がボルドだったか、ラボルドだったか、今ではまったく思い出せない。かなり後のことだが、パリのピティエ＝サルペトリエール病院で神経外科のインターンをしていたころ、若い女性の医師の名前がボルドだった。「あなたの名前は、私が戦時中に付けられた偽名と同じだ」と危うく打ち明けるところだったが、「ラボルドだったかもしれない」と思い直し、押し黙った。いずれにせよ、そんなことを言ったら、彼女にいろいろと説明しなければならなかっただろう。

〔第二次世界大戦におけるドイツ占領から〕フランスが解放された二年後、学校で本名を名乗れるようになったとき、ようやく戦争が終わったと実感した。

私は母の女きょうだいであるおばのドラに引き取られた。フランスはアメリカ人を中心にお祭り状態だった。アメリカ人は若くすらりとしていて、彼らが現われると、どこでも明るい雰囲気になった。彼らのはじけるような笑い声、奇妙なアクセント、旅行の話、人生計画などを耳にすると、胸がわくわくした。彼らはチューインガムを配り、ジャズ・オーケストラを組んだ。アメリカ人女性は、縫い目のないナイロンストッキングを履き、ラッキー・ストライクという銘柄のタバコを吸っていた。小さな丸メガネをかけた若いアメリカ人は、私のボリスという名前はロシア的な響きがするので、ボブと呼ぶことにしようと提案した。ボブという名前は「再び自由になった」ことを意味するのだという説明に全員が賛同し、私もしぶしぶこれを受け入れた。

医学生になったとき、私は再びボリスと呼んでもらうことにした。でも、おばのドラには、そのことは内緒にしていたように思う。というのは、ドラにとって、ボリスという名前は、相変わらず危険な響きがしたからだ。一方、ボブという名前は、国の復興やわれわれの解放者であるアメリカ人とのお祭りを連想させた。私はまだ出自を隠していたが、自分の本当の名前を名乗り、自分自身であることを感じられるようになっていた。

私の父親

話は前後するが、カミーユと彼の友人が遊びに来た後、マルゴの家の生活も一変した。ある夜のこと、叫び声と部屋の明かりで目が覚めた。ファージュ婦人の夫が、睡眠中に息を引き取ったのだ。ファージュ婦人は顔面蒼白だった。スザンヌはバイヨンヌ〔フランス南西部にあるスペイン国境に近い都市〕へ出かけており、マルゴは教師の職を得るために、月曜日の朝にランスムザン〔フランス南西部にあるスペイン国境に近い街〕に行っていて、二人とも家にはいなかったと思う。ラジオの音もなく訪問客もなく、家の中は静まり返った。それまではミルクの配給を受け取るのに、ボルド（あるいはラボルド）と名乗るだけでよかったが、このころから密告される恐れが生じていた……。

ある日、知らない女性が現われた。マルゴ

は言った。「彼女がお父さんに会いに連れて行ってくれるそうよ」。私は、父は「煙滅」したと思っていたので、うれしくも悲しくもなく、ただぼんやりとしていた。自分を取り巻く事態に、一貫性を見いだせなかったのだ。その女性は、左胸に黒縁の黄色い星型の布をつけていた〔ナチス支配下のフランスでは、ユダヤ人は、衣服の胸に黄色い星をつけるように義務づけられていた〕。きれいな星だと思った。マルゴは黄色い星を見ながら、その女性と会話した。「それをつけていて大丈夫なの」、「ええ、なんとかやれるわよ」。

メリニャック〔ボルドー郊外の町〕の収容所に到着するまでの長い道中、私とその女性は押し黙ったままだった。収容所の入り口を警備する兵隊に近づくと、彼女は首にマフラーを巻き、黄色い星が見えないように、マフラーを安全ピンで上着に固定した。書類を提示すると、臨時収容所に連れて行かれた。木製のベッドに腰掛けた男が私を待っていた。私は、それが父だとは思いもしなかった。父は私に何か言ったはずだが、よく覚えていない。われわれは収容所を後にした。

戦争が終わってかなりの月日が経ち、私は、アンツィジェ将軍の署名入りの証書とともに、父の戦功十字章を受け取った。証書には、「ソワソンの戦いで負傷した……勇敢な兵士」と書かれてあった。あのとき父が腰掛けたままだったのは、負傷していたからだったのだ。父は、病院のベッドの上でフランスの警察によって逮捕され、メリニャックの収容所に送られ、さらに、ドランシー収容所〔ナチスがパリ北部につくった、ユダヤ人移送のための収容所〕に移された後、ついにアウシュヴィッツ送りとなったのだ。

その翌日、マルゴが声をひそめてしゃべっているのを立ち聞きした。「あの薬剤師（私を連れて行ってくれた女性の職業だとわかった）が家に戻ると、ゲシュタポ（ドイツの秘密警察）が待ち伏せしていたのよ。それで、彼女は窓から投身自殺したそうよ」。

おしゃべりは危険だ。なぜなら、死をもたらす恐れがあるからだ。一方、沈黙は極度の不安をもたらす。なぜなら、迫ってくる脅威がどこからやって来るのかわからないからだ。誰かが私を密告するのではないか。どうやって身を守ればよいのだろうか。ファージュ家の人々が死ぬようなことがあれば自分に責任があると思った。というのは、彼らは私に親切だったからだ。

家の中は暗く、静まり返っていた。数カ月間、家には誰もいなかった。六歳だった私は、読み書きはまだできず、ラジオや音楽はなく、友だちはなく、会話することもなかった。私は無言で居間のテーブルの周りを歩きまわった。歩きまわると、不思議な感覚にとらわれ多少気分が和らいだ。長時間にわたってテーブルの周りを歩き続けて疲れ果てると、長椅子に横たわり、自分の膝を引き寄せて舐めた。

一九九三年に「世界の医療団（国際的な医療ボランティア組織）」の一員としてブカレストに行ったときのことだ。自分を見捨てられた孤独な存在だと感じる子どもたちには、ある種の自己中心的な態度が見て取れ、当時の私の姿と重なった。

そのような状態で暮らしていたので、私は逮捕されたとき、普通の生活に戻れるのではないかと思い、安堵した。アドリアン・ベッスランス通りを塞いだ兵隊やトラックの非常線に、恐怖は感じなかった。しかし今振り返ると、一人の子どもを捕まえるために軍隊まで出動したあの日の光景は、あまりにも滑稽だったと思う。

最も印象的だったのは、押し込まれた車の中には、すでに男が乗っていて、その男が泣いていたことだ。彼の突き出た喉仏が、泣き声に合わせて動くのを眺めていたことを覚えている。

シナゴーグ〔ユダヤ教の会堂〕の前で、われわれは整列させられた。入り口の扉を抜けると、正面には二つのテーブルが置いてあり、まるで安物の映画で見るように、革靴を履いた将校が二つのテーブルの間で仁王立ちになっていた。将校は細いステッキを使って、お前はこちらのテーブル、お前はあちらのテーブル、と指示していた。整列させられた者たちは、その選択が何を意味するのかを小声で噂していた。

「奴には、病気だと言ったほうがいい。そうすれば、病院行きのテーブルに行かせてもらえるはずだ」。

「馬鹿なことを言うんじゃない。強制労働サービス（ＳＴＯ）(5)で雇ってもらってドイツで働くには、健康だって言ったほうがいいに決まってるじゃないか」。

入り口の扉を抜けると、左側の列の前のテーブルの後ろには、なんと、あのカミーユの友人の縮

（５）強制労働サービス（ＳＴＯ）では、ナチスに逮捕された数百万人の囚人が強制労働に従事した。フランスでは、家族を養うためにドイツで就職したい人を「勧誘」するＳＴＯのポスターがあった。

れ毛の男がいた。私は列から抜け出し、彼のほうへ近寄った。彼は私を見ると、驚いて飛び上がり、椅子から転げ落ち、慌ててその場から立ち去っていった。

私を密告したのは彼だと確信した。

逃げるしかない

シナゴーグには大勢の人がいて、皆、床で寝ていた。通路を確保するために、壁際までぎっしり人がいた。床に敷かれた毛布に子どもたちを集めようとしていた大柄の女性がいたのをはっきりと覚えている。そのとき私は、この女性と毛布を信用しなかった。いや、それは一九四四年一月のあの夜に、私が本当に感じたことなのかはわからない。あの毛布の上で、何人かの子どもは寝ようとしていた。二脚並べた椅子の上には段ボール箱がたくさん積んであり、その中にはミルクが入っていた。私はミルクを一つか二つもらうと、壁際の赤い肘掛け椅子に腰掛けるために、その場をそそくさと離れた。

ときどきシナゴーグの扉が開き、外の光と冷たい風とともに、新たな集団が入ってきた。彼らはどちらかのテーブルで手続きを済ませると、腰を下ろす場所を見つけようとしていた。定期的に起こされ、シナゴーグの真ん中で、有刺鉄線に囲まれて整列させられた。熱いコーヒーが配られたが、その際には自分の名前を名乗らなければならなかった。コーヒーが配られるたびに、ある大人は私のコーヒーをくれとせがんだ。

黒い軍服を身につけた兵士が私の近くにやって来て腰を下ろし、私と同じくらいの年齢の子どもの写真を見せた。おそらく彼の息子なのだろう。写真を見せながら、写真の男の子が私にそっくりだと、身振りで私に伝えた。見せ終わると、彼は微笑むことなく立ち去った。なぜそれほどまでにはっきりと、そのときのことを覚えているのだろうか。その光景が衝撃的だったから、私の記憶に残ったのだろうか。それとも、それをいまだに重要な出来事だったと感じているからだろうか。不安から抜け出して生きるためには、迫害者であっても人間的な感情が宿っていると思いたかったからだろうか。

私はミルクをもらいに行くのをやめた。だが、看護師姿の女性が私にそれを持ってきてくれた。彼女が看護師だったことは、今でもはっきりと覚えているし、彼女の顔も目に浮かぶ。金髪のとても美しい女性だった。彼女がミルクを私に持ってきてくれた。私は彼女の首に抱きついたと思う。シナゴーグを探索するために、ときどき自分の肘掛け椅子から離れた。そして逃げ出そうとしていた若者たちの後を追った。彼らが窓越しに空を眺めていたので、私には彼らの企みがわかったのだ。彼らの一人がつぶやいた。「トイレの窓は、位置が高すぎるし、小さすぎる。それに格子がはまっている」。

扉の近くにいた作業着姿の二人の男は、囚人ではなかったと思う。彼らが囚人たちのことを話していたからだ。一方の男は言った。「子どもを塩漬け（salés）車両に押し込めろ、という命令が出た」。六歳の私は、「封印（scellé）」という単語の意味を知らなかった（「塩漬け」という単語と「封印」という単語の発音が似ているため、子どもだった著者は勘違いした）。子どもが塩漬け車両に閉じ込められるのだと思ったのだ。塩漬けにされたのでは、たまったものではない。なんとかして逃げ出さなければ。私は上を仰ぎ見た。たしかに窓の位置は高すぎて無理だろう。どれだけ高いのかを確認しようとトイレに戻ると、シナゴーグの中で騒いでいる大勢の人の声が聞こえた。トイレの個室の壁には、何枚かの板が段違いで壁に打ち付けてあった。私は、それらの板を足がかりにして、天井まで難なくよじ登った。背中を隣の仕切り壁に押しつけ、両足をその反対の仕切り壁に伸ばし、両足をつっかえ棒のようにしたのだと思う。その姿勢のままでも、苦しくも何ともないので、自分でも驚いたことを覚えている。

私服姿の人物がトイレにやって来て、トイレの個室の扉を一つずつ開けていった。彼は頭上を見上げなかった。しばらくすると、シナゴーグの中で大騒ぎしていた人々のざわめきは小さくなった。

今度は、兵士がトイレに入ってきて、個室をくまなく調べていった。彼が頭上を仰ぎ見たのなら、天井の隅に子どもが張りついているのが見えたはずだ。静かになったのを見計らって、私は床に降りた。シナゴーグには、もう誰もいなかった。開かれたままの正面の入り口からは、太陽の光が差し込んでいた。太陽の光の中に、埃の粒子が舞っていたのを思い出す。とても美しい光景だった。私服姿の人々が輪になっておしゃべりしていた。私は彼らの前を通り過ぎた。彼らは私の姿を見たと思うが、何も言わなかった。私はシナゴーグを出た。

通りでは、数台のトラックが遠ざかっていった。シナゴーグの前の大階段の下では、数人の兵士が武器を片づけていた。救急車の近くにいた美しい看護師が私に合図したので、私は大急ぎで救急車に歩み寄り、瀕死の女性が寝かされたマットレスの下に潜り込んだ。救急車に乗り込んできたドイツ人将校は、瀕死の女性の容態を確認した。彼はマットレスの下の私を見たのだろうか。その後、彼は出発してよいという合図を出した。

子どものころからこの場面を思い出すたびに、確信はもてないのだが、あのドイツ人将校は私を見たはずだと信じてきた。そう思うことで、私は、悪者であっても血の通った人間だと考えようとしたのだろうか。息子の写真を私に見せた黒い軍服のドイツ人将校は、戦時中であっても、人間的な人物だったという希望をもちたかったのではないだろうか。

シナゴーグから抜け出した後、がらんとした大きな調理場にいたのを思い出す。大人たちが私を取り巻き、料理長と激しく議論していた。なぜ私は、その男を料理長だと思ったのだろうか。他の料理人たちが、頭を垂れて押し黙っていたからだろうか。料理長は怒鳴った。「俺は、この子がここにいるのは嫌だ。こいつは危険だ」。大鍋の中に身を隠すように言われ、そこから出てくるなと命じられた私は、自分が危険人物なのだと実感した。

大鍋からもう出てもよいと言われ、シナゴーグからの脱出を手引きしてくれたその看護師は私を連れて、知り合いの学生がいる法学部の食堂へ向かった。その学生は、数日間、そこで身を隠していてはどうか、と申し出てくれた(6)。

私は、いまだにあの料理長の顔を思い出せる。ずんぐりとして禿げ上がった男で、突き出た腹の上にエプロンがのっていた。彼はがなりたてた末、私が食堂に滞在するのを、しぶしぶ認めたのだが、「数時間だけだぞ」と念を押した。

次に覚えている場面は、真夜中に走る小型トラックの荷台だ……。私は、ジャガイモの袋の中に隠れ、その袋の前には、本当のジャガイモが入った袋がいくつも置かれていた……。非常線では、兵士たちはジャガイモの袋をいくつか調べたが、私の入った袋は開けなかった……。小型トラックは、どこかの村で停止した……。大人たちは大きな扉を叩いた……。頭巾をかぶった修道女は扉から顔だけ出し、「だめ、だめ。とんでもないわ。その子は危険よ」と叫び、扉をピシャリと閉めてしまった(7)。

気がつくと、学校の庭にいた。いつからそこにいたのだろうか。四、五人の大人たちがいた。たぶん教師だったと思う。彼らの一人が私をおんぶして、その上からケープで私を包みこんだ。もう一人の教師が、フードをかぶって顔を隠せと私に命じた。教師たちは、ほかの生徒たちに教室に戻れと叫び、私の姿が外部から見えないように私を取り囲みながら、校門の前で待機している車まで移動した。彼らは言った。「早くしろ、ドイツ軍がやって来る」。

私は、彼らのやり方は馬鹿げていると思った。校舎のすべての窓から不思議そうにわれわれを凝視する生徒たちの顔が見えたからだ。そんなやり方では、私をかくまっていることが簡単にばれてしまうではないか。そうなれば、彼らにも危険が及ぶ。大人たちは一体何をやっているんだろう、と心の中でつぶやいた。

だが、私は何も言わなかった。自分は本当に危険な人物だと思ったのである。

納屋と仲間

ポンドラ（Pondaurat）という場所に来て、普通に生活できる状態に戻った。私がこの村の名前をはっきりと覚えているのは、戦後、私のおばがドラという名前であることを知ったとき、彼女の名前がこの地名に由来するのではないか、それとも、ドラがその橋を買ったのだろうかと驚いたからだ〔pont（ポン）は橋という意味〕。

（6）かなり後になって、その学生は、ジャック・ド・レオタードという人物であることを知った。その後、彼は弁護士になった。

（7）このような状況は稀だ。修道院はもちろん、〔ヴィシー政府の首相を務めた〕ペタン派の政府機関でさえ、ユダヤ人の子どもをかくまった。次を参照のこと。*Les Enfants cachés*, Mémorial de la Shoah, 1er juillet 2012.

その小さな村での生活は、決して不幸ではなかった。納屋では、私と同じく孤児院から来た十四歳の子どもと一緒に、わら束の上で寝た。この子は、年下の私の面倒をよく見てくれ、ロバが黄色い大きな歯で噛みつこうとするのを避ける方法や、夕方に羊の群れを連れて戻ってくるときに、羊を数えたと大人に信じこませるコツを教えてくれた。大人を信じこませるには、大きな声ではっきりと「八十頭です」と言えばよかったのである。また彼は、鎌の研ぎ方も教えてくれ、水肥を避けて納屋に戻れる小径をつくってくれた。そんな彼の近くにいると、私は安心できた。

井戸から水を汲み上げるのも、私の役目だった。今でもその井戸と縁石をはっきりと覚えている。私は、井戸から水を汲み上げるのが怖かった。というのは、それまで多くの人が井戸に転落したのに、井戸底からは一体の死体さえ引き上げることができない、と周囲から聞かされていたからだ。

農夫たちが分益小作人〔土地と家畜を借りて収穫の一部を借料として支払う農民〕のマルゲリット婦人と夕飯をともにする時間が、私は好きだった。マルゲリット婦人は、テーブルの上座についた。テーブルの中央付近には、暗いランプがハエ取り紙と一緒に吊り下がり、ハエ取り紙にくっついた昆虫たちは、悶え苦しんでいた。私は、自分のスープに胡椒をわざとたくさん入れ、「口の中を火事」にして、「消火」するためにもらったワインを一気に飲み干し、テーブルを囲んだ人々を笑わせた。全員が大笑いした。このようにして私は、自分の存在感を示したのだ。

マルゲリット婦人は、粗野な人だった。彼女がわれわれの近くにやって来るのは、決まって棒で殴ろうとするときだった。殴られてもトラウマになんかならない。身体が痛いだけだ。だが、私の心には、ときどき次のような情景が浮かび上がる。マルゴの家での逮捕、シナゴーグでの監禁、私が隠れたマットレスの上で死にそうになっていた女性、大鍋、夜中に修道院を訪ねたときに私のことを危険だと言って中に入れてくれなかった修道女……。

ところで、「兄貴」と私「チビ」以外にも、この農場にはもう一人の子どもがいた。猫背のオデットだ。寡黙に働く彼女は、全員を避け、レースのカーテンと白いシーツのベッドがある、本物の部屋で寝ていた。私は、女の子はベッドの上で、男の子はわらの上で寝るものだと思っていたので、何ら驚きではなかった。むしろ、猫背のオデットを侮辱する、ちょっとした悪ふざけのほうが嫌だった。農夫たちが仕事から戻ってくると、オデットは、彼らが木靴を脱ぐのを手伝わなければならなかった。彼らは靴ずれを防ぐために木靴の中にわらを詰めて履くのだが、一日の作業の終わりには、足は汗をかいて膨張してしまう。農作業から戻ってきた農夫が入り口の近くの椅子に座り込むと彼女がやって来て、木靴を引っ張って脱がしてくれるのだ。その間、農夫は一方の足を彼女の胸に押しつける。オデットが力を込めてもう一方の足から木靴を思いっきり引っ張ると、木靴は突然すっぽりと抜けて、木靴を握りしめたままの彼女は、後ろ向きになって転げ落ちるのだった。その無様な格好を見て、皆が笑うのだ。猫背のオデットは、それでも無言だった。私はその悪ふざけが嫌いだった。

ある出来事によって、自分の過去が明るみに出た。ある日、兄貴が言った。「チビよ、一緒に釣りに行くぞ」。兄貴の誘いは、うれしかった。橋のたもとの近くにある水面から突き出た岩は、ちょっとしたダムのようになっていた。われわれはそこに陣取って、魚釣りを始めたのである。川の流れは穏やかで、水面は鏡のようだった。私はつい居眠りをしてしまい、気がつくと川に落ちて流されていた。溺れながらこう思ったのを覚えている。「せっかく幸せが戻ってきたのに、今ここで死ぬなんて残念だな」。意識を取り戻すと私は、猫背のオデットのベッドに寝かされていた。粗野なマルゲリット婦人は、オデットに言った。「しょうがないから、今夜はその子をあなたのベッドで寝かせておきなさい」。レースのカーテンの付いた窓を眺めながら、私はベッドで寝た。何て幸せな夜だっただろう。

数日後、村で何人かの子どもたちが、私の噂話をしていた。私を横目で睨んでいたので、私の悪口を言っているのがわかった。だが、悪口を言われる心当たりはない。彼らの一人が私に聞こえるほどの声で言った。「だからユダヤ人は嫌なんだよ。奴らは、絶対に感謝しない連中なんだ」。私を川から引き上げたのは、彼の父親だったことが、ようやくわかった。しかし私は、そのときまで自分が助けられたときの様子を知る由もなかったのだ。私は意識を失っていたのだから。そして村の子どもたちが、私がユダヤ人だと知っていることもわかった。だが、どうして私がユダヤ人だと知っていたのだろうか。私自身が知らないことを、どうして知っていたのだろうか。

カスティヨン＝ラ＝バタイユ〔ボルドー近郊の村〕では、私は七歳だった。そのときの私の記憶は細切れではなくなっている。それは、戦前の記憶のように、断片的なイメージをあとから組み合わせたものではなく、いわば自分に関する本格的な短編映画のようなものになっている。私は、校長先生の家の廊下で、キャンプ用のベッドに寝ていた。授業には出席しなかったが、子どもたちが帰った後は、校庭で遊ぶことができた。この村で初めて仲のよい友だちができ、そして初恋の人に出会った。

初恋の相手は、フランソワーズという子だった。栗色の髪に青い瞳で、上の前歯二本が離れていた。私は彼女に近づくだけで心が弾み、一緒におしゃべりできるのがとてもうれしかった。異性に興味をもつ年頃だったのだろう。私は、ボルドーのパ＝サン＝ジョルジュ通りにある幼稚園に通っていたときから、女の子とおしゃべりしようとしていた。学校の校庭は、男の子が遊ぶ区域と女の子が遊ぶ区域が鉄柵で仕切られていたので、女の子たちに話しかけるために、いつも鉄柵の近くにいたのを覚えている。

そうした思い出には一貫性などない。なぜなら、マルゴのクラスにいたチビのアリと二人のフランソワーズとの記憶が混ざっているからだ。しかしまあ、私の記憶に残っているのは、そんなものだ。

男友だちの名前は覚えていない。男の子同士だと、お互いの名前よりも、行動が重視されたからだと思う。その友だちとはいろいろなことをした。ブドウ園に忍び込んでマスカット種とシャセラ種を食べ比べた。ブドウを食べ過ぎて、お腹を壊した。石を投げ合い、そのような遊びは危険だと学んだ。クルミやリンボクの実を集め、ニワトリ小屋から卵をとり、蝶々を捕まえた。そしてあちこちを二人で探検した。彼の家は貧しかったので、私はより親しみを感じた。学校のすぐ近くの彼の家まで呼びに行ったものだ。彼は、たった一つの部屋で母親と暮らしていた。部屋の中央には、石炭が山積みにしてあった。私は、腰掛けた彼の母親に挨拶した。彼女は、黒い服を着て微笑んでいた。戦争の真っ最中だったが、この時代は私にとって輝かしく穏やかで、完全に自由だったのを思い出す。

超人の崩壊

ある晩、眩しい光で目が覚めた。懐中電灯を手にした二人のドイツ人将校が、ラファイエ校長を従えて立っていた。恐怖や悲しみは感じなかったが、重苦しい気持ちになった。やれやれ、また始まったか。私は、逮捕されて殺されるのだと観念した。しかし、三人の男たちは立ち去り、私は再び眠りに落ちた。

その翌日、校庭には大勢の兵士がいた。外に机が並べられ、男たちは身支度をしたり、半裸で身体を洗ったり、雑事をこなしたりしていた。近くを通ると、彼らは丁寧な態度で話しかけてきた。彼らの一人がふざけて私の頭をつかんで宙吊りにしたので、恐ろしくなって逃げ出したのを覚えている。校舎の上には小さな監視搭があり、そこには一人の武装した兵士がいた。彼は真剣だった。

私は仲間と一緒にその兵士のところに行ったが、すぐに追い払われた。

道路には、ジグザグに障害物が設けられ、二人の兵士が機関銃の番をしていた。われわれをおもしろがらせるために、機関銃を近くの壁に向けてぶっぱなした。砕けた壁から小石が飛び散った。それはたしかに心躍る光景であった。

その数日後、学校は突然空っぽになった。大騒ぎがなくなったのを私は残念に思った。兵士たちが村の中心に集結したところを、フランス国内軍（ＦＦＩ）〔対ドイツ・レジスタンス運動・組織〕が激しく攻撃したという噂を耳にした。レジスタンスは、ドイツ軍を包囲し大きな損失を与えたのである。

この戦闘の後、村人とレジスタンスとの会話を立ち聞きした。腕章をつけ武器を持っていたので、その人物がレジスタンスだとわかったのだ。彼は言った。「われわれの被害は、死者一名、重傷者三名」。

彼の発言に驚いた私は、思わず「たったそれだけ」と口走ってしまった。なぜなら、シナゴーグにすし詰めにされ、列車で移送された数百人のことが頭をよぎったからだ。レジスタンスの男は私を睨みつけたが、その村人はすぐに説明した。「この子は、家族全員を失ったんだよ」。レジスタンスの男は、落ち着きを取り戻した。それにしても、その見知らぬ村人は、どうして私の過去を知っていたのだろうか。彼は、ドイツ軍がいたときに私を密告することもできたはずだ。

私の仲間が大急ぎでやって来た。「早く来てよ、神父さんが僕たちに教会の鐘を鳴らしてほしいんだってさ」。お祭りが始まった。教会の建物の玄関口の中央には、鐘を鳴らすためのロープが、天井の穴から垂れ下がっていた。一人の男の子は、ロープをつたって鐘のある天井まで登った。鐘をきれいに鳴らすには、ちょっとしたコツがいる。鐘の振り角度を大きくしていくとロープの先が上下するので、一番上に行ったときに、ほんの少し引けばいい。こうしてわれわれは、カスティヨンの解放を告げる鐘を打ち鳴らすという、重要な任務を果たしたのである。

数日後、大人たちが「上陸」（一九四四年六月のノルマンディー上陸作戦のこと）という単語を交えて、うれしそうにしゃべっているのを耳にした。彼らは「ラ・ロッシェル」を語るときはうれしそうだったが、「ロリアン」を語るときには暗い顔をしていた（ノルマンディー上陸作戦の成功の後、フランスの都市は次々と解放されたが、ロリアンにいたドイツ軍部隊は、終戦まで投降を拒否し続けた）。希望をもたらす単語もあれば、不安をかきたてる単語もあることを、私は明確に感じ取った。会話には聞きなれない単語が飛び交い、幸福が私の周りにやって来たとき、解放されたと実感した。

村（カスティヨンだったかもしれない）の真ん中で、私は初めてドイツ人捕虜たちの姿を見た。彼らはボロをまとい、顔には殴られた痕《あと》があり、微動だにせず地面を見つめ、押し黙って座り込んでいた。われわれを打ち負かし、粉砕し、日常生活を支配したドイツ軍兵士たちには、「コロラドハムシ」(8)という渾名がついていた。今度は、彼らが不幸に見舞われる番だった。私は、彼らの意気消沈した姿を見ても、少しもうれしくなかった（「彼らは僕に何の悪さもしなかったよ」と叫ぶところだった）。ボルドーの街では、馬を従え武器を手に、勝ち誇った表情で、音楽に合わせて行進し、キャンディを配っていた。その彼らがこんな哀れな姿になってしまい、私は驚いた。

私はマルゴの家に戻った。ファージュ家でも、それまでの生活が再び始まった。食卓を囲む人々や友人たちが揃い、ラジオの前に集まって通常番組に耳を傾けた。大声で会話できるようになり、新聞記事について自分たちの意見を述べるようになった。

ある日、マルゴがよろこび一杯の表情で帰ってきた。皆でカンコンス広場〔ボルドーの中心地〕まで走って行った。カンコンス広場へは、戦前に母がときどき散歩に連れて行ってくれ、そこにあった巨大な馬の銅像の付いた噴水の周りでよく遊んだものだ。その日、馬の銅像はなくなっていたが、そこでは大勢の人が、おしゃべりし、笑い合い、誰彼なく抱きついていた。私は、見知らぬ人がマルゴに抱きついてキスしたのに、マルゴは笑っていたので、心底驚いた。次のような言葉が聞き取れた。「広島……終戦……二十万人が死んだ」。戦争がついに終わったのだ。日本の戦死者は、数百万人に達するだろうと予想された。原爆投下で二十万人の犠牲者が出たにせよ、戦争が終わったのは、なんてすばらしいことだろうと感じた。

（8）コロラドハムシは、ジャガイモの葉を食べる黒色の甲虫類の害虫。ドイツ軍は、収穫物を没収したので、この渾名がつけられた。

そのとき私は、あの美しい看護師と再会した。私にミルクを渡し、瀕死の女性が横たわるマットレスの下に潜り込むように指示した、あの看護師である。彼女はマルゴの家にやって来て、劇場の正面にあるボルドー・グランド・ホテルで数日間、彼女と彼女の婚約者と一緒に過ごさないかと、私を誘ってくれた。そしてド・ゴール将軍がそのホテルにやって来て演説する予定だから、そのときは、私がド・ゴール将軍に花束を贈呈してくれないか、という話だった。

彼女の婚約者は、海軍の青い制服を身につけた上品な人だった。とくに彼の金の刺繍の入った制帽はすてきだった。彼は、この帽子を私に貸してくれたので、それをかぶり、軍人の真似をしておどけてみせた。皆は大笑いした。それから、私は金色の紐で縛られているカーテンを見つけ、その紐をしばらく拝借し、そのへんにあった紙を使って、海軍の制帽をつくった。彼女と婚約者は、その帽子を見て部屋の隅へ行き、何か話をしていた。彼らは怒っていたのだ。というのは、私が本物の制帽から金の刺繍を剥がして、偽物の帽子をつくったと思ったからだ。私は、尊敬する大人たちを困らせたことを申し訳ないと思うと同時に、私がそんな悪ふざけをする人間だと思われていたと知って、がっかりした。これは世代間のちょっとした誤解というものだ。

その翌日、マルゴの機嫌がよくなかった。婚約者たちが私を劇場に連れて行ったのだが、その夜の演劇は、羽で一部分を隠した裸の女性ダンサーたちによる催し物だったからだ。マルゴは怒っていた。「小さな子には、ふさわしくない催し物だわ」。しかし、私は結構楽しんだ。これは世代間のちょっとした意見の不一致というものかもしれない。

祭典の前夜、ホテルの廊下で大騒動があったと聞いた。ホテルの部屋から出ると、椅子に座って泣いている男がいた。武器を持ったフランス国内軍（ＦＦＩ）の兵士は言った。「こいつは、ホテルに忍びこんだ民兵隊〔ヴィシー政権がつくった親ドイツの戦闘組織〕のメンバーだ。ド・ゴール将軍を暗殺しようとしたのだ」。

近くに立っていた武器を持った別の男たちは、その男を銃床で殴りつけたり、拳骨を食らわせたり、蹴りを入れたりしていた。その男は血を流し、泣いていた。翌朝、その男は床にばったりと倒れ、あちこちを殴られ、なぶり殺しにされた。このリンチを見て、私は初めて政治的失望を味わった。ドイツ軍をやっつけた解放者なのだから、もう少し高貴に振る舞ってほしいと、七歳の私は思ったのだ。私の英雄たちは、民兵隊と同じ行動をとった。私は、彼らには民兵隊のような振る舞いをしてほしくなかったのだ。

広島に原爆が投下された後、戦争は終わり、人々は元の暮らしを取り戻そうとした。一方で前途多難な人々もいた。十三歳の従姉リクゥエットと再会した。私の父の兄であるリクゥエットの父は、ボルドーの近くのエスピエという町で、技術者として工場で働いていた。戦前、エレーヌおばさん〔リクゥエットの母〕の家にときどき遊びに行ったのは、楽しい思い出になっている。戦争中にリクゥエットの父は「煙滅」し、彼女の母と二人のきょうだいは、警察に逮捕された。年長のリクゥエットが「私たちにこんな仕打ちをした国で暮らすことなんてできないわ。パレスチナへ移住するべきよ」と母親を説得していたのを覚えている。しかし母親は、「あなたの言うことは理解できたわ」とだけ述べ、あまり乗り気ではなかったように思う。リクゥエットは、私に説明した。「パレスチナには、土地のない人々のための、誰も住んでいない土地があるの。私たちが砂漠をお花畑にするのよ」。たしかにすばらしい構想だと思ったが、八歳の私は彼女に反論した。「その土地が砂漠であっても、それはパレスチナ人の砂漠だろ。そんなところに行っちゃだめだよ」。リクゥエットは、フランスはわれわれを迫害したと思っていたが、私は反対に、フランスがわれわれを守ってくれたと考えていた。私は家族を失ったが、マルゴ・ファージュ、分益小作人のマルゲリット婦人、ラファイエ校長、あの看護師など、見知らぬ子どもをかくまい保護するために、大きな危険を犯してくれた人々がいた。私にとって、ナチス・ドイツに協力したフランス人は、本当のフランス人ではなかったのだ。

記憶の中のトラウマ

四十年間の沈黙。

そうは言っても四十年もの間、心の中では反芻し続けてきた。私は、自らの物語を自分自身には語って聞かせてきたものの、他人に語ることはしなかった。しかし、本当は語りたかったのである。

私はそれとなくほのめかし、過去の出来事に言及してきた。だが、私が思い出の断片を少しでも打ち明けると、聞かされた者たちの反応は、唖然とするか、疑わしい目つきで私を見るか、あるいは他人の不幸をよろこぶかであったため、沈黙するしかなかった。黙っているのは楽である。私はただ単にそれを語りたかっただけなのだが、ただ単に語ることなど、できただろうか。

幸運なことに、それを語る機会に恵まれた。一九八五年、ボルドーの精神科医で人類学者のフィリップ・ブルノが、「言語」というテーマのシンポジウムを企画したのだ。(9) そのシンポジウムは盛大で、ジャック・コスニエ（精神分析医、動物行動学者）、クロード・ベンシュ（生理学者）、マックス・ド・セカッティ（生物組織学、細胞間コミュニケーションの権威）など、私が尊敬する人々も多く参加した。

ボルドーに行くのは、一九四五年以来、初めてだった。シンポジウムは大成功だった。参加者は和やかな雰囲気に包まれ、会場は熱気にあふれていた。私は、動物が自分の姿を鏡で見たときの様子〔動物の鏡像認知〕について発表し、クロード・ベンシュは、高く評価してくれた。

ところが発表の前に、ちょっとした思いがけないことがあった。アンドレ・マルロー・センターの廊下で、若い女性が近づいてきて、「私は、スザンヌ・ファージュの娘です」と自己紹介したのだ。マルゴのきょうだいのスザンヌは、毎週日曜日にやって来て、私にネコのような食べ方を教え

(9) Brenot P. (dir.), *Langages. De la cellule à l'homme*, Paris, L'Harmattan, 1989.

ようとした人だ。若い女性が話しかけてきたのだから、当然ながら私は、礼儀正しく自己紹介すべきだった。彼女は私に話しかけるために、人ごみの中から必死になって私を探し出したに違いない。それなのに私は自己紹介もできず、彼女の前でただ呆然としているうちに、自分の発表の番を迎えてしまった。彼女との出会いは台無しになってしまったのである。私の隠された子ども時代を知っている見知らぬ女性に、何と言えばよかったのだろうか。いや、何も言うべきでなかったのだろうか。

私の学術発表が終わり、質疑応答の時間になった。小柄の男性が挙手してマイクを握った。彼は、今にも泣き出しそうな声で語りかけた。「ボリス、僕は戦争中、君をかくまったんだよ」。私は、何と言えばよいのかわからなかった。会場には五百人もの聴衆がいて、その男性は、私がまったく覚えていない子ども時代のエピソードを、泣きながら話し始めたのだ。すすり泣きながらしゃべるので、彼の言うことがうまく聞き取れず、なんとなくわかっても、自分の知らない子どもの話をしているような気がしたのである。誰も彼の発言を止めようとしなかった。

「次にご質問がある方は、いらっしゃいますか」。

フランス国立科学研究センター（CNRS）〔フランス最大の政府系基礎研究機関〕の動物行動学者が、私に質問をした。その質問は、情緒的ではなく専門的な内容だったため、私は落ち着きを取り戻した。

シンポジウムが終わった後、先の男性は、まだ会場の席に残っていたので、私は彼の近くに腰を下ろした。彼はしゃべり詰めになり、名刺をくれた。私が彼の家でお世話になっていたとき、私は「僕もだよ、僕にはママがいたんだ」と繰り返しおしゃべりしていたそうだ。彼は現在、老人ホームで暮らしているという。われわれは住所を交換し、私は、彼の名刺を会場で交換したたくさんの名刺とともに鞄にしまった。ところが彼の名前を尋ねるのを忘れたので、どの名刺が彼のものなのか、わからなくなってしまった。またしても出会いを台無しにしてしまったのだ。

マルゴが後に語ってくれたことによると、その男性はアンドレ・モンジーという人物で、一九四四年に私を命がけでかくまってくれたという。ところが私は、まったく覚えていないのだ。私はマルゴから彼の連絡先を教えてもらい、敬意を表して連絡をとった。だが、彼に何と言えばよいのだろうか。強烈な出来事であっても、何ひとつ覚えていないのだ。

一九九五年（だったと思う）、ＦＲ３アキテーヌ（フランス南西部の地方ＴＶ局）が、私の著書を紹介するために、スタジオに招待してくれた。番組終了後、女性ジャーナリストは、視聴者から電話でメッセージがあったとメモを渡してくれた。

「ひょっとしてあなたは、私が逃げるのを助けた、おチビのボリスではないですか。お電話ください」。

私はタクシーに飛び乗って、彼女の家まで行った。郊外の大きな家だった。彼女は陽気で気さくな人物だったので、すぐに打ち解けた雰囲気になった。彼女は、デクーブ夫人。そう、私にミルクを渡してくれ、六歳の私が抱きついた、あの美しい看護師だ。瀕死の女性が横たわるマットレスの下に隠れるように合図してくれたのも彼女だ。家には、彼女の夫もいた。民兵隊のメンバーがなぶり殺しにされた晩、グランド・ホテルで彼女と一緒にいた若い海軍将校が彼だ。微笑みを絶やさず、穏やかな雰囲気の彼は、自分たちがシリアに到着したとき、上官はそのことを知らなかったという昔話を私に何度も語った。

私は、デクーブ夫人と思い出を語り合い、お互いの記憶を夢中になって照らし合わせた。われわれは、細部にわたってほぼ同じイメージを共有していることを確認し、お互いのおぼろげな記憶が、実に正確であるのに驚いた。シナゴーグでの出会いや、監獄に閉じ込められたような戦時中のお互いに共通する過去について、明るく語り合った。六歳の私が彼女のおかげで逃げ出せたのは痛快だが、今になって振り返ると、ドイツ人たちがシナゴーグの舗道脇に救急車の停車を許可したのは、まったく不可解だった。「あれは救急車ではなく、小型トラックよ」と、デクーブ夫人は私の間違いを指摘した。では、あのドイツ人将校は、瀕死の女性の容態を確かめるために「救急車」に乗り込んできたのだから、医師だったのだろうか。彼はマットレスの隅をまくり上げ、隠れている私を見たような気がした。だが、彼は私を見逃し、出発してよいと合図したのではなかったのか……。

「マイヤー大尉のことね」とデクーブ夫人は言った。「彼は、マットレスをめくらなかったし、瀕死の女性を見て、《どっちみち、あの女はくたばるんだ。くたばってしまえば、それでいいんだ》と言ったのよ」。

私は過去を象徴する出来事に一貫性を与えるために、自分の思い出を修正していたのだ。彼女は看護師であり、瀕死の女性がいたということは、その乗り物は当然ながら救急車であり、ドイツ人将校はもちろん医師に違いない……、というように。そのような推察は論理的だが、事実はまったく違った。小型トラックが徴用されたのは、あくまでドイツ軍の体裁を保つためだったのだ。銃床で腹部を殴られた女性が道端で死んだりすれば、フランス大衆の対独感情は悪化するだろう。一方、民兵隊の列の背後にいた道端の群衆は、抹殺されるユダヤ人たちが移送される様子を見守っていたが、彼らには、ドイツ軍が命令を厳格に遂行する様子を見せておく必要があったのだ。

私は自分の思い出に耐えられるように、そこから苦悩を取り除き、修正していたのだ。私の思い出では、ドイツ人将校は私を見たが、それでも出発の合図を出し、私を解放したことになっている。そのように考えることで、心が穏やかになった。確証はもてないが、思い出を無意識のうちに修正することによって、私は過去の出来事に手を加えていたのだろう。それは、自分が過去の出来事に押しつぶされないようにするためであり、また非人間的な仕業という思い出に苦しまないようにするためだったと思う。こうした修正作業によって、私は過去の囚人にならなくてすみ、トラウマから逃れられたのだ。

私は、デクーブ夫人の名前がアンドレあるいはデデであることを知っていた。でも、どうして私は彼女の名前を知っていたのだろうか。グランド・ホテルで民兵隊のメンバーがなぶり殺しにされた夜、彼女の婚約者がそのように呼ぶのを耳にしたからだろうか。二つの記憶が、唯一の思い出に

アンドレ・デクーブ夫人（私を助けてくれた国際赤十字の「ブロンド」の看護師）

なることもあるのだ。

デグーブ夫人は言った。「《いやはや、今日も相変わらずの一日だったけど、今日のことは、絶対に忘れないよ》と、あなたはしきりに口にしていたわ」。子どものころの私を知っているからだろうか、彼女はとても気さくに話しかけてくれた。私は、決して忘れないと言ったはずなのに、それをすっかり忘れてしまった自分に驚いた。ほんの数分前まで、すぐにでも殺されるかもしれない境遇にあるのをはっきり理解していたはずなのに、自分は生涯、その日のことを決して忘れまいとしていたのは、実に不思議な話だ。

その晩、私が会ったとき、デクーブ夫人はおそらく七十五歳だったと思う。白髪になっていたが、相変わらず美しかった。ミルクを私に手渡してくれたとき、ブロンドの髪の何と美しい女性だろうと思ったことを彼女に告げた。彼女はにっこりと笑い、立ち上がると、国際赤十字の制服を着た、彼女の若いころの写真を持って来た。写真の女性はもちろん美しかったが、髪は漆黒だった。

人生は馬鹿げている。でも、だからこそおもしろい。平和な暮らしの中で安穏としていれば、試練、危機、トラウマもなく、日々の繰り返しだけで、記憶には何も残らないだろう。自分は何者なのかを、そう簡単には見いだせない。試練がなければ物語は生まれず、自分自身の役割も見いだせないのではないか。私は逆境をくぐり抜けたからこそ自分が何者かを心得ることができた。人間の存在は馬鹿げているからこそ、おもしろいのだ。

ジルベルト・ブロンシェ（私は瀕死の彼女のマットレスの下に隠れていた）

あの瀕死の女性は助かった

二カ月前、モンルージュ〔パリの南西に隣接する都市〕で、オレンジ社〔大手通信会社〕主催の講演会があった。会の運営は完璧で、スタッフの人たちも感じがよかった。一人の女性スタッフが私に近づいてきて、耳うちした。「講演会が終わったら、びっくりすることがありますよ。ブロンシェ婦人が来てくれたのです」。そんなとき、私は決まって虚ろになり、「ああ、なんということだ」と声にならない声を振り絞り、途方に暮れてしまう。ブロンシェ婦人と言われても、まったく心当たりがないのだ。

講演会が終わり、小さな部屋へ案内された。そこには若い女性が待っていた。「ヴァレリー・ブロンシェと申します。私は、あなたが逃亡して隠れたとき、あなたの上にいた瀕死の女性の孫なのですが……」。周りの人々は、驚きの表情を浮かべながら、われわれの出会いを見守っていた。私は最初、彼女が何を言おうとしているのかが理解できなかった。しばらくしてあの瀕死の女性は、ジルベルト・ブロンシェという名前で、私の目の前にいるのは、その孫娘だとわかった。私の中で一連の出来事の年号と登場人物の名前が混乱してしまった。とにかく静かなところでもう一度会おう、という話になった。

ヴァレリーは、祖母の写真と小さな資料集を渡してくれた。写真の女性は、典型的なスペイン人の風貌だった。ボルドー生まれの彼女は当時二十六歳で、私と同じ時期に検挙された二百二十七名のうちの一人だったという。銃床で殴られて脾臓が破裂した彼女が、内出血で死ぬ間際だったのは、今でも覚えている。

六歳だったときに起こったことを、そんなに細かく覚えているのは実に奇妙だ。彼女が瀕死の状態にあるのを、私が理解できただけでなく、その原因が銃床で殴られたことだなんて、どこで知ったのだろうか。私は彼女の顔を見ていない。脾臓の破裂が内出血を引き起こしたことを、なぜ私は知っていたのだろうか。

今もはっきりとしたイメージが脳裏に焼きついている。車の中は薄暗く、マットレスに女性が左向きに横たわり、彼女の顔は、運転席との仕切り壁のほうを向いていた……。看護師が早く乗れと私に合図した……。誰かがマットレスをめくり上げた……。私はすかさずそこに潜り込み、マットレスは元通りに整えられ……。私は微動だにしなかった……。私は、自分の上にいる女性の重みを感じた。そして女性を確認するために小型トラックに乗り込んできたドイツ人将校の姿を見た。いや、私が彼を見たというのはありえない。おそらく彼の足音を耳にし、自分の身体の上で起こった動きを感じただけだろう。彼の姿を見たというのは思い違いだ。

これらの思い出を補うために、私は、音やドイツ人将校の動き、そして「出発してもいいですか……彼女は死にそうなのか……」など、耳にしたいくつかの言葉を詳細なイメージに変え、それらを混ぜ合わせて付け足したのだ。さらには、腹部を強打して脾臓が破裂すると、内出血が引き起こされる恐れがあるという、ずっと後に医学生になったときに得た知識を付け加えたのだろう。

出所の異なるさまざまな情報が統合されながら、一貫性のある思い出がつくられたに違いない。

ヴァレリーによると、銃床で殴られ、腹壁が破れたヴァレリーの祖母は、病院に運ばれて手術を受けたために、一命をとりとめたと同時に、アウシュヴィッツ行きを免れたそうだ。そして、自分の下に隠れていた小さな子どもが、その後どうなったのかを心配していたという。「祖母は四十年間、あなたを探していました」と、ヴァレリーは言った。ヴァレリーが四歳になったとき、祖母は次のように語ったという。「ドイツ人たちは、私を痛めつけ、見殺しにしたけれど、私とあの小さな子どもの命は助かったのよ」。「ユダヤ人になっちゃだめよ。ドイツ人たちがまたやって来たら、子どもたちは列車に詰め込まれ、大人たちは収容所に入れられて、全員がアウシュヴィッツに送られて殺されてしまうのよ」。四歳のヴァレリーは、「ユダヤ人」が何を意味するのか、理解できなかったという。

王女さまが登場する物語に憧れるような少女だったヴァレリーにとって、彼女が聞かされたのは、理解できない恐怖の物語だった。そのとき、ヴァレリーはこう思ったという。「ユダヤ人って何なの？　なぜ子どもたちは、殺されるために列車に乗せられたの？(10)」。

一命をとりとめたジルベルト・ブロンシェは、自分の過去について沈黙を貫くつもりだった。だがある晩、彼女の部屋に突然入ってきた孫娘が、彼女の歪んだ腹部に残された大きな手術の痕に気づいて驚いた。孫娘は祖父の仕業だと思ったので、事情を説明せざるをえなくなったのだという。「秘密」が打ち明けられたことで、祖母と孫娘の絆は強まり、祖母の下にいた「チビ」のことがよく話題になった。「あの子を私の血で汚してしまったわ」とジルベルトが嘆くと、子どものヴァレリーは、「それは違うわ、おばあちゃんは自分の血であの子を助けたのよ」と言い返した。

それからしばらくたって、ヴァレリーは、「へこたれない精神」について書かれている本に興味をもった〔著者の著作のこと〕。そのとき、著者があの「チビ」であるなど、思いもしなかった。そして彼女は、私の著書『私の思い出……(11)』を読んで、まさに驚愕したのである。ヴァレリーは、ついにチビを見つけたのだ。だがその直後、ジルベルトはチビと再会することなく、この世を去ってしまった。

彼女の血が私についた記憶はないし、小型トラックから降りたときのことも、まったく覚えていない。私が思い出せるその後の場面は、大鍋を前にした料理長の「この子は危険だ」という怒鳴り声だった。

記憶が健全なものであるとき、一貫性のある穏やかな自己の表象が、われわれを構築する。たとえば、「毎年、夏は家族全員で簡素な別荘で過ごした。料理の支度をしたり、散歩したり、いとこたちと遊んだりした」。私は、自分が好きだった得意のゲームや、嫌いだった苦手の遊びなどを、はっきりと覚えている。だからこそ、次の行動を計画することができるのだ。そのような一貫性のある自己の表象があると、自信がもてる。なぜなら、自分が快適な気分になるには何をすべきなのかが、よくわかっているからだ。つまり、いとこのベルトと乗馬をしたり、アンジェレと卓球をしたりして遊ぶのはいいが、私をしきりにからかうアルフレッドおじさんは避けたほうがいい、という具合だ。それらの思い出をつなぎあわせながら明確な表象をつくれば、私は自信をもって生きら

(10) Valérie Blanché, *Le Secret de Mamie*.《*Le petit*》. ヴァレリーが私に献本してくれた。
(11) Cyrulnik B., *Je me souviens*, Paris, Odile Jacob,《Poches Odile Jacob》, 2010.〔林昌宏訳、吉田書店、近刊〕

れるだろう。記憶が健全であれば、明確な表象をつくり上げる、いくつかの物体、言葉、事件などを明らかにできる。

一方、記憶にトラウマがあると、安心感を与える自己の表象を構築できない。それを思い出すことにより、ショックのイメージがよみがえるからだ。常軌を逸した出来事を、ふと思い出してしまうのだ。たとえば、あの夜の突然の死刑判決を、どのように思い出せばよいのだろうか。ユダヤ人というだけで殺される恐れが生じ、追いまわされる身になった。ほんの少し前まで親しく接していた人々が、突然冷たい態度をとった。すべては、「ユダヤ人」という言葉と関係があるのだ。生き延びるのを許してもらうには、黙っているしかない。

記憶が健全であれば、自己の表象を構築することによって生きる方法が見つかり、われわれは幸福になれる。一方、記憶にトラウマがあると、常軌を逸した心を引き裂く思いが、過去のイメージを固定させ、思考力を鈍らせる。

語らず、自己を切り捨てるのと引き換えに、生き抜くこともできる。どんな話題だろうと臆せず語り続ける周囲とは裏腹に、自分だけは「ある特定の話題」に会話がさしかかった途端、突如押し黙ってしまうのだ。そうした人間関係により、謎めいた人物だと思われる。周りの人々は不思議がり、おもしろがり、途方に暮れる。

事件がなければ、私たちは何を記憶にとどめるのだろうか。捨てられた子どもたちに彼らの人生を語らせると、記憶の長い空白期間が存在するが、それは孤独だった時期と完全に一致する。意識は、お祭り、口論、思いがけない出来事など、他者の存在があってこそ満たされるのだ。同じ事実でも、人によって異なる意味をもち、記憶にともなう感情は、本人の物語に左右される。同じ状況であっても、人によって思い出は千差万別なのだ。

過去の囚人、そして生きるよろこび

逮捕された後、生きている感覚を取り戻した。というのはそれまで私は、隔離された環境で保護されていたからだ。私が押し込まれた車の中では、男が泣いていた。彼は自分の人生が終わると思ったのだろう。

逮捕されて意気消沈していたのなら、大人たちの会話に聞き耳を立てもしなかっただろう。また、逃げ出そうとしていた若者たちの後をつけたりはしなかっただろう。そして天井に張り付くなどという、奇想天外な逃走手段を思いつきもしなかっただろう。意気消沈していたのなら、一網打尽にしやすいようにミルクで子どもたちを毛布の上におびき寄せた女性の術中にはまっていたはずだ。同じ出来事であっても、状況によって、それがもつ意味は変化する。たとえば、ウッチ〔ポーランド第二の都市でナチス・ドイツの強制収容所があった〕のユダヤ人隔離居住区で生き延びたモーリス少年は、「初めて列車に乗り、うれしかった。だが、列車の行き先は死だった」[12]と語っている。

外部の出来事がなければ、自分の心の中の世界には何も起こらない。記憶が健全であれば、明確な自己の表象によって、行動計画をスムーズに立てられる。しかし、大きな不幸に見舞われて心が引き裂かれると、習慣的な思考パターンではこの予期せぬ問題を解決できない。新たな解決策を見つける必要があるのだ。ところが、悲痛な思いがあまりにも強烈で、心がぼろぼろになり、打ちのめされた状態にあるとき、われわれは精神的苦しみによって感覚が麻痺し、呆然とした状態に陥ってしまう。

トラウマの臨床にあたっていると、特有の記憶があることがわかる。記憶が意識に割り込んでくるのだ。記憶は、一種の苦痛に満ちた筋書きとして心に浮かびあがり、ついには占拠してしまう。過去の囚人になると、耐え難い場面を繰り返し思い起こし、夜は悪夢にうなされる。普段の暮らしの些細なことがきっかけで、心が引き裂かれる思いがよみがえる。たとえば、「雪が降れば、雪山とかクリスマスを思い出すのが普通なのかもしれないが、私はアウシュヴィッツで見た、凍った死体の山を思い出してしまう……」と、あるアウシュヴィッツの生存者は語っている。

「日差しの強い晴れた日には、どうしても日本軍の収容所を思い出してしまう。私は一九四五年に、そこで死ぬ寸前だったんだよ」と、シドニー・スチュワート〔バターン死の行軍の生存者で日本軍の捕虜だった。戦後、精神分析医になった〕は語っている(13)。

トラウマの記憶があると、心が傷ついた子どもは、トラウマの記憶によって絶えず警戒心を抱く。虐待された子どもは冷淡な警戒心を示し、戦時下で育った子どもは、平和が訪れてもほんのちょっとの物音でも飛び上がるほど驚く。自分の記憶に残った恐怖のイメージに怯える人は、自分を取り巻く世界を遠ざける。彼らは、世間の出来事に無関心で無感動であるように見える。心が過去の不幸に取りつかれてしまったため、自分を取り巻く生活の出来事に興味がもてなくなってしまうのだ。そのような人の心は、どこか遠くにあるように感じられるが、心の中は煮えたぎっているのである。

こうしたトラウマの記憶は、対人関係を悪化させる。苦しみを軽減させるために、心が傷ついた者は、自分がトラウマを被った場所、トラウマを思い出す恐れのある状況、トラウマを引き起こす物を避ける。とくに、精神的痛手を呼び起こすような言葉を避ける傾向がある。心の傷を背負いこみ押し黙っている人と接するのは、簡単なことではない。彼らは、自ら自分を阻害された状況に追い込む。苦しみを心に内包して自分の殻に閉じこもって自分自身を守ってばかりいると、他者と感情を分かち合えなくなる。「超記憶」の囚人となって恐怖のイメージに怯える、心が傷ついた者は、こうして他者と自由に付き合えなくなる。他者を理解し、他者に自分を理解してもらおうとする心のゆとりを失ってしまう。他者の間で一人ぼっちになったその人は、孤独を感じ、人間的な条件を

(12) Gleitzman M., *Un jour*, Les Grandes Personnes, cité par Rachel Drezdner, doctorante, Toulon-Nantes, 2012.

(13) Stewart S., *Mémoire de l'inhumain. Du trauma à la créativité*, préface de joyce McDougall, Paris, Campagne Première, 2009.

奪われてしまう。「私は周りの人々と異なる……。自分は異常なのだろうか」。

なぜ私はトラウマに悩まされなかったのだろうか。気軽にしゃべるためには、黙っていればよい、つまり「ユダヤ人」という単語を発しなければよい、とすぐに理解したからである。簡単じゃないか――。私は、「ユダヤ人」が何を意味するのか知らなかった。自分の周りでユダヤ人など見たこともなかった。

私には、「母」の思い出がある。私が靴紐を結び終わるのを立ったまま辛抱強く待っていた母、私がおもちゃ売り場で盗んだ小さな人形をお店の人に返してきなさいと命じた母、ノミを駆除してから大よろこびしてベッドに飛び込んだ母など、母に関するシナリオはたくさんある。

私には「父」に関する思い出もある。高級家具の製造工場に働きに出かける父、理由は忘れたが、私にお仕置きをするためにテーブルの周りを逃げる私を追いかける父、「なんてこった」と言いながら新聞を読む父……。

「ユダヤ人」という言葉を聞いたのは、逮捕された夜が初めてだった。警察はファージュ婦人に、私はいずれ犯罪者になるので牢屋に入れなければならない、と説明したのだ。

カスティヨンの解放のときも、些細な出来事が私の心をかき乱した。フランス国内軍（ＦＦＩ）の人物が「死者一名、重傷者三名」と言ったとき、私はつい「たったそれだけ」とつぶやいてしまった。そのレジスタンスとしゃべっていた見知らぬ男性は、「その子は家族全員を失ったから、そう言ったのであって、彼を咎めるべきでない」と説明した。それから彼は、「悪夢にうなされたり、突発的に怒りを感じたりしないか」と私に尋ねた。彼は、私が逮捕され、逃げ出し、ラファイエ校長に学校でかくまってもらっているのを知っていた。黙っていても無駄だったのだ。あの見知らぬ男性は、生きる権利を確保するために私が隠さなければならないことを知っていた。彼はさらに、そうした一連の出来事が原因で悪夢にうなされることがあるかと尋ね、私の心の中にまで踏み込もうとした。

「まだ自分を隠しきれていない。私の過去を知る人が誰もいない国に旅立つ必要がある。そうすることによってのみ、自由になれるはずだ。自分自身のことを語らない術を身につければつけるほど、自由にしゃべることができるはずだ」。今日では、私はそう考えていたと思っている。当時の私に、こうした言いまわしができたとは思えないが、それに近い確信を抱いていたのはたしかだ。

私は、ひどいおしゃべりな子どもだったらしい。おしゃべりばかりして、道端で出会った見知らぬ人にも話しかけていたという。しかし、私がひっきりなしにしゃべっていたのも、自分自身のことを語らないためだったと察してくれた人がいただろうか。私がおしゃべりだったのは、言ってはいけないことを隠すためだったのだ。人付き合いをするときの私の戦略は、他人を楽しませ、おもしろがらせるために、とにかくおしゃべりをすることだった。こうして私は、多弁の裏に自分を隠したのである。

この自分を守るための戦略により、私は、他人に語るのとは別の物語を自己に語り聞かせた。その物語は、私にしか通じない言葉で語られた。しかし、それらの言葉が私の精神世界の基盤になったのである。私は、他人に話せなかったことを自己に語った。繰り返し語ったので、私の物語は単純化された。頻繁に思い出すこともあれば、ほとんど忘れてしまったこともある。私は、自分の逃走を映画で観た一場面のように自己に語りかけた。小さな子どもの写真を見せてくれた黒い軍服を着たドイツ人将校の親切について、つぶさに自己に語った。たとえば、瀕死の女性の下にいた私を自由にしてやると合図を送った、彼の驚きの行為などだ。実は、それは私の思い違いで、そのときの記憶がよみがえっても耐えられるように、自分の記憶を修正していたのだが……。

恐怖すらも、美しい思い出になった。親切な黒い軍服のドイツ人将校、寛大な軍医、美しい看護師、私を「チビ」と呼んで守ってくれた兄貴、私にワインを飲ませて大笑いしていた農夫たち、石投げをしたり畑でブドウを盗んで食べたりした悪ガキ仲間、それらすべての本当の思い出が、美しく修正されたのは、過去に苦しまないようにするためだった。

恐ろしい出来事ではあったが、それほど悪い思い出になってはいない。密告したボーイスカウトの男、私を睨みながら怒鳴った料理長、私が危険な子どもだという理由から建物の中に入れてくれなかった修道女などは、思い出の片隅に置いてしまった。

私が学校から脱出するのを手伝ってくれた先生たちには、少し苛立ったことを覚えている。先生たちは私に防寒頭巾をかぶせ、放課の合図の笛を吹き、他の生徒たちの視線を避けるために私を取り囲んだ。教室に戻った生徒たちは、自分たちもこの救済劇の手伝いができないかと興奮した表情で窓から私を見ていた。私を守っているつもりでも、先生たちは傍目から見れば密告者になっていた。もちろん、彼らが私を保護しようとして、危険を犯したのは事実だ。しかし、やり方がなんとも滑稽だった。

このように記憶を修正することで、常軌を逸した出来事に一貫性がもたらされ、恐怖は許容できるようになり、それは勇敢な逸話にさえなった。私は迫害者たちを出し抜いたのだ。私は、ドイツの軍隊や秘密警察よりも賢いのだ。自分に力がみなぎるのを感じた。自由になるためには弁解などせず、黙って行動すればよいのだ。

将来の私の存在を特徴づける人付き合いのスタイルができあがった。耐え難いことを美化するために、私は心の中で語るそうした作業により、自分の記憶を修正した。私は運命に操られる人形ではなくなり、自己に語る物語の主人公、いや、英雄にさえなったのである。

奇妙な明快さ

周りの人々は、黙っている私を奇妙な奴だと思っていたらしい。もちろん、私はそんなことなど知る由もなかったのだが。「彼の話はすごくわかりやすいのだが、幽霊のつぶやきのようにしか聞こえない」。戦後、学校の多くの友だちは、私のことをそのように感じていたに違いない。彼らは私に親切だったが、言葉を交わす際には戸惑っていた。

私は、奇妙なプレゼントをくれたマックスという子を覚えている。十一歳か十二歳だったマックスは、彼の父親の下着入れの袋を学校に持ってきて、私にくれた。その袋は几帳面に折りたたんであった。おそらく彼の母がそうしたのだろう。彼は、私の家族について多くの質問を投げかけてきた。私は、自分を引き取ってくれた家族のことを、無意識のうちに美化して答えてしまった。「(引き取ってくれた) 父親は、町内のお祭りのまとめ役をやっていて、(引き取ってくれた) 母親は非常に上品な人で、数カ国語をしゃべるんだ」。私は嘘をついたわけではなかったが、私が「父親」と言ったとき、マックスは「引き取ってくれた」という、私のつぶやきを聞き逃さなかったはずだ。私は、母親が数カ国語をしゃべると言ったとき、それが外国語なまりのフランス語、ほんの少しのポーランド語、完璧なイディッシュ語〔アシュケナージ系のユダヤ人の言語〕であることは内緒にしていた。

そのような曖昧なおしゃべりで、私は自分を引き取ってくれた家族を守り、よい家族に恵まれているというイメージをつくり出そうとした。皆と同じ普通の子どもだと自己紹介しようとしたのだ。マックスの両親が私にちょっとしたプレゼントをくれたのは、私のことをマックスがあれこれしゃべったからに違いない。色鉛筆、お絵かきセット、ズボン下を二枚、シャツを三枚もらった。奇妙な話ではないか。彼は、私の家族についてたくさん質問してきた。

幽霊のように語ると、早口になってしまう。マックスは「自分の母親なのに、あいつはよそよそしいしゃべり方をする」と思ったはずだ。私を助けようと思いながら、かえって困らせているという自覚は彼にはなかった。彼は、私が触れてほしくないことを語らせようとして、そのつもりがなくても私を傷つけていた。イディッシュ語では、そうした友人間の当惑について、「なぜ君は僕をそんなに責めるんだ。僕が君に何か悪いことでもしたのかい」という言い回しがある。

私は便宜的に「私の母親」と言っていたが、「私のおば」と言ったのなら、危険で想像を絶する混乱した時期の私の暮らしについて、根掘り葉掘り聞かれただろう。それは、死に関する質問だ。そのような質問に対し、さらりと答えることなどできただろうか。親切だが好奇心の強いマックスは、私が自己にいつも語りかけていた物語を自分にも話してくれとせがんだのだが、私は居心地が悪く、彼が私の物語を理解することなど、できるわけがないと思っていた。

そのようなギクシャクした友人関係は、ルイ・マル監督の映画、『さよなら子供たち』〈ルイ・マル監督の自伝的作品〉で見事に描写されている。一九四四年一月十五日、ドイツ兵たちがフォンテンブローの近くにあるカルムという小さな村を包囲した。授業中に三人の生徒が逮捕され、級友たちは呆然とする。「逮捕に現われたのは、私服姿のドイツ秘密警察の手先だった。事前に情報を得ていた彼らは、ユダヤ人の生徒がいる教室に直行した。《密告者は、子どもの名前、学校の見取り図、授業時間など、詳細な情報を秘密警察に提供していた……》(14)」。

一九四三年十月、ジャン・ボネはルイ・マルと出会い、二人は成績トップの座を争った(15)。だが、次第に友情が芽生え、彼らは親友になった。大きな寄宿舎の食事は粗末だったが、神父たちは教育に熱心であり、道徳教育にも心血を注いでいた。ルイはジャンに愛着を感じつつも、ジャンの成熟した物腰と、打ち解けない雰囲気が混ざった態度を不思議に思っていた。子どもらしくルイが自分の家族についてしゃべると、普段はてきぱきとしゃべるジャンは、そわそわとし、早口ではっきりしない語り口になり、母親の消息を曖昧に答えた。

ある冬の日の朝、「私服姿の二人のドイツ人が教室に入ってきた。授業は中断された（……）、彼らは二度、《ボネ》と呼んだ。一度目は、先生は返事をするなとボネに合図した。二度目は、彼は静かに立ち上がり、クラス全員と握手した。先生は泣いていた。われわれには何が起こったのか理解できなかった(16)」。

ジャン・ボネはユダヤ人だったのだ。だからボネは皆と打ち解けられなかったのだ。ボネは成績優秀ですばらしい仲間だったけれど、ときどき幽霊のように早口でぼそぼそとしゃべり、家族のことや出身地について尋ねられても、曖昧に答えるだけだった。その理由がようやくわかったのである。

中学二年生のときの級友たちは、その後四十年間にわたって、あのときの出来事を胸に秘めながら、それぞれの人生を歩んだ。

「僕たちの仲間は煙滅したんだ。僕たちは、彼らの名前や生い立ち、そして彼らの家族の歴史も知らない。《夜と霧》計画が成功したのだ(17)」。

後日、ルイ・マルは、幼友だちでフランクフルト生まれのハンス＝ヘルムート・ミッシェルが、一九四四年二月六日にアウシュヴィッツのガス室で死んだことを知った[18]。また、小さな村の村長だったジャック神父が、マウトハウゼン強制収容所で獄死したこともわかった。

ルイ・マルは、生涯にわたって自問し続けた。自分の級友がユダヤ人であることがわかったとき、その子〔ルイ・マル自身〕はどのような反応をするのだろうかと。映画では、その子が瞬間、その級友の居場所を秘密警察に目配せする場面が描かれている。もちろん実際には、そんなことはなかったのだろうが、それは彼の告解だったのかもしれない[19]。

(14) Braunschweig M., Gidel B., *Les Déportés d'Avon. Enquête autour du film de Louis Malle, Au revoir les enfants*. Paris, La Découverte, 1989, p.35.

(15) Matot B., *La Guerre des cancres. Un lycée au coeur de la Résistance*, Paris, Perrin, 2010, p.221.

(16) 中学二年生のとき、ルイ・マルと同じクラスだったシャルル・ルイ・ラ・カゼの証言。《ジャン・ボネ》M. Braunschweig et B. Gidel, *Les Déportés d'Avon, op. cit.* p.35

(17) 一九四四年に中学三年生だったギ・ド・ヴォグエが、小さな村にあるアヴォン公立中学校の生徒たちに聞き取り調査した。

(18) Matot B., *La Guerre des cancres, op. cit.*, p.221.

トラウマをともなう記憶

われわれの脳は、ありふれた体験は記憶しないが、これまでにない強烈な情報には、きわめて敏感だ。「自分では意識しないうちに、記憶の世界がつくられ（……）、過去の経験が、いつの間にか、われわれの認識、思想、行動に影響を及ぼす[20]」。

過去を振り返ると、現在までの経験が私の世界観を培ってきたことがわかる。たとえば、危険な目にあった私は、危険に関する兆候を見出すことができる。虐待された子どもは、虐待を示唆する兆候を決して見逃さない。たとえば、ほんの少し口元が強張る、目つきが突然鋭くなる、瞬間的に眉をひそめるなどの動きは、暴力行為に移る準備を意味する。そのような経験のない大人は、それはつくり話であって、大げさだと言って決して取り合わないが……。

思い出と記憶は別物である。たとえば、私は自分の過去に、自分を表現するシナリオをつくるイメージや言葉を探し出そうとする。私は、自分の記憶の痕跡にしか思い出をつくれないのだ。自転車に乗るには、私の身体の記憶はシナリオを必要としない。バランス感覚に関する私の筋肉と臓器が身体的なコツをつかむのだ。したがって、自転車に乗るために、思い出は必要ない。しかし、ルイ・マルがジャン・ボネとの謎めいた友情を思い出し、それを映画にしたとき、過去に起こったことの表象をまとめあげたのは彼だ。彼は、記憶に基づいて映画をつくることもできた。だが、友人を守ってやることができなかったという懺悔の念から、秘密警察に目配せしたのは自分だ、と表現したのだ。彼は過去を掘り起こしたのではなく、過去の表象を再編して映画をつくったのである。トラウマをともなう記憶は、次のように作用する。すなわち、驚くほど詳細で明確なイメージがぼやけた認識に包まれ、信念に基づいた確信になるのだ。

生物学的な影響に近い、このような種類の記憶が脳に刻まれたとしても、それから逃れられないわけではない。そうした記憶は、出会いに応じて変化し、脳の働きも変化する。環境が変われば、生体が受ける刺激も変わり、同じ物質を分泌しなくなる。トラウマは、脳の働きを変化させる。DNAのメチル化やヒストンの修飾〔DNA塩基配列の変化をともなわない遺伝子発現の変化：エピジェネティックス〕が原因になって、変化が生じることが多い。同じDNAの塩基配列がそれまでにない発現を示すようになると、われわれは同じ信号に対して、それまでとは異なる反応を示すよう

(19) 一九九八年十二月のルイ・マルからの私信。私は歴史資料をくまなく探し、「ジャン・ボネ」は、私が戦後に通ったジャック・デクール校の生徒であることを知った。彼は、私の五日後の一九四四年一月十五日に逮捕された。

(20) Schacter D. L., *À la recherche de la mémoire. Le passé, l'esprit et le cerveau*, Bruxelles, De Boeck Université, 1999, p.24.

になる。こうしたエピジェネティックな変化は、きわめて早期に起こる。[21] たとえば、出産前のストレスや新生児を取り巻く愛情の欠落などは、子どもに大きな影響を及ぼすという。こうした感覚がつくり出される際に、おもな役割を担うのは母親だが、家庭の崩壊の責任をすべて母親のせいにはできない。経済的不安定による劣悪な住環境や、アルコール依存症の父親による家庭内暴力なども原因になる。いずれにせよ、幼児を取り巻く環境から愛情が欠落すると、幼児の頭脳はバランスよく刺激されなくなる。

劣悪な環境は子どもの発育を妨げる恐れがある。自然災害や秘密警察による逮捕のような劇的な出来事でないとしても、小さなトラウマが日常的に繰り返し起こると、子どもは心が引き裂かれる思いをし、発育に支障をきたす。こうしたエピジェネティックな影響〔環境による遺伝子の働きの変化〕により、子どもは脆弱になる。そのような状態になると、些細なことであっても子どもは傷つく。

生活環境を荒廃させる社会的不遇や人間関係の不幸を減らし、さらにはそれらを修復しながら自己を豊かにできれば、こうした神経学的な脆弱性は克服できる。[22]

要するに、脳はトラウマになる出来事が起こる以前の脳の構造に従って反応するようになるため、同じ出来事に接しても、それまでとは異なる反応を示すようになるのだ。

新生児期から幼児期にかけて、愛情に恵まれて安心して育った子どもは、[23] 心が傷つきにくい。なぜなら、心が傷つきやすい子の心はすでに傷ついており、またその子の周りにいる人々は、不幸によって荒廃しているからだ。

愛情に恵まれ安心して育った子どもは、どんなことに直面しても、感情を制御する手段を持ち合わせている。それは言語化する能力だ。

ある種の特殊な状況から、この制御要因を分析できる。兵役を終えた双子がいた。一人は戦地に送られ、トラウマの症状を抱えて戻ってきた。視覚的記憶と言語的記憶を評価するテストを行ったところ、トラウマの症状を抱えたその人物は、言語的記憶力が非常に悪いことがわかった(24)。その人物は、視覚的記憶がよすぎるとも言える。だからこそ、恐怖のイメージが彼の意識に現われ、トラ

(21) Dudley K. J., Xiang L., Kobor M. S., Kippin T. E., Bredy T. W.,《Epigenetic mecanisms mediating vulnerablility and resilience to psychiatric disorders》, *Neuroscience and Biobehavioral Review*, 2011, 35, 7, p.1544-1551.

(22) Bredy T. W., Barad M.,《The histone deacetylase inhibitor valproic acid enhances acquisition, extinction, and reconsolidation of conditioned fear》, *Learning Memory*, 2008, 15, p.39-45.

(23) 一人ぼっちである場合は、「安心して育った」とは言えない。愛情に包まれて幸せを感じながら育つためには、愛情を注いでくれる人が近くにいる必要がある。

(24) Gilberton M., Paulus L. A., Williston S. K.,《Neurocognitive function in monozygotic tiwins discordant for combat exposure:Relationship to posttraumatic stress disorder》, *Journal of Abnormal Psychology*, 2006, 115, 3, p.484-495.

ウマ症候群に悩まされるのだ。

一方、双子のもう一人は戦地に行かなかったので、トラウマにはならなかった。同様のテストを課したところ、彼もまた言語的記憶力が悪いことがわかった。言語的記憶力が悪いため、恐怖をもよおす出来事に遭遇すると、彼もまたトラウマ症候群に悩まされるだろう。

また、言語能力の高い兵士は、トラウマ症候群に悩まされにくいという、別の調査結果もある[25]。したがって、最も重要な保護要因は、愛情に恵まれ安心して育つことと、言語化する能力であることがわかる。自分に起こったことを言葉で表現し、そのようにしてつくった物語を語りかける相手が見つかれば、感情を制御しやすくなる。また、安心できる感覚により、恐怖のイメージを植え付けながら自分の意識を占拠する視覚的記憶を制御できる。すべてのトラウマは、鮮明なイメージの記憶と、言葉に対する記憶の悪さからなるのだ[26]。

つまり、発育段階で心がもろい者が、不幸が生じたときにトラウマ症候群に悩まされるのは、トラウマに悩まされる以前に、孤独感にさいなまれ、言葉をうまく操ることができなかったからなのだ。愛情に恵まれ安心して育ち、他者と会話する能力のある者は、恐ろしい状況に直面した場合であっても、トラウマに悩まされることが少ない。そうはいっても、逆境を生き抜く際には、孤立し、言葉を奪われながら、毎日のように小さなトラウマに悩まされ、克服したはずの脆弱な心が戻ってくる。逆境を生きることは、明白なトラウマを示す神経生物学的な症状と似た症状を引き起こす[27]。

たとえば、海馬（大脳辺縁系の一部）が萎縮し記憶力が悪くなり、感情を制御しにくくなるなどの症状である。
トラウマをともなう記憶の中に思い出が現われるため、孤独な人は、情動的に脆弱になる。さらには、言語を操る能力が低かったり、語り合う環境がないと、トラウマに苦しむための条件がすべて整ってしまう。[28] 記憶に縛られ過去の囚人になった人は、おぼろげな思い出を反芻し、苦しむだけである。

---

(25) Samuelson K. W.,《Post-traumatic stress disorder and declarative memory functioning:A review》, *Dialogues in Clinical Neuroscience*, 2011, vol.13, n°3, p.346-351.

(26) Johnsen G. E., Asbjørnsen A. E.,《Consistent impaired verbal memory in PTSD: A meta-analysis》, *Journal of Affective Disorders*, 2008, 111, 1, p.74-82.

(27) Bremner J. D., Vythilingham E. M., Vermetten E. *et al.*,《MRI and PET study of deficits in hippocampal strucutre and function in women with childhood sexual abuse and posttraumatic stress disorder》, *The American Journal of Psychiatry*, 2003, 160, p.924-932.

(28) Williams J. M., Baruhofert T. *et al.*,《Autobiographical memory specificity and emotional disorder》, *Psychological Bulletin*, 2007, 133 (1), p.122-148.

鮮明な記憶

トラウマになる前に、安心して育ち、正常な言語能力を身につけていたのなら、恐ろしい出来事に遭った後でも、その人はへこたれず、周囲の人たちとうまくやっていける。記憶が健全であれば、記憶は進化するのだ。自分に起こったことの表象は、家族の状況、文化的背景、時間などとともに変化する。記憶が健全であるとき、思い出は修正されるのだ。

第二次世界大戦中、ポーランドでユダヤ人排斥運動が起こったとき、マリア・ノワック〔一九三五年ポーランド生まれのフランスの著名な経済学者〕はまだ幼く、家族や友人たちは殺され、彼女はフランスに逃れた。戦中は建物の階段で暮らしていた。数年後、学生になったとき、男友だちが彼女を夕食に招待した。「カルチエ・ラタンにある大衆食堂に連れて行ってもらったときのことよ。テーブルに着くと彼が《お腹は空いているかい》と尋ねたので、私は、《いいえ、大丈夫。最近は毎日食べてるのよ》と答えてしまったわ(29)」。

この会話からは、記憶はどのような場合に、そしてどのようなときに鮮明になるのかがわかる。過去の思い出は、現在の出来事に感情に満ちた暗示的意味を与える。マリアは、数年間にわたって空腹に苦しんでいた。彼女は、「お腹は空いているかい」という質問を、「今晩、君が夕食を満喫できるとうれしいな」という意味にとれなかったのだ。彼女にとってそうした質問は、自分の過去の苦しみだけを意味した。現在の質問に過去の文脈で答えてしまったのだ。

過去は、現在の感情に影響を及ぼす。こうした影響に加え、過去の出来事の表象は必然的に歪む。「古い思い出が、新しい思い出に影響を及ぼすのは避けられない。そのことによって表象の歪みは頻繁に生じやすくなる」(30)。

たとえば、自動車事故の後、外傷性脳損傷〔頭部に物理的な衝撃が加わって起こる脳損傷〕により、記憶の空白が生じることがある。事故から数週間後、事故の犠牲者に記憶の空白があるかどうかを聞くと、ほぼ全員、最後の記憶（たとえば「高速道路に入った」）から数時間後ないし数週間後（「病院のベッドの上にいた」）の記憶までの間が、空白になっている。しかし、一年後ないし二年後に、同じ事故の犠牲者に同じ質問をすると、その多くが「記憶障害になったことなどない」と主張する。彼らは、自分たちが大破した車の中で身動きができなかったのを覚えており、保険会社が撮った事故現場の写真を詳細に解説することさえできるのだ(31)。

二〇〇一年九月十一日の同時多発テロ事件後、ニューヨークでも同じ現象が確認された。事件直後、世界貿易センタービルの大半の生存者は、呆然とした状態で、何が起こったのか理解できなか

(29) Nowak M., *La Banquière de l'espoir*, Paris, Albin Michel, 1994, p.126.
(30) Schacter D. L., *À la recherche de la mémoire*, *op. cit.*, p.130.
(31) Loftus E. F., Pickrell J. E.,《The formation of false memories》, *Psychiatric Annals*, 1995, 25, p.720-725.

った。「一体、何が起こったのか」、「自分は怪我をしたのだろうか」、「また同じような事が起こるのか」などと口にしていたという。

しかし事件から数日経つと、彼らは当時の様子について明確に答え始める。その翌年には、詳細な事故報告書が作成された。彼らは、ビルに突っ込んでくる飛行機を目撃し、非常階段で地上まで降りる間に、勇敢な消防士とすれ違い、窓から飛び降りた人が地面に叩きつけられる音を聞いた。友だちの顔についたすすを拭ってやった……(32)。

彼らは、思いもよらない出来事に一貫性をもたせるため、散らばった記憶を寄せ集めた。自分たちの身体の記憶(衝撃、茫然自失、恐怖、疲労感)を周りの証言(他者が提供するイメージ)とともに、つなぎ合わせたのだ。悲劇に唯一の表象をつくる作業を通じて、あのときの記憶を喪失した彼らは、自分たちの心理的な世界を制御できたのだ。彼らの症状はよくなったが、語られた思い出は、さまざまな感覚の寄せ集めであり、物語の切り貼りだった。

そのような記憶の統合作業からは、事実誤認が頻繁にあったことがわかった。だが、彼らは嘘をついたのではない。われわれは、実際には起こったことのない出来事を思い出す場合がある。記憶をたどる作業では、漠然とした感覚に意識的な形式を与えるために、イメージや言葉の記憶の断片が利用される。たとえば、「私は、彼にひどく扱われたことを突然思い出した」と言ったとしても、実際にひどく扱われたのではなく、ただ単にそうした印象をもったことが意識に浮かんだだけなのかもしれない。この間違った思い出は、本人の気持ちを表わす。これとまったく逆の場合もよくある。子どものころに虐待された人物が、その二十年後に、そのことについてまったく覚えていないケースだ。幸福になった彼らは、自分の過去を違った視点で見るようになったからである。

私は書いたり、考えたりという単純な作業により、自己に語る物語を修正してきた。戦争の災禍による子ども時代の混乱期を乗り越えることができたのは、ある種の反骨精神や、とくに他者に自己を語らない沈黙のおかげだと思っていた。要するに、沈黙が私の人生を救ってくれたと考えてきたのだ。

だが今日では、それは私の幼年期に母親が注いでくれた深い愛情のおかげだとわかった。この愛情のおかげで、他者との出会いが容易になり、人間関係を構築しやすくなった私は、援助の手が差し伸べられると、すかさずこれに反応するようになった。マルゴ・ファージュ、アンドレ・デクーブ、アンドレ・ラファイエ、分益小作農のマルゲリット、名前を忘れてしまった警察官、顔も忘れてしまったその他大勢の人々は、私の物語の台詞のない登場人物になっている。

私は、トラウマを説明するには戦禍だけを考えればよい、と単純に考えていた。現在では、平和な時代になっても自分に沈黙を課したことが、心の傷をより深くしたのではないか、と思うようになった。

(32) Peschanski D. Séminaire Ardix, Paris, 6 février 2012.

第二章

悲痛な平和

大人たちは、「降伏」、ベルリン空爆、ドイツ占領などについて語り合っていた。配給券により、キクイモやスウェーデンカブではなく、ほんの少しの黒パンとジャガイモが食べられるようになった。J3であれば、チョコレートの配給券がもらえた〔戦後の食糧配給の年齢区分には、J1からJ3があった。十三歳から二十一歳までのJ3は、大人たちよりも配給量が多かった〕。

あきらめるために書く

私はマルゴの家に戻った。マルゴの家族が集まると、私は、食堂のテーブルの下でおとなしくしていた。ファージュ婦人はマルゴに言った。「あの子の両親は、もう絶対に戻ってこないのよ。あなたはそれをわかってるの」。私は、テーブルの下からマルゴの脚を見ていた。この短い場面について、それ以外の思い出はないが、そのときの言葉は私の心に刻まれ、今でもはっきりと思い出せる。私は実際に聞かなかったのかもしれないが、彼らにそうした会話があったことは確かだ。

今から考えると、それは一九四五年の出来事だったはずだ。父は一九三九年に志願して外人部隊に入隊した。その後父に会ったのは、休暇中の軍服姿のときと、メリニャックの収容所においてであった。腰掛けたままの父は、穏和な雰囲気で言葉少なげだった。そのときを境に、父は「煙滅」し、母は一九四二年に逮捕されたはずだ。[1]それ以降、母の姿を見ることは二度となかった。

ファージュ家のテーブルの下で聞いたあの一言は、私にとって別れの儀式になった。ファージュ婦人は強い口調で怒っていた。私はすでに孤児だったが、この思いがけない儀式をきっかけに、彼らと別れて生活しようと決心した。

テーブルに置いてあった新聞を手に取り、床に広げながらつぶやいたのを覚えている。「僕のパパとママの写真や記事がどこかにあるはずだ。パパとママがそんな風に《煙滅》するはずがない。パパとママがどんな人物だったかを知るには、新聞くらい読めなきゃな」。

後年、私は、ジョルジュ・ペレック〔一九三六年生まれのフランスのユダヤ系小説家〕が私と似たような人生を送ってきたと知って驚いた。一九三九年に彼の父は、ポーランド系ユダヤ人やフランスに来て間もないスペイン共和派たちからなる外人部隊に従軍し、そして「煙滅」した。もしかしたら彼の父は、私の父と友だちだったかもしれない。

ペレックの母は彼をリヨン駅まで送った後、「煙滅」した。トラウマもなく、暴力もなく、ただ両親とも突然いなくなったのだという。幼いジョルジュは一人ぼっちになり、次第に感覚が麻痺した。ヴィラール＝ド＝ラン〔グルノーブルの近くにあるアルプスの麓にある村〕の孤児院に入り、呆然としながら、両親が再び現われるのを待った。

終戦時に八歳だったジョルジュは、両親はもう戻ってこないと悟った。そこで彼は、両親の生涯を描いた本を墓前に捧げるために、作家になろうと決心した。[2] この計画が動機になって学業に励んだ彼は、次のような奇妙な自己紹介をしてきたという。「ジョルジュ・ペレックです。八歳で作家です」。

私が彼と知り合いになったのは、そのかなり後で、彼がサン・アントワーヌ病院の記録保管人として働いていたときだった。しかし、私もヴィラール＝ド＝ランにいたので、彼とその村ですれ違っていたのかもしれない。ヴィラール＝ド＝ランの印象といえば、雪野原にアルペン猟兵〔フランス陸軍の山岳部隊〕だ。青い軍服姿に大きなベレー帽をかぶったアルペン猟兵は、私の憧れだった。彼らのベレー帽は、私がかぶっていたものとそっくりだった。スキーが下手くそな彼らの姿を見て、

（1）母は、一九四二年七月十八日にボルドーで逮捕され、ドランシー収容所〔パリ北部にあるユダヤ人収容所〕経由で、第七移送列車によってアウシュヴィッツに移送された。

（2）ジャニーヌ・アルトリアン〔フランスの臨床心理学者〕も、アルメニア人の虐殺について書いた際に、「心の傷を癒すために書く」と語っていた（Altounian J., *La Survivance. Traduire le trauma collectif*, Paris. Dunod. 2000.）。

少しがっかりしたものの、彼らが百メートルの高さからスキーでジャンプしていたと、周りの者たちに報告した。誰もそれを信じなかったが、私は彼らの評判を守ったのだ。私は彼らに憧れていたのだから。

なぜヴィラール＝ド＝ランにいたのかは、思い出せない。他の寄宿生たちと一緒に雪道を歩いた。フードつきの外套を着て歩いたときに、大きな孤児院の前を通った。そこでは、たくさんの子どもたちが校庭を走り回っていた。おそらくそこに、ジョルジュ・ペレックがいたはずだ。

ヴィラール＝ド＝ランの孤児院にいたころの私

この時期の二つのおもな出来事といえば、根性を養った雪道での行進とミサだった。私はミサが大好きだった。ミサでは、司祭は滑稽な衣装をまとい、音楽が流れ、香が漂い、奇妙な言葉をつぶやきながら立ったり跪《ひざまず》いたりする美しい劇が演じられた。

最も印象に残っているのは、年少の仲間が履いていたロング・ブーツだ。当時、われわれの履いていた靴は穴だらけのボロボロで、水が染みこんできた。だが、彼はふくらはぎの中ほどまで覆う皮製のロング・ブーツを履いていた。お祈りのために跪かなければならず、両足を投げ出した彼は、私が持っていたおもちゃの兵隊の狙撃兵のようだった。

私は読み書きを学ぶ必要があったので、そこにはあまり長い期間滞在できなかった。雪、アルペン猟兵、ミサ、皮製のロング・ブーツ……、ヴィラール＝ド＝ランでの暮らしは、時間がゆったりと流れ、居心地は悪くなかった。

ある日、「指導員」の女性が言った。「廊下に来なさい。お母さんが待ってるわよ」。「えっ、僕のお母さんが……」。廊下に行ってみると、大柄で美しく上品な女性が近づいてきた。私は彼女の着ていた裏地が白の青いドレスと、立派な帽子に見覚えがあった。彼女は身をかがめ、私に言った。「私はドラ。あなたのお母さんのきょうだい。今日からあなたのお母さんよ」。そのとき私が何と答えたのかは、忘れてしまった。

その翌日、ドラはちょうどお祈りの時間にやって来た。私は、ドラが指導員の耳元でしゃべっているのを目にとめた。それから指導員が私に近づいてきて言った。「教室の後ろで立ってて。もう一緒にお祈りしなくてもいいのよ。だって、あなたはユダヤ人なんでしょ」。

私は、そのときもまだ、ユダヤ人であることが何を意味するのかわからなかった。しかし、平和になった時代においてさえ、仲間はずれにするには、「お前はユダヤ人だ」という一言で十分だと理解した。

ドラは、また迎えに来ると言い残し、立ち去った。それから数日たって、今度は気さくな若い男

十歳のころから私の面倒を見てくれた叔母のドラ

性が訪ねてきた。彼は言った。「僕はジャック。君のおじさんだ」。私は、彼がくれた木製の城塞とおもちゃの兵隊によろこぶふりをした。彼が去った後、私はすぐにそれらのおもちゃをどこかへやってしまった。

　状況は変化した。私は、生き延びた二人の親族を見つけたのだ。そのとき生まれて初めて、孤独と不幸を感じた。

　戦争中、死と背中合わせだったので、私の感覚は麻痺していたのだと思う。私は、誰かに一言密告されれば、殺される存在だった。私に頭巾をかぶせて逃走を手助けしてくれた、かくまう要領の悪かった教師たち、怒った料理長、恐怖におののいた修道女などは、私を死に追いやるところだった。あのときの私には、悲しみも苦悩もなかった。それらは、むしろ死を目前にした非日常的な出来事だった。「あきらめているのなら、苦痛も少ない」という感じだろうか。だが、それは絶望でもなかった。私にとって死なないという単純なことが、勝利を意味したからだ。

戦後とダンス

マルゴの家に戻り、日常生活がよみがえった。アンドレ・デクーブが裸の女性たちの踊りを観にボルドーの大劇場に連れて行ってくれた。広島に原爆が落とされ、カンコンス広場では、見知らぬ者同士が抱き合った。お祭り気分が高まり、私の周りに漂う幸福感がゆっくりと浸透し、私に生きるよろこびを与えてくれた。

しかし、生き残った親類と連絡が取れると、そうした高揚感は失われてしまった。親類たちは、当然ながら意気消沈していた。深い悲しみを克服しなければならなかったのである。私の母ナディア、おばのローズ、十五歳のいとこのジャネットをはじめ、多くの親類が「煙滅」した。彼らは、逮捕されたのでもなく、収容所に移送されたのでもなく、殺されたのでもなく、「煙滅」したのだ。生き残った親類たちは、職と住居を探さなければならず、私を正式に引き取るための書類を山ほど作成しなければならなかった。書類が受理されるまでの間、私は教会にお祈りに行くこともできず、世間から閉め出された状態になった。シナゴーグがあったことは知らなかった。遊び仲間たちからは避けられて、誰かと一緒に遊ぶこともできなかった。

仲間はずれにされ、それまで会ったこともなかったドラとジャックが現われるのを待つ状態だったため、孤独感が芽生えた。アドリアン・ベッスランス通りの居間で隠れていたときのことが思い出された。戦争中、もちろん私は孤独だった。そして戦後には、自分が打ち捨てられた存在であると悟った。だが、それは同じ苦悩ではなかったのである。

あのときの私は、奇妙な症状に悩まされていた。毎晩、水槽に閉じ込められる夢にうなされたのだ。水槽に閉じ込められた私は、外部の世界を眺めることはできたものの、身動きすることも、叫ぶこともできなかった。水槽の中はときどき水泡だらけになり、次第に大きくなる水泡が私を押し潰した。ときどき私は、別の水槽に閉じ込められている、小さなかわいい王女様の姿を見た。彼女は自分の水槽に移ってきてと私に合図するのだが、身動きできない私は、ガラスの仕切り壁を越えられなかった。

「閉所トラウマ」に悩まされる人は、そのような夢を頻繁に見る。(3) 壁に囲まれ、沈黙して意気消沈する私には、他者の生活の様子がよく見える。私はそこから何としても抜け出し、他者と接触をもちながら、自分自身の存在を確認したい。だが、それは不可能なのだ。透明なゼラチン状の物質に包まれた私は、身動きすらできない。水槽に閉じ込められ、そこからはすべてが見渡せるが、微動だにできず、一言も発せられないのだ。

「夢の中の出来事のように、すべては水槽の中のような静けさに包まれた(4)」生活は送るべきでない。家庭、両親、友達、学校、そして希望がなくてはならない。人間は、水槽の中では生きていけない。自由に活動できる空間と、他者と語り合うための言葉が必要なのだ。

約束どおり、ドラが私を迎えに来た。親切で心温かく、とても美しかった。パリのロシュシュアール通り〔北駅の近く〕にある小さな部屋に、一人で住んでいた。せいぜい十平方メートルの部屋には水道も暖房器具もなく、あるのは兼用の一台のベッド、小さなテーブル、そしていくつかの棚だけだった。戦後しばらくは、それでも十分に幸せだった。ダンサーだったドラの職場であるロキシー座が近くにあり、彼女はときどきその豪華な劇場に連れて行ってくれた。大きな階段、鏡、青い照明、カーペット、音楽は、贅沢で華やいだ雰囲気をつくり出していた。こんなに美しい大建築を見るのは初めてだった。ドラはいつも微笑んでいた。それはドラと本当の幸せを分かち合った時期だった。

ロキシー座とロシュシュアール通りの間で、私は天国で暮らしているような気分だった。しかし、天国といえども影があった。ドラが仕事から帰宅するのは午前三時。私は小さな部屋に一人ぼっちだった。一人ぼっちの生活が再開すると、またしてもめまいに襲われた。戦争中、ボルドーのアドリアン・ベッスランス通りの居間で一人ぼっちだったときの、自己中心的な挙動を引き起こす症状

(3) Altounian J.,《Passion et oubli d'une mémoire collective mise au travail dans la cure et l'écriture》, *in*《Devoir de mémoire : entre passion et oubli》, *Revue française de psychanalyse*, 2000, vol.64, n°1, p.12.

(4) Levi P., *Si c'est un homme*, Paris, Robert Laffont, 1958, p.22.

叔母のドラとともに（11歳ころ）

が再発した。唯一の他者は、自分自身だった。

子どもが心理的に孤独な状況に置かれると、発育障害の兆候であるそのような症状が必ず現われる。幸いなことに私の場合、その症状を解消するためには、話し相手が存在すればよかった。だが、一人ぼっちのときにだけ発症するので、周りの人は気がつかなかった。

昼間、ドラは寝ていたが、私はテゥルゴー通りにある学校へ通うことができた。「幸運にも」と言いたいところだが、そうではなかった。なぜなら、薄暗い教室は生徒で溢れ、文字どおりの暗い学校生活だったからだ。とくに後髪を束ねた女の教師には、いまだに非常に悪い印象をもっている。私は、通常の教育を受けていれば入るクラスに編入された。

私は落ちこぼれだった。当時の私は、読み書きをようやく始めたばかりで、テストのときには机の上に教科書を置いて写してはいけないのを知らなかった。その教師は、私の近くにすっと現われて、私の髪の毛を思いっきり引っ張った。級友たちは大笑いだった。

ロトの妻の物語

私は授業についていけず落ちこぼれ、休み時間も一人ぼっちだった。ドラは、夜は踊り昼間は寝ていた。私は一人ぼっちだった。幸いなことに、ドラの部屋に二冊の分厚い本があった。ギュスターヴ・ドレの挿絵が入った旧約聖書だ。その挿絵に魅せられた私は、この二冊を教科書にして、読むことができるようになった。旧約聖書には、悲惨な話やすばらしい話があった。神殿が崩壊して多くの人々が犠牲になった話、砂漠に置き去りにされた子どもたちの話、ベッドの上で喉を掻き切られた子どもたちの話、年下の弟を売り飛ばした兄貴たちの話、馬ごと海に呑み込まれた軍隊の話など、驚嘆すべき話や恐ろしい話がたくさんあった。当時の私は、「なんだ、日常生活と大して変わらないじゃないか」と思った。

私が解読しようとした美しい挿絵と文章のうち、ロトの物語は、私の心に深く刻まれた。今でも、そのギュスターヴ・ドレの挿絵を眺めることがある。その挿絵の左側には、逃げるロトと娘たちが暗いイメージで描かれている。背景には、火事で燃え上がる町が描かれている。おそらくソドムとゴモラだろう。哀願するような仕草のロトの妻は、腕を広げている。動けなくなり、塩柱になってしまったのだ〔神は、「逃げる際に絶対に後ろを振り向くな」と命じたが、ロトの妻は、町への未練から後ろを振り返ってしまい、塩柱になった。322頁の挿絵参照〕。

私はその挿絵をしばしばじっくりと眺め、そこから一つの教訓を得た。過去を振り返ると、ろくでもないことが起こるのだ。人は涙を流すと塩柱になり、人生はそこで停止するのだ。生きたいのなら、後ろを振り向かず常に前を見つめよ。前進するのだ。

この物語から得た教訓は、私の処世術になった。前進して過去を振り返らないことだ。過去を考えれば、悲しくなるだけだ。未来は希望に満ちている。さあ、未来に向かって歩もう。

ロトの物語は、私のことを語っているのだろうか、それとも、私がロトの物語に自分の姿を見出したのだろうか。ロトの物語からは、他にも教訓を導き出せたかもしれない。「誰もが創世記の十九章を知っている。死海南部のソドムやゴモラでは、（……）、汚職が蔓延し、性の乱れが甚だしかった」[5]。そうした悪徳に満ちた海で、ロトの家族は、徳の高い暮らしを送っていた。彼らは二人の外国人〔天使〕をもてなしさえした。神は、ロトの家族が住む退廃した町を滅ぼす前に、ロトに、家族とともに逃げろと促した。お祭りの最中だったと思われる町に未練のあったロトの妻は、最後にもう一度だけ町を振り返った……。

最近になって、当時の私はこの部分をどのように解釈したのだろうかと思い、今でも私の書棚にある二冊の本からロトの物語に関するギュスターヴ・ドレの挿絵を探してみた[6]。ページを丹念にめくってみたところ、すべての挿絵は、私の記憶どおりだった。自分を屠るための薪を持ったイサク、自分の兄弟に売られたヨセフ、海に助けられたモーセ、胸に剣を突き刺して死んだサウル、神殿の柱を倒したサムソンなどの挿絵は、少年の心を魅了した。

それらすべては、驚くほど詳細に私の記憶に残っている。ところがどうしたわけか、ロトが罪深い町から逃げる場面の挿絵だけが見つからないのだ。黄ばんだページのどこかに、その場面が描かれた挿絵を見たはずなのだが、見つからない。ということは、別の本の中で見たに違いなかった。その旧約聖書をしばしば熟読していたので、すっかりそこにある挿絵だと思っていたのだ。その本の挿絵だと考えたのは論理的だが、思い違いだったのである。

私は、この思い違いによる思い出（「思っていたのとは異なる情報源からつくられた思い出」とでも言えようか）を大いに尊重してきた。なぜなら、その場面は私に関することであり、私にやさしく語りかけていたからだ。「生きたいのなら、過去を振り返るな」。

簡単じゃないか。

不安をかきたてる過去の表象を避ければ、不安に悩まされることも、くよくよすることもなく、意気消沈しなくてもすむ。しかし、自分の本当の表象を避けるために、他者との関係がぎくしゃくすることがある。私は陽気で首尾一貫した人間だったが、自分の悲惨な子ども時代を示唆する言葉

（5）Fraitag A.,《Un point d'histoire（sainte）》, *Avocats et droit*, 2007, janvierfévrier, n°19, p.64-65.
（6）*Histoire de la Sainte Bible*, par M. l'abbé Cruchet, Tours, Alfred Mame et Fils, 1929.

や出来事があると、突然、押し黙ってきた。

平和な時代になり、自分に起きた出来事を語れるようになった。それは、今日言われているような「言葉では表現できない」ことではなかった。私が安心できる環境にあったのなら、戦争を月並みな出来事のように語ることさえ、できたのではないだろうか。だが、「月並みな戦争」など想像できるだろうか。あの狂気に満ちた状況を「月並みに」語ることなど、できただろうか。いや、狂気という表現は正しくない。あれは狂気ではなかった。ほんの一言、署名した紙切れ、近隣の視線などによっていとも簡単に逮捕される、マフラーの下に黄色い星のバッチを隠し部屋の窓から身を投げる……。陳腐に表現された恐怖は、はたしてどのように理解されるのだろうか。

押し黙った私は、戦争から無傷で脱出したと思い込もうとした。悪夢のような日々の後に、何事もなかったように見えるのは果たして正常なことだろうか。迫害されたことを一言も発しなかった私は、神がロトに告げた「前進あるのみ」という箴言を守ったのだ。それは適応しただけであって、正常なことではなかった。私の周りの人々は、そうした現実否認の共犯者だった。戦禍の後、負傷者たちは幸せそうに微笑み、親類たちも迫害者から尋問されることがなくなり、ほっとしていた。

ドラに愛情を注いでもらい、ロキシー座の豪華なお祭りに包まれていたころ、私は学校で落ちこぼれ、意気消沈していた。成績はきわめて悪く、劣等感にさいなまれた。ドイツ人や対独協力者たちが、私を劣った人間だとみなしたことが頭をよぎった。つまり、彼らは、私が何も理解できない頭の悪い人間なので私を見下したと考えたのだ。彼らが私を抹殺しようとしたのさえ、もっともなことに思えた。

「戦争は悲惨ではなかった」

あの当時、子どもたちはモンマルトルの丘で、今日では考えられないほど、のびのびと遊んでいた。仲のよい友だちができたので、その子と一緒に街を走り回った。アンヴェール広場、トリニテ広場、モントロンの広場、サクレ・クール庭園〔いずれも北駅に近いパリ市内の広場〕は、われわれの格好の遊び場で、朝に待ち合わせて夕方まで一緒に遊んだ。一日中遊んでいても、心配する人は誰もいなかった。一九四八年、車などほとんど走っていない道路の真ん中で、サッカーをして遊んだものだ。カフェに入っては、水とパンをもらった。こうして遊んでいるとき、私は自由で幸せだった。

ある朝、その仲間が非常に丁寧にこう切り出したのを覚えている。「僕のママが、君はユダヤ人だから一緒に遊ぶなって言うんだ」。われわれは別れ際に握手した。

悲しくはなかったが、ただただ空虚な気持ちになった。快晴の空に、思いがけず暗雲が立ち込めたときのような驚きと空虚感、そして突然の謎。答えのない疑問がいきなり現われると、世の中では単純な考えが答えになる。私の父と同様に、彼の父親も戦死した。ドラと同様に、彼の母親も貧しかった。そして私とドラと同様に、その友だちは、簡素な小さな部屋で母親と一緒に暮らしていた。私は、何のことだかわからない言葉によって、友情を奪われ、昼間の自由を失った。

「自分では何のことだかわからない」のに、他者は私という人間の特徴を示すそのことを知っていた。ある晩のことだ。近所の友だちが、私の物語をその子の父親に話してほしいと頼みに来た。私はその依頼をよろこんで承諾した。ついに皆と同じように、何も隠すことなく月並みな話として自分の物語を語れると思ったからだ。その父親が経営する宝石店に入ると、三、四人の大人がいた。腰掛けていた一人は、偉そうな感じだった。彼の父親（灰色のシャツを着た、鼻の大きな人物だった）は言った。「君に起こったことを、この人に話してごらん」。私はちょっと誇張して話したかもしれない。というのは、私は腰掛けた重要人物を含む四人の大人を前にして、緊張していたからだ。何をしゃべったのかは覚えていないが、大人たちを前にとても重要な任務を遂行しているような気がした。私は自分に起こった出来事を如実に語り、真実を述べたと思う。

だが、私の逃走話は腰掛けていた偉そうな人物をイライラさせたようだ。彼は私にいくつか細かい質問をし、私はそれらに明確に答えたと思う。彼は小銭（五十サンチームだったと思う）を渡し、「見事な話だったよ。これでお菓子でも買いなさい」と言い放った。

見事な話と言われ愕然としたが、それは仕方のないことだった。

私の悲惨な子ども時代は、例外的な出来事だったのだ。戦争中に話したのなら、私は殺されていただろう。ところが平和な時代に話したら、今度は信じてもらえなかったのだ。

人生を物語にするのは、一連の出来事をすべて語るのではなく、自分に起きたことの表象の中で、自分の思い出を整理して体系化することだ。それは同時に、聞く人の精神世界を修正する。自己の物語を語った後に語り手が感じる気持ちは、聞き手の反応に左右される。たとえば、聞き手は、私が言ったことにどう反応するだろうか。聞き手は私を馬鹿にするだろうか、私を笑いものにするだろうか、私を助けてくれるだろうか、私を尊敬するだろうか。黙って聞く人も、語り手の物語に参加しているのだ。

私が黙っていたかった、そうした例外的な出来事を、なぜ私に語ってくれと頼んだのだろうか。自分の物語を語ると、私は自分が異常な人物であるような気がした。聞き手の視線によって、私は誇らしい気持ちになったり、不名誉を感じたりした。包み隠さずしゃべったときは気持ちが楽になることもあったが、ほとんどの場合、周りの反応は私を沈黙させた。信用されなかったり、「大した想像力だ」とあざ笑われたり、友だちが急に私と遊ばなくなったりしたとき、私はあきらめて沈黙した。

当時、九歳の私は、戦争の真っ只中であっても幸せな瞬間があったことを説明できたはずだった。私の記憶には、母と一緒に過ごした楽しいイメージがいくつか残っている。私は、父が外人部隊に従軍していたことを誇りに思っていた。私は、ファージュ家で親類揃っての楽しい夕食の思い出を語ることもできたはずだった。ネコのように食べる作法を私に教えようとしたスザンヌ、私の好物はうさぎの頭だと決めつけたマルゴ（私はうさぎが怖かったのだ）、ラジオ・ロンドンの喜劇、私が一人ぼっちになるまでのファージュ家の熱気などだ。

ポンドラの納屋で、私を「チビ」と呼んだ兄貴と一緒に藁の上で寝たり、農夫たちがふざけて私を酔わせたりしたのは懐かしい思い出だが、そんな話には誰も興味をもたなかった。それよりも、肥溜めに落ちた話、分益小作人の粗暴な態度、釣りをしていて溺死しそうになった話をしてくれと言われた。他人の不幸に関する話のほうがおもしろいのだ。

ジャン・ラボルド〔あるいはボルド〕という偽名を使って、わずかな期間だが学校に通えたのは、よい思い出になっている。毎朝、学校では『元帥よ、われらここにあり』〔対独協力政府であるヴィシー政権の公式歌〕を歌わされ、「元帥が私に期待している、私はいつかフランスの栄光のために働く」と考えると、幸せな気分になったものだ。[7]

カスティヨンでは、貧しい仲間たちと一緒に田舎を駆けずり回ったり、マスカットを盗み食いして腹を壊したり、幸せな日々だった。

ロキシー座では、ドラがアメリカ人たちと踊っている姿を観たり、アクロバットを演じる人々と楽しくおしゃべりしたり、フレッド・アステアよりも踊りが上手だと評判だったモーリスに拍手したり、素敵な夜を過ごした。

本当に幸せだった。実にすばらしい出来事だった。しかし悲劇の連続という、もう一つの物語が私の心を占拠していた。だが私の周りには、そうした話を聴きたい人は誰もおらず、もう一つの物語を語れなかったのだ。

戦後になっても、すべてがバラ色だったわけではない。学校の成績が悪くても、ドラは怒らなかった。ドラは、私がのびのびと遊んだり、友だちとじゃれあったりしないのを、悲しく思っていた。私の控えめな態度に不満だったようだ。寛大なドラは、仲のよかったきょうだいの息子〔著者のこと〕を引き取ろうと考えていた。彼女にとって私を引き取るのは、平和が戻り、幸福を再び見出し、家庭的な暮らしを送ることを意味したのである。ところが元気あふれる愛情豊かな小さな男の子の世話がしたかった彼女の前に現われたのは、九歳にして年寄りのような私だった。

彼女には、多くのダンサー仲間がいた。彼女の友達の一人がやって来て、私の背中を押しながら言った。「あなたも踊ってごらんなさい」。私はピガール地区のキャバレーの壁に貼ってある「フレッド・アステア」や「コルシカ島のアクロバット集団」の写真を眺めて感嘆していたが、踊り方は知らなかった。「子どもはね、跳ねまわって遊んでいるものよ」と、彼女はがっかりしながら言った。しかし、私はかなり以前から子どもではなかったのだ。

(7) ペタン元帥〔ヴィシー政権の主席〕を支持する多くの子どもや大人を熱狂させたこの歌は、アンドレ・モンタニャードとシャルル・クートワの作品ということになっている。だが、この歌は、一九四一年にポーランド生まれのユダヤ人カシミール・オベルフェルドがつくったのだ。彼は一九四五年にアウシュヴィッツで死んだ。

オベルフェルドの歌う『Félicie aussi』は、ジョセフィン・ベカー〔戦後、フランスで人気のあったアメリカのジャズ歌手〕、ミスタンゲット〔シャンソン歌手〕、フェルナンデル〔シャンソン歌手〕らを魅了した。

そのころ、マルゴが私を養子にしたいと申し出た。マルゴにはきちんとした職業があり、夫があり、地元では評判の家柄だったので、養子をとるにはふさわしい立場だった。養母の権利をめぐり、マルゴとドラは争った。混乱がまた訪れたのだ。子どもの生活環境が混乱すると、その最初の影響として、子どもの時間感覚が麻痺する。今日でもその頃の記憶は細切れであり、露出オーバーの写真のようにしか覚えていない。

美と悲しげなゾンビ

私は、再びどこかの孤児院に送られた(8)。孤児院は広く清潔で、誰もいなかった。子どもたちは、まだ到着していなかったのだ。おそらく私が一番乗りだったのだろう。二人の指導員は一言も発せず、カリキュラムは一切なく、勉強を教えるわけでも、文化行事や余暇活動があるわけでもなかった。孤児院は山で囲まれ、道路の反対側には岩壁がそびえ立っていた。坂を下って行くと川があり、それはボルヌ川と呼ばれていた。私は、自分がどこにいるのかわからなかった。一人ぼっちの私はあてもなく歩き、何かしようと試みたが、何をやってもおもしろくなかった。再び意味もなく一箇所を歩きまわり始めた。

私を救ってくれたのは、アリたちだ。孤児院の玄関の前にある庭で、小石が小さく揺れているのを発見した。近づいてみると、それは羽アリの城塞だった。よく見ると、そこにはいくつもトンネルがあり、アリたちがせわしなく動きまわっていた。地面は、褐色の大きな羽アリ中隊の発着基地になっていた。私は心底驚いた。一人ぼっちの私の目の前には、びっくりするような世界があったのだ。その翌日、小さな黒アリたちが羽アリの卵を強奪しようと羽アリの陣地を攻撃していた。その光景は、壮大なアクション映画のようだった。私は、黒アリがトンネルの中に入っていく様子を見た。しばらくすると黒アリたちは、トンネルの奥から白い大きな卵を転がしながら出てくるではないか。慌てふためく羽アリたち、黒アリのさらなる攻撃、卵をめぐる戦闘、そして逃亡。これほど強烈な見世物は、それまで見たことがなかった。アリたちを観察しながら、人間社会について思いを巡らせた。要するに、社会をきちんと整備すれば、人間は暮らしやすくなるのではないか。なぜ黒アリは、褐色のアリの子どもを奪い取るのだろうか。相手より身体が小さくても、強いことがあるのだろうか。アリのおかげで、さまざまなことに疑問を抱くようになるとともに、驚異に満ちた世界を垣間見ることができた。

孤児院に少しずつ子どもたちがやって来た。私は、悲しげで小さなゾンビのような彼らとは親し

(8) 私の記憶ではサン゠ジャン゠ロワイヤンだが、実際には、ドローム県の北にあるサン゠ジャン゠アン゠ロワイヤンだった。

くなれなかった。活気のない孤児院は、戦時中のポンドラの納屋やカスティヨンの村、戦後のパリの街頭よりも物悲しげだった。すべてが陰鬱だと、こちらまで気が滅入る。

そうした緩慢な雰囲気の生活にも、二つの出来事があった。日の出の美しさを知ったのと、よじ登れるところならどこにでも登って満足感に浸っていたことだ。

私はよく早起きして、小窓から日の出を覗き見るために、洗面台からよじ登り、日が昇るのを待った。かなり長い時間、窓に張り付いていたのだと思う。窓の縁《へり》についた膝が痛くなったことや、窓の取っ手を握っていた手が疲れたのを覚えているからだ。太陽が昇り始めるときの薄明かりを堪能してから、もう一度、寝直したものだった。

なぜ私は、どこでもよじ登ったのだろうか。もちろん、子どもであれば、誰でも高いところに登るのが好きかもしれないが……。孤児院のトイレに通じる廊下は狭かった。背中を壁に押し付け、もう一方の壁に両足を伸ばすと、難なく天井まで登れた。壁登りという特技のおかげで、驚いたことに、大きな安心感を得た。私は、「よじ登れば登るほど、自分は自由になれる」と思っていたのだろうか。その文句どおりに考えていたわけではないだろうが、よじ登るという行為は、当時の私にとって、そうした意味をもっていたのだと思う。

いずれにせよ、よじ登りながら逃亡することを考えていたのは間違いない。私は何から逃げ出したかったのだろうか。無関心な大人たちからか、あるいはゾンビのような仲間たちからだったのだろうか。私にとってよじ登るという行為は、逃亡が常に可能であることを意味した。それはあたかも言葉のない物語を自分に語り聞かせる行為だった。「何も恐れることはない。出口のない監獄はない」。

トイレにいたる廊下だけでなく、いろいろな壁や、自分では手が回らないほど太い柱もよじ登った。かなり危険な行為だったが、黙って見守る仲間たちの羨望の眼差しを前にして、私はあちこちで天井までよじ登った。

よじ登りの名人だけが頂上まで到達できるという、斜面が膨らんだ「玉ねぎ」という岩壁の話を聞いたとき、私はそれに挑戦することにした。孤児院の正門は閉まっていたが、庭を取り巻くフェンスを飛び越えれば、難なく外に出ることができた。私はこの失踪劇に小さな相棒を連れて行った。彼の母がときどき彼に会いに来ていたので、私は彼と仲よくしたいと思っていた。つまり、母親が彼を愛するのだから、彼は私より価値のある人間だと思ったのだ。彼との友情は、単に彼と仲よくしたいという思いから生じたのである。

彼の名前はキャピタンだったと思う。確信はもてないが、おそらくそんな名前だった。

われわれは入り口の小径を登っていった。しかし、最初の絶壁で彼は動けなくなり、登ることも降りることもできなくなってしまった。私は、岩肌を足の裏でじかに感じるために靴を脱げ、と彼に指示した。手で靴を持ちながらではよじ登れないので、彼は私に靴を投げてよこした。私は片一方の靴を取り損ね、その靴が遥か下の茂みに落ちていくのを見て、狼狽したのを覚えている。自分の大切な靴を失った彼は泣き叫んだ。頂上までは、私一人で登って行かなければならなかった。頂上からは、「玉ねぎ」の裏側の絶壁のない小径から下に降り、大人たちを呼びに行った。誰も私を叱らなかった。

このような思い出を語ってしまうなんて、実に奇妙だ。おそらく私は、現在は過去の出来事に深く根を下ろしているのだということを証明したかったのだろう。よじ登ることは、私にとって「いつでも自由になれる」ことを意味していた。何しろ私はよじ登ることで逃亡に成功したのだから。一方、私の小さな仲間にとって、よじ登ることの意味は異なった。「僕が靴をなくしたと知ったら、ママはカンカンに怒るだろう。これは自分にとって不幸な出来事だ」と思ったに違いない。

現実を苦しむのと、その現実の表象を苦しむのでは、影響がまったく異なる。戦争中、私を取り巻く状況は緊迫していた。私は、生死が背中合わせになった瞬間の世界で暮らしていたのだ。あのとき、表象をつくるために距離をおいて客観的に考える余裕などなかった。自分の心を見つめると、イメージや言葉の表象ができあがり、心の中の映画館には、記憶されたいくつかのシナリオが浮かび上がる。自分の物語を自己に語る、そうした心の中の映画は、自身のアイデンティティを構築するのに役立つ。

戦時中だと、この記憶されたシナリオを心の中で上映することができない。自分の心を見つめたりする余裕などなく、すばやく理解し、決定し、行動に移さなければならない。出来事を表象化するのではなく、そうした適応力によってこそ、生き延びることができるのだ。気がかりな情報を察知したのなら、すばやく対処しなければならない。自転車に乗るときのように、問題を理解することなく解決するのだ。あらゆる情報を意識することなく処理するのだ。感情を排除し、自分の心を見つめることなく、強くなるためには行動力さえあれば十分なのだ。行動した後には、死をくぐり抜けたという、よろこびに似た陶酔感が得られる。感情を押し殺すこと、行動すること、その後の陶酔感という、奇妙な組み合わせが生じるのである。

戦争中、私の感情には、差し迫る死に対する麻痺した感覚と、ようやく手に入れた生活に対するよろこびが交互に訪れた。たとえば、大鍋の中で死にそうになった後に、藁の上で寝た幸福を味わったこと。それまでのつながりを絶たれた後に、馬鹿騒ぎするために農夫たちが私を酔っぱらわせたこと。数カ月間たった一人で過ごした後に、武装した大人たちに逮捕されたときに安堵したことなどだ。

十歳にして年寄り

平和が戻ると、人々の感覚に変化が生じた。自分をつくるのは自分自身だという考えは、自分は他者によってつくられるという考えと一致しなければならなくなった。現実は付随的なものになり、現実の意味するところだけが重要になった。落ち込んだ思いやうれしいという感覚は、状況を判断することによってではなく、状況からつくられる物語から生じるようになった。私の感情は、表象によって生じる心の動きなのである。

戦争を経験したほとんどの国では、戦時中はたくましく過ごしていた子どもたちが、戦後になると脆弱になったというパラドックスが確認されている。レバノンの事例からも、そのパラドックスがわかる。「二〇〇六年七月のイスラエル軍による空爆の際、四歳だったアリは、カナ〔レバノン南西部にある村〕にいた。彼が両親ときょうだいのゼイナブと避難した建物は、〔イスラエル軍の空爆により〕崩壊した(9)」。母親のルーラは瓦礫の山から脱出したが、ゼイナブは命を落とし、頭を負傷したアリは意識不明の重体となった。近所の人は、死んだと思ったアリを死体埋葬場まで運んだ。死体置き場にいた犬たちの吠え声を耳にしてようやく意識を取り戻したアリは、自分がズタズタになった死体の山の中にいることに気がついた。

その二週間後、アリは陽気で行動的だった。彼は、ゼイナブは天国で幸せに暮らしていると語った。よく寝て快活にしゃべる彼は、お絵かきでレバノンの兵士たちがイスラエル軍の戦車を破壊している様子を描いた。学校の成績は非常によく、自分の家族から殉教者が出たことを誇りに感じ、大きくなったら兵士になりたいと夢見ていた。感心した周囲の人たちは、これこそがへこたれない精神だと褒め称えた。

それから二年後、平和が戻り、レバノンは復興途上にあった。アリの母親は、ティルス〔レバノン南西部の都市〕にある精神病院にアリを連れて行った。アリは、落ち着きを失い、動きまわり、自分の絵だけでなく周りの子どもたちが描いた絵を破り捨て、物を壊し、何か尋ねても常に挑発的な態度をとるようになっていた。彼は、母親が殺されるのではないかと怯えていた。

戦争を経験した子どもたちの間では、そうした変化がよく起こる。窮境に対処するのと、へこたれない精神を発揮するのでは、事情が異なることがわかる。窮境への対処は、試練が訪れたときに、それに直面することだ。四歳のアリは、すでに構築された人格によって不幸に挑んだ。アリは自分自身でありながら、自分の周りに起こったことと闘ったのだ。

へこたれない精神〔résilience〕については後ほど述べるが、この精神は、窮境の後に子どもが、自分が被ったことの表象を記憶の中で直面しなければならないときに発揮される。対処は共時態である一方、へこたれない精神は通時態なのである〔事後に発揮されるのが、へこたれない精神という意味〕。

自分という人間がある時点で試練に直面する。その後、その試練について思いをめぐらせるとき、混乱を解消するために、そして表象を制御するために、自分に起こったことを理解しようとする。悲劇的な出来事に意味を与え、人生の新たな道筋を歩むために、悲劇的な出来事が自分の物語に書

（9）Kurban M. Sweidy N.《Les caractéristiques de l'intervention psychologique à Baalbeck》, *in* Myrna Gannagé. Association pour la protection de l'enfant de la guerre, Réunion Beyrouth, 24 février 2012.

き込まれるが、そのようなときにこそ、へこたれない精神が発揮されるのだ。

空爆のとき、アリは、家族、友だち、近所の親しい人々に守られていた。彼は自宅で暮らし、学校、市場、近所など、身の回りのことすべては、安定して安心できる状態だった。四歳の彼にとって、死は大人のものであり、不可逆的という概念など、彼の意識にはまだ存在していなかった。だからこそ彼は、きょうだいの死に苦しむことがなく、きょうだいが突然いなくなった、あるいは遊び相手がいなくなったという感覚くらいしか、もたなかったのかもしれない。

空爆から二年後、平和が戻ったとき、アリの愛情の基盤は、すべて崩れ去った。負傷した父親は働けなくなり、疲労困憊した母親は死んだ娘のことばかりを考えていた。家の中は、陰鬱な雰囲気に満たされていた。空爆で破壊された地区では、大人たちは憎悪に満ちた議論しかしない。アリを支えた愛情の基盤は、彼を打ちひしぎ、彼は、へこたれない精神を発揮するための過程を失った。

エリサールとカーリル〔アリと似たような境遇の人物〕は、繰り返し述べている。「私は、この国（レバノン）が嫌いだ。家族がいなくなったのに、この国は何もしてくれない……愛情がない……私は息が詰まる……。レバノン人は、戦争に生きることしか知らない。戦争状態から抜け出せないのだ。私はレバノンを離れたい」(10)。

戦時中、戦時中の子どもたちは、戦争の子どもたち〔敵国の兵士と自国の女性との間に生まれた子ども〕ではない。戦時中でも、子どもたちが愛情で満たされた安心な暮らしを送り、彼らの周りで両親が安心できる生活環境を整えているのなら、彼らは怯えたりしないだろう。ロンドンではほとんどの子どもが、第二次世界大戦中の空襲を楽しんでいたという。夜中に起こされ、愛情を込めて毛布で覆ってもらい、地下鉄の駅に避難した。そこには、愛する人々が周りにいて、安全な場所にいるという感覚があった。見知らぬ人とすれ違うと、彼らも自分たちの子どもを守り、お互いに微笑み合った。遠いどこかで炸裂する爆撃音を耳にした後に、再び眠りについた。ロンドンの子どもたちにとって、空襲は穏やかな出来事だったのだ。

そのような襲撃であれば、人々の愛情は強まるとさえ思われる。愛情を無理やり押しつけても、子どもは愛情を感じないだけでなく、嫌悪感をもよおすだろう。子どもを安心させ、子どもと触れ合うことによってこそ、絆が生まれる。しかしそのためには、ロンドン空襲時に地下鉄の駅に微笑みながら避難した、先ほど紹介したイギリス人たちのように、親自身が怯えず安心していなければならない。親が子どもを安心させるためには、不安を呼び起こす状況が必要なのかもしれない。生活環境が破壊されるのと引き換えに、親は子どもを安心させるので、親子の絆は強まるのだ[11]。

---

(10) Kurban M. Sweidy W.,《Les caractéristiques de l'intervention psychologique à Baalbeck》, *in* Myrna Gannagé, Association pour la protection de l'enfant de la guerre, Réunion Beyrouth, 24 février 2012.

(11) Main M.,《Epilogue. Attachment theory》, in J. Cassidy, P.R. Shaver (éd.), Handbook of Attachment. New York, The Guilford Press, 1999, p.846.

敵の戦闘機を観るのが好きだった。戦闘機の爆音が聞こえると、急いで外に出て曲線を描きながら飛ぶ戦闘機を眺めたものだ。対空砲が命中すると、機体からは黒い煙が吹き出し、それが次第に炎に変わり、戦闘機は、きりもみ状態になりながら墜落した。われわれは、その光景に大よろこびした。現実には危険だったが、爆弾は自分たちのいる場所よりも遠くに着弾すると大人たちが説明してくれたおかげで、われわれは不安ではなく、怖くさえなかった。

ナチス・ドイツの占領からフランスを解放するために、ブルターニュ地方の美しい街をアメリカ軍が空爆したとき、親たちは拍手喝采し、子どもたちは、爆弾が投下されるのを見ながら跳ねまわってよろこんだ。子どもたちは、防空壕に避難するか、遠くに住む親類の家に預けられた。親類の家に預けられた子どもたちは安全だったが、彼らは、親がもたらす安心感の基盤を奪われ、爆撃機の音を耳にすると、激しい不安を訴えたという。一方で親という安心できる存在と一緒にいた子どもたちは、「空襲警報が鳴ると、（……）母とともに防空壕へと避難した。そこには、お菓子があった。爆発音や閃光にある種の魅惑を感じた。母と一緒にいるという一体感があった（……）。そのとき、《奴らがわれわれを負かしたことなどない》という勝ち誇った横断幕の文句が頭に浮かんだ」[12]。

襲撃そのものが、トラウマ反応を引き起こすのではない。「空襲が心理的障害を生み出す」のではなく、「空襲は、死、破壊、廃墟をもたらす」。心理的障害が起こるのは、家族の崩壊や社会の混乱があったときである。

戦時中に子どもと付き添った人々は、子どもたちの観察力の鋭さに驚いた、と異口同音に語る。子どもたちに戦時中の様子を描かせると、描いた絵が当時の写真と比較して細微な点まで正確なので、大人たちは唖然とする。[13]「子どもたちの絵の中には、目を見張るほど客観的に描かれている絵がある（……）。ものすごい目撃者だ。別世界で起こった過ぎ去った出来事のようなことも、その場にいる子どもは、まじまじと観察していたのだ[14]」。

子どもの異常な観察力は、トラウマの記憶につながる。衝撃的な出来事に心を奪われた子どもは、そのイメージを記憶に刻み込む。興味のない状況は記憶に残らない。小さなことを過大評価した記憶により、曖昧さに取り囲まれた鮮明なイメージが固まる。自分を取り巻く状況が安心できるものなら、その出来事はトラウマにならない。反対に、家庭や文化が崩壊すると、同じイメージでも、心を揺さぶり、激しい不安をもよおす。そのイメージは日中だけでなく、夜には悪夢として現われ、定着した記憶になる。

(12) Lemay M.,《Résister: rôle des déterminants affectifs et familiaux》, in B. Cyrulnik, Ces enfants qui tiennent le coup, Revigny-sur-Ornain, Hommes et Perspectives, 1998, p.40.
(13) Duroux R., Milkovich-Rioux C., *J'ai dessiné la guerre. Le regard de Françoise et Alfred Brauner*, Clermont-Ferrand, Presses universitaires Blaise-Pascal, 2011.
(14) *Enfances en guerre, photos et dessins*, colloque Unesco, Rose Duroux, Catherine Milkovitch-Rioux, 7-9 décembre 2011.

多感な時期が戦争と重なったことで、私は戦争とともに成長した。私は、死すべきなのだろうか。生き残った私は、何者なのだろうか。死んだ人よりも強かったのだろうか。生き延びようとした私は、何かを裏切ったのだろうか。自分に起こったことを誰とも共有できないのに、これからどうやって生きていけばよいのだろうか。途方に暮れることになる反応があるとわかっていても、私は語るべきなのだろうか。なぜ世間の人々はあざ笑うのだろうか。どうして私の言うことを信じてくれないのだろうか。彼らが怒り、私を黙らせようとする理由は、何なのだろうか。「そんなことはどうでもいい……この世が終わったわけでもあるまいし……。そのような話をどこで聞いたんだい……われわれも大変だったし、貧乏を強いられたんだよ」と彼らが言うのは、一体どうしてなのだろうか。

心の中の神明裁判

本人は自分の物語に悩むのに、周りにいる人々は、そのような話を聞きたくないという状況は、どの国でもよくある。カンボジアのポル・ポトの自国民大虐殺から生き延びた人が、自分の仲間が空腹や疲労困憊で死に絶えた様子を語ろうとしたところ、聞き手たちは、もういい加減にしてくれという表情で「不満を述べるのはやめてくれ。われわれだって大変だったんだ。豚を隠れた場所で殺さなければならなかったのだから[15]」と諭すように語ったという。

他人の不幸が想像できないと、人は、自分のちょっとした貧窮と比較する。周囲の人々のそうした防御反応は、不幸な人を孤立させる。私なら「自分の物語の、他者と共有できない部分が原因で、自分は孤立するのだ」とでも表現するだろう。周囲の人々や文化に馴染めない反応として、傷ついた心の奥底には、「地下礼拝堂」のような場所がつくられるのだ[16]。

心が引き裂かれる声無き思いに取り憑かれた人は、自分が抱える問題の解決法を、自分自身で見つけ出すことを強いられる。そこで私は、自分には生きる権利があることを証明するために、自分自身を試したのである。戦後、私は不幸に屈服しなかったことを自分自身に証明するために、小さな神明裁判〔試練を自らに課し、それを自分が乗り越えられるかどうかで判断する行い〕を課した。死が逃れられないものではないことを自分自身に証明する機会を得るために、私は危険な行為を繰り返した。私はアルカション〔ボルドーの南西にある町〕に近いタルノスの孤児院にいたが、そこには悪い思い出しかない。巨大な共同寝室には、十台から二十台のベッドが四列並べてあった。食堂はさらに広く、数百人の子どもたちが騒ぐので、教師たちは彼らをおとなしくさせようと、威圧的

(15) Rithy Panh avec Christophe Bataille, *L'Élimination*, Paris, Grasset, 2012.
(16) Abraham N., Török M., *L'Écorce et le Noyau*, Paris Flammarion, 1987; 2009.

な態度を取らざるをえなかった。

子どもが多すぎてお互いに名前を知らなかった。大人たちの目の届かないところで、大勢で暴力的な遊びをしたり、集団同士が喧嘩したりして、けが人が出たこともあった。集団同士の喧嘩では、私の役目は木に登って敵の動きを偵察することだった。私はできる限り木の先端まで登り、枝先を握りしめ、体の重みでしなる枝先にぶら下がった。この光景に周りの者たちは驚愕した。指導員たちがこの荒業を見にやって来たとき、私は得意な気分になった。というのは、私は皆から羨ましがられ、そしてたとえ危険でも常にやってのけられるのを自分自身に証明するために、木登りの才能を活かせたからだ。

私は戦争で個性を失った。両親を奪われた私は、逮捕され、幽閉され、死刑を宣告された。私はかくまわれ、逃亡の際には頭巾をかぶせられ、薄暗い部屋や大鍋に閉じ込められ、知らない人の家で過ごしたりした。追われていたからか、あるいは自分の身を守るのに必死だったからか、私は人生において自律していなかった。だからこそ、死に挑みながら自己の人格を再形成していたのだ。

その孤児院は夏になるとカップブルトン〔スペイン国境に近い海水浴場のある町〕へ海水浴に連れて行ってくれた。大人たちは、引き潮とそれが引き起こす渦巻きに気をつけろと、われわれに言った。そこで私はわざと渦巻きに飛び込み、立派なスイマーであることを証明しようとした。幸いなことに、溺れずに渦巻きから脱出できた。

カスティヨンでは、私が天井に張り付き、その後に瀕死の女性のマットレスの下に潜り込んで脱出した顚末を、見知らぬ大人たちに語って聞かせた。彼らの一人は言った。「くしゃみが出なくてよかったな。くしゃみをしていたら、お前はドイツ兵に殺されていたよ」。そこで私は、くしゃみが出るという葉っぱを鼻にあてがい、くしゃみをもよおしながらも、それに耐える訓練をした。涙で目が一杯になり、鼻血が出ることもあったが、くしゃみを押し殺した。こうして私は、困難な局面であっても、自分は強い人間だということを自分自身に証明したのである。私はすばやく木によじ登り、木の先端まで登り、枝のしなりを利用してぶら下がることができた。渦巻きの中に飛び込み、くしゃみを押し殺すことができたのである。こうした私の心の中の神明裁判の様子は、見ている大人たちを唖然とさせた。しかし、戦争で破壊された私の子ども時代においては、それらのちょっとした神の裁きが自分の世界を取り戻すきっかけになったのである。

かなり長い間、そのような奇妙な行動を繰り返した私は、危険を犯しながら自分自身にだけ語りかけていたのだ。後に学業に挑もうとしたとき、そのときの病的な勇気が役立った。あのとき私が精神的に安定した子どもだったのなら、私は、周りの人たちが勧める、こじんまりとした子どもになっていただろう。「かわいそうな奴だな、一体、君がどうやってジャーナリストや医者になれると思うんだね」と言われたのなら、すぐに納得していただろう。他人の同情によって本人の本質が見失われてしまうこともあるのだ。

「涙は何を物語るのか(17)」。私は、両親の死にも、苦しい子ども時代にも、決して泣かなかった。不平を述べることもなかった。そして人生をあきらめるには、私はまだ小さすぎた。傷口は痛まなかったのは、その部分周辺が麻痺していたからだ。ドラの家に引き取られ、彼女のやさしさと家庭的な雰囲気のおかげで、ようやく涙があふれ出てきた。そう、私は普通の生活を取り戻したのだ。

「あなたの精神は、最も月並みな経験によって形成されていることを忘れるな。事実は月並みなもの。あなたの精神は、そうした月並みな経験からつくられているのであって、その経験があなたの根本的な考えを形成しているのだ」[18]。一九四三年にガブリエルの両親は「煙滅」した。幼いガブリエルは、「ダンフェール・ロシュロー〔パリ市内の南部〕の子ども預かり所」と呼ばれていたところに保護された。それからしばらく経った一九四五年八月、彼女は他の孤児院の子どもたちと一緒に、モルヴァン〔ブルゴーニュ地方〕の農場に送られた。「百姓がやって来た……」と施設の所長がつぶやくと、「男の子が四人と、女の子が一人です。さあ、選んでください」[19]と言った。学校に入学したとき、孤児院の子どもが着る、青と白のチェックのスモックを着ていたガブリエルに近づいてきた同級生は、周りの子どもたちに次のように言った。「彼女は孤児院の子だから、一緒に遊んじゃ駄目よ」。

彼女がトラウマになったのは仲間はずれという月並みな拒否によってではない。ガブリエルが仲間はずれにされたのは、青と白のチェックのスモック自体に問題があったわけではないのだ。そうではなく、スモックの柄が「あなたには家族がないのだから、あなたは私たちよりも価値のない人間なのよ」ということを意味するのなら、仲間はずれは重苦しい意味をもつに違いない。

衣服を見れば、その人の物語の意味がわかるときがある。敬虔な家庭で教育を受けたアメリーは、近親相姦の被害者だったが、幼い彼女には自分に何が起こったのか、まだ理解できなかった。そうはいっても彼女には、それが何か耐え難いことだという意識はあった。十四歳になって初めて「近親相姦」という言葉を耳にしたときも、自分に起こったことが近親相姦だとは思わなかった。十八歳になってようやく自分に起こったことを理解し、彼女は愕然とした。大人になった彼女は、「スポーツウェアのときは大丈夫だけど、女性っぽい洋服を着ると、身の危険を感じてしまう(20)」と語った。身の危険を感じる原因は、衣服そのものにあるのではなく、衣服にまつわる記憶にある。つまり、女性の格好をすれば、欲望がかきたてられ、禁じられた行為に至るという連想が働くのだ。

孤児院の子どもにとって、そのスモックは不名誉な服だった。「自分は他の子どもたちよりも価値がない」ことを意味したからだ。ハイヒールを履くと性的虐待を受ける恐れがあるので、不安でたまらない。記憶こそが、目の前にある物や現在の出来事に、自分の過去に起因する激しい不安や

---

(17) Betbeze J., Séminaire Ardix, Paris, 1er février 2011.
(18) Valéry P., *Mauvaises pensées et autres*, cité *in* C. André, *Méditer, jour après jour*, Paris, L'Iconoclaste, 2011, p.114.
(19) Barbin M. G., communication personnelle, août 2010.
(20) Boulard F., *Les Reprèations résilientes《autotutorantes》dans l'échafaudage des savoirs d'un être socialement détruit*, master 2, Nantes, Science de l'éducation, 2011.

よろこびなどの暗示的意味を付与するのだ。

アウシュヴィッツから生還した青年ジャンの反応は、私にはとてもよくわかる。家に戻った彼はまさに骨と皮だけで、アウシュヴィッツでの記憶がまだ頭から離れなかった。「母は、毛布、枕、マットレスなど、普通のベッドを用意してくれました。でも私には、そのようなふかふかした居心地のよさは精神的に耐えられませんでした。だから私は床で寝ることにしたのです[21]」。

記憶の重荷は現在に陰を落とす。数年前の苦悩から抜け出せても、すぐに自由に駆け回ることはできない。幸福な生活に戻るには、時間がかかるのだ。

まだ癒えぬ傷跡、心引き裂かれる思いの連続

二歳のときから私は、事態の急変、心が引き裂かれる思い、そして脅威しか知らなかった。記憶にない長い期間は、私の精神活動が鈍っていた時期と一致していた。母の「煙滅」による落胆、一人ぼっちの時期、刺激のない暮らしなどが原因で、その時期の記憶はほとんどない。

戦後、施設を転々としたので、愛着を育めなかった。ほんの少しつながりができたと思っても、またどこか知らない施設に移動することを繰り返した。知らない土地を転々としながら出会った人々のことは、すべて忘れてしまった。そうした暮らしが原因で、私は一貫性のある表象をもてな

かった。

どういうわけか私は、オロロン＝サント＝マリー〔スペイン国境沿いの都市〕にいた。汚い海岸線を通って知らないところにたどり着いたのを覚えている。そこは、寄宿舎か、孤児院か、休暇村だったのかもしれない。そのような整合性のない記憶にも、いくつかのよい思い出がある。美しい渓谷に面したバルコニー、指導員に隠れてヒースの茎のタバコを吸ったこと〔気分が悪くなったが〕、とくに夜の集いで『すべて順調でございます、侯爵夫人』〔一九三五年に作曲されたフランスの歌謡曲〕の歌詞を覚えたのは楽しかった。この歌のものまねをやってみて、自分には道化師としての才能があることがわかった。真剣におどけてみせると、皆が拍手喝采してくれ、生き返ったような気分になった。普通の生活が、ゆっくりと戻ってきた。

理由はわからないが、タルノス、オッセゴール〔ともに大西洋岸にあるスペイン国境沿いの町〕、サン＝ジャン＝ロワイヤンなど、他の孤児院にもいた。しかし誰と一緒に、どのくらいの期間滞在したのかは覚えていない。

オッセゴールでは、奇妙な思い出がある。孤児院の「責任者」から連絡があり、私の衣服の引換券が配布されたので、私は「教師」[22]と一緒にパリまで行き、衣服をもらってくることになった。列車の長い道中、私と教師は押し黙ったままだった。なぜなら、教師は私にうんざりしていたし、私

（21）Bialot J. *Votre fumée montera vers le ciel*, Paris, L'Archipel, 2011, p.262.

も同じ心境だったからだ。バスティーユ〔パリの繁華街〕の近くに着いたわれわれは、通路の真ん中の階段を登り、教師が引換券を渡すと、私は袖のない茶色と緑の縞柄という、趣味の悪いセーターを受け取った。われわれはまた一言もしゃべらず、ずっと押し黙ったまま列車に乗って引き返した。

子どもたちと一緒にいて楽しかったことを覚えている。掘っ立て小屋を一緒につくったり、ナイフ投げをして遊んだり、食後にテーブルを拭く仕事を命じられたときには、残り物をつまみ食いしたりした。

大人たちは、子どもたちを権威と侮辱によって管理していた。教師はわれわれと一緒に巨大な共同寝室で寝ていたが、教師の「部屋」は、天井から吊るしたシーツで仕切ってあった。ある晩、教師の一人が私を呼び出し、彼が足を洗った水の入ったバケツに頭を突っ込め、と命じた。私が躊躇していると、他の教師がその「部屋」に入ってきて、その教師とおしゃべりしているうちに、バケツに頭を突っ込む件は、幸いなことに中止になった。

モリックという嫌な教師がいた。彼は、自分の権威のことばかり気にかけていた。子どもたちは、建物の間の大きな広場を足並み揃えて歩かなければならなかった。子どもたちに声をかけると自分の権威が下ると信じていたモリックは、舌をカチッと鳴らすのを合図に、子どもたち全員を同時に左足から行進させて悦に浸っていた。私はドイツ人を憎んだことはないが、民兵隊員は恐れていた。しかしその日、私はモリックをやっつけるために、自分は強くならなければならないと決意した。

後年、プロヴァンスの村を散歩していたときに、モリックという名前の運動療法士の表札がかかった家を偶然見つけ、あのモリックかと思い、呼び鈴を鳴らすところだった。

モリックの軽蔑的な態度に比べたら、私を殺そうとしたドイツ人たちのほうがずっとましだと思った。戦争末期、ドイツ人たちの態度は驚くほど変化した。戦争捕虜として滞在した農場では、彼らはもう軍服を着ていなかった。しばしば半裸で働き、われわれに対して丁寧に挨拶した。ドイツ兵たちは、戦争に敗れた途端に人間性を取り戻したのである。軍服こそが彼らをロボットにしていたのだ。ドイツ人捕虜のやさしさに触れて、私の心は和らいだ。私は、彼らが悪い影響にとらわれていただけだったとすでに理解していたのだと思う。今の私なら、「彼らはイデオロギーに服従して非人間的になり、自分たちの信仰によって堕落した」と表現しただろう。

戦時中の記憶は混乱していないのに、なぜか平和が戻った戦後の記憶は不明瞭だ。奇妙なことに、迫害者から逃亡する生活をするうちに、私には達成すべき目標としての行動指針ができあがっていた。そしてとくに、そうした生き残り戦略により、自分の世界観は、善意と悪意というように、単純に二分されていた。私は、逃亡したことや、私を殺そうとした軍隊から首尾よく逃れたことを誇りに思っていた。そのような世界は私にとって明快だった。私は、自分に親切にしてくれた人々に

(22) 戦後しばらくの間、教師という職種は存在せず、彼らは「指導員」と呼ばれていた。今日であれば、それは「教師」と呼ばれる職種に該当するので、ここでは「教師」と表記した

安心感を覚え、彼らと気軽に会話した。彼らは陽気で熱意にあふれ、思いやりがあり、私の子どもっぽい悪戯を許してくれた。ドイツ軍部隊の進行に合わせて、親切な人を頼りに渡り歩いたときも、私は、彼らの愛情がかもし出す安心感に触れた。私を安心させる愛情に満ちた大人たちのそうした表情を、今でも覚えている。非常線を突破するために、ジャガイモの袋に詰められて小型トラックの荷台に乗せられ、夜中に急遽出発したときも、いつでも微笑みながら話しかけてくれた親切な大人がいた。

それは激しい不安というよりも、むしろ楽しみだった。われわれが新たな隠れ家にたどり着いたとき、私は、助けてくれた大人たちと勝利の陶酔感を一緒に味わった。悪意はくじかれたのだ。私は、それまで会ったこともない自分の共犯者たちに愛着を感じた。戦時中の私には、ほんの短い間の激しい不安と、多くのよろこびがあった。

日本の降伏後に人々が歓喜する姿を眺め、美しい看護師の招待でボルドーの大劇場で行われた裸のダンサーたちによるショーを観て、ベグル〔ボルドー近郊の村〕に攻撃しに行くフランス国内軍（ＦＦＩ）の中尉でマルゴの友だちピエール・サン＝ピクに同伴したとき、私は終戦を実感した。レジスタンス〔対独対抗運動家、ＦＦＩのメンバーのこと〕の車が村に入ると、まだ散発的に発砲してきたが、ＦＦＩの腕章をしたサン＝ピクが銃を持って車から降りると、すぐに静けさが戻った。隠れた敵たちは逃げ去った。レジスタンスの人々は私の親友になった。親切な彼らは平和と自由をもたらしてくれた。戦争は終わり、ドイツ人たちは祖国に戻り、われわれは勝者になった。

戦前、三歳に満たないころの私の記憶は鮮明だ。一方、戦中の記憶は完全に抜け落ちている。そして終戦直後の二年間の記憶は、混乱して一貫性がない。その二年間は、見知らぬ土地の孤児院を十数回も転々としながら、裁判官の判断で、私はドラが住むパリとマルゴが住むボルドーを行ったり来たりしていた。そのころの記憶はほとんどない。

両親を失ったからといって、私が悲しみ苦しむことはなかった。というのは、両親が「煙滅」したとき、まだ幼かった私は、死は不可逆的なものだと認識していなかったからだ。私にとって、両親は死んだのではなく、いなくなったのだ。両親が二度と戻ってこないと理解したのは、テーブルの下でファージュ婦人の言葉を聞いたときだった。両親の死に悲しみ苦しむことはなかったが、両親との離別が私の記憶に痕跡を残さなかったわけではない。発育におけるこの段階で、私はすでにいくつかの防御機能を身につけていた。戦争が勃発する以前、母の存在は私に自信を与えてくれた。また私は非常におしゃべりな少年だったので、自分の心の内に語りかける言葉を、頭の中でつくり出すことができた。もう一つの私の防御機能は、戦中に出会った見知らぬ人たちの正義感だった。彼らの正義感は、私を安心させる愛情の代用として機能した。私は、彼らの近くにいると安心できた。そしてわれわれは戦争に勝った。

私が二歳のときに両親を失っていたのなら、精神的にかなり脆弱な子どもになっていただろう。愛情を制御する道具である言葉をうまく操れないために、人間関係を築けなかっただろうし、その後の数々の試練を乗り越えることもできなかっただろう。

一人ぼっちだった時期の思い出はない。世界が空っぽのとき、記憶に残ることなどあるだろうか。しかし、死別の影響は自己の表象に痕跡を残す。離別がまた不意に訪れると、そのときの記憶が思い出もなくよみがえってくるのだ。

人生に離別は不可避だが、離別は自律を促し有益な場合もある。しかし、言語を身につける以前の幼い時期に離別を経験すると、離別が感覚として記憶に刻まれ、その後の人生において、ちょっとした別れであっても、意気消沈してしまう恐れがある。「小さいときの離別によって脆弱になった子どもは、安心できる人とのちょっとした別れであっても、大きな苦痛を感じる」[23]。試験で失敗した、約束が破られた、失恋したなど、象徴的な離別であっても、幼い時期のそうした痕跡が呼び起こされる。一方、幼い時期に安心して暮らした人は、それらの離別に悲しみ苦しむが、すぐに計画を立てて心の痛みを補おうとする。反対に、言語を身につける以前に一人ぼっちだった人は、感情的に脆く、それらの不測の事態を取り返しのつかないことととらえてしまう。

幼児期に刻まれたこうした精神的脆弱性に着目すると、見捨てられた子どもたちは、奇妙な愛情のつくり方をすることがわかる。最初の段階では、自分に注がれたはずの愛情が奪われたために泣きわめく。次に、失意に陥り、自分は誰からも必要とされない惨めな存在だと強く感じる。彼らに希望する力があるのなら、愛情の代わりになるものが提供されるだけで、彼らはそれに駆け寄り、すがりつく。不安から生じる、相手が誰であろうと構わず愛情をほしがるそのような態度は、本人が自分の事情に合わせて選択した愛情ではない。

見捨てられた子どもたちは、身の周りにいる人なら誰に対しても愛情を探し求める。溺れた人が藁をも掴むように、どんな大人に対しても愛情を抱く。もちろん、そうして子どもは救われるのだが、こうした発育には大きな代償をともなう。

一方、安心して暮らしていた子どもは、自分に見合った愛情を注いでくれる人物のもとへ向かう。そうした大人を見つけ、微笑みながらしゃべりかける。反対に、愛情に恵まれなかった子どもは、相手の大人が微笑んでもいないのに、さらには相手が拒絶する場合でさえ、接近していく。大人を必要とするあまり、追い払われても、その人の近くから離れない。

このような場合、子どもは快適さを感じるが、自律性は失われ、自分に興味のない誰かと暮らすことを受け入れてしまう。彼らが大人になると、子ども時代に刻み込まれた気持ちが言葉で表現される。「私の生い立ちを考えてよ。愛されるにはどうすればいいの？　私の境遇をわかってよ。面倒を見てくれて感謝しているわ。私と結婚しようとしてくれてありがとう」。

自分を不幸にするような親や配偶者から離れられない子どもや若者がいるのはこういうわけだ。そうした人間関係は、精神的な発育障害を生み出し、彼らを意気消沈させる。自律性を養わなければならない思春期に、自信がもてず、自分に注意を払わない、あるいはひどい扱いをする人々のもとに留まろうとする。しかし、これらの度重なる拘束や日常的な不満は、いずれ彼らを意気消沈さ

（23）Gorwood P.（dir.）, *Mesurer les évènements de vie en psychiatrie*, Paris, Masson, 2004, p.110.

せる。

誰に対しても愛情を求める彼らが思春期を迎えると、普通の子どもより四倍も意気消沈する確率が高まる。[24] 社会的に不安定な生活は、ストレスを蓄積させ、トラウマを積み重ねながら、精神的な脆弱性を強める。子ども時代に愛情面で脆弱だった子どもが大人になると、彼らのうちの六八％がうつ病になり、社会的な適応が難しくなるという。[25]

したがって、「試験での失敗や婚約の破綻がうつ病を引き起こす」のではない。幼い時期の離別が原因で愛情面において脆弱な人は、その後の離別（死別だけでなく、単なる別れであっても）によって、うつ病になる確率が非常に高いのである。

離別が精神的発育にとって多感な幼い時期に起こり、愛情の欠落を埋め合わせるものが何もないと、子どもは精神的に孤立した状態に陥る。そこには、脳、記憶、自分の物語を刺激するものがまったくない。こうした孤立した状態があまりにも長く続くと、脳は干上がり、記憶は途絶え、人格を形成できなくなる。そのような状況では、へこたれない精神を養うのは難しい。

精神的な脆弱性から得られるもの

幼児期の離別が、必ず混乱をもたらすというわけではない。心の傷ついた子どもが新たな家族に迎えられ、幸せに暮らすこともしばしばある。その子どもが愛情面で脆く、離別に耐えられない性格で、また相手構わず誰にでも愛情を求めるようであっても、精神が安定し、少し真面目すぎるくらい学業に打ち込んだりするようになることもある。周囲は賞賛するが、成績が優秀で、心地よい人間関係ができあがったのは、その子どもが別れに対して脆弱だったからである。

戦時中、おそらく私は、愛情面の問題を抱えていたのだと思う。というのは、私は安心感を与えてくれる大人であれば、誰にでも近づき、おしゃべりし続けたからである。そのような危険な状態であっても、周りの正義感あふれる人々は、私を守ってくれた。しかし、私は一カ所に長く滞在できず、彼らと深いつながりをもてなかった。残念なことに、今では彼らの名前どころか顔さえも忘れてしまった。彼らは人格者であり、一緒にいると心が休まる思いがした。しかし、彼らは私の両親ではなかったので、彼らと一心同体になろうとは思わなかった。状況が変化して新たに安心できる生活の場が見つかれば、私は未練なく新たな場所へと渡り歩いた。

戦時中の私は、こうした適応力によって生き延び、生きる意欲をかきたてた。ところが平和が戻

（24）Akiskal H. S.,《New insights into the nature and heterogeneity of mood disorders》, *The Journal of Clinical Psychiatry*, 1989, 50, p.6-10.

（25）Brown G. W., Harris T. O., Eales M. J.,《Social factors and comorbidity of depressive and anxiety disorders》, *British Journal of Psychiatry Supplement*, 1996, 30, p.50-57.

り、生き残った何人かの親類が見つかると、自分が見捨てられた存在だと強く感じた。なぜなら、彼らが本当の愛情のすみかを提供してくれると期待したからであり、また裁判官の指示によって、各地を転々とすることを余儀なくされたからである。

人の感情は、演劇的につくられる表象だ。戦時中、私は悪人たちに追い立てられたが、私を取り巻く善意の人たちは、ドイツ人たちに一杯食わせた。それらの表象は、私に起こったことを演劇にするために加工された、真実の断片から構成されている。それは嘘ではなく、単に自分に関する空想が描かれたものなのだ。

誰とも共有できなかった心の中の表象である、私に関するこの演劇が事実に即しているのだろうかと最近になって自問した。つまり、私は現場を再訪して事実を確認すべきだろうか、自分と同じ出来事を目撃した人たちに会うべきなのだろうか、と思い立ったのである。

そのような検証は過去に舞い戻る行為であるような気がして、実際にやってみる勇気がこれまでわいてこなかった。こうした反応はトラウマ後期の心の苦しみに近い。心理的抑圧によって、私の記憶の最も繊細なところだけが喪失したということはなかっただろう。私はいつも戦争のことを考えてきたが、戦争の表象に関する感情は鈍らせてきた。これまで自分の身の周りで観察してきたことすべてには、自分に起こったことと照らし合わせて意味を付与してきた。たとえば、私の祖国フランスの軍隊と戦ったベトナム人やアルジェリア人に親近感を覚えた。黒人奴隷に自己を重ね合わせ、彼らの解放運動に参加したいと思った。自分たちの自由のために軍隊と戦う人々の考えを正しいと思った。また自分の祖国の軍隊が、私の知るドイツ占領軍のようであってほしくないと願った。私は、あらゆることを詳細に覚えていたが、活発に暮らしている自分がトラウマに悩まされているわけがない、と信じこもうとしてきた。大人たちから「悪夢にうなされることがあるか」と尋ねられたときも、私は、夜はぐっすりと眠っていると答えたように、自分は強い人間だと思いこんでいた。だが私は、単にそれを避けてきたのだ。前進することで逃れ、行動すること、夢見ること、恵まれた出会い、言ってはならないことを封印するためのおしゃべりなどによって、自己の殻に閉じこもっていたのだ。感情をよみがえらせることなど、耐えられなかっただろうし、私の話を信じない相手の疑り深い態度や無理解に、私は打ちひしがれた思いをしただろう。

「現実を否認するという過程は、子どもの心理において珍しいことではなく、また非常に危険なことでもないと思われる(26)」。現実の否認は、トラウマの苦しみから守ってくれるが、出来事の表象に関する感情を鈍らせながら思い出を歪める。今日でも、戦争によって心が痛むことはなかったと言いたいところだが、何もない部屋でテーブルの周りを何時間も歩き回り、恐怖のどん底に陥っても当然の状況なのに感覚が麻痺していた私は、はたして本当に正常だったと言えるのだろうか。

年齢とともに、また時間が経過するにつれて、ほんの少し精神力を取り戻した私は、そのことを

(26) Freud S. [1938], *Abrégé de psychanalyse*, Paris, PUF, 1950, et Laplanche J., Pontalis J.-B., *Vocabulaire de la psychanalyse*, Paris, PUF, 1973, p.115.

検証してみたくなった。彼らと再会するために単に現場に戻るくらいでは、過去の心の傷がよみがえるだけだと思った。現場を訪れることによってこみ上げてくる感情を一変させるためのきっかけや計画が必要だったのだ。そこで私は、自分の過去の表象が事実と一致するかどうかを検証するための調査を実施することにしたのである。

何らかの意図があると、事実のとらえ方が変化する。たとえば、悲しんだ表情、楽しそうな表情、動揺して興奮した表情の人物を見せられた際の、被験者の表情を観察するという心理実験の結果を紹介しよう。

悲しい表情の人が現われると、被験者の表情もこわばった。楽しそうな表情の人が現われると、被験者は表情を和らげ微笑んだ。そして動揺して興奮した人が暴れ回りながらブツブツ言って登場すると、眉をひそめた被験者は、イライラした雰囲気で口元を引き締めた。そのとき、「その興奮した人は、覚せい剤を服用した」との説明があると、(27)被験者の表情はすぐに変化し、感情の変化が見て取れた。眉をひそめた被験者は、尊大な雰囲気で頷きながら口元を引き締めた。この心理実験からは、ちょっとした言葉によって、表象がつくり変えられ、事実のとらえ方が変化するのがわかる。

過去を求めて

ある日曜日のこと、ボルドーに出かけたとき、友人が過去を探訪してみないかと誘ってくれた。[28]会議は十二時ころに終わり、帰りの飛行機は十九時の出発だった。自分は戦時中にポンドラという村にいたことを曖昧に語ったところ、彼は、「昔、その村で演奏したことがありますよ。ここからそれほど遠くないから、一緒に行ってみませんか」と誘ってくれたのだ。

もちろん、そこは何も見覚えがない土地だった。そうはいっても、私の記憶には、すべてが鮮明に残っていた。夜になると羊を入れた家畜小屋とは別棟の部屋で、農夫たちと食卓を囲んだことを思い出す。私が水を汲みに行った井戸は、今でもはっきりと覚えている。井戸の縁石や大きな滑車が目に浮かぶ。黒木造の納屋の壁板の隙間から光が差し込んでいた。その村に到着しても、きれいな花壇のある小さな家ばかりで、昔の面影は、まったくなかった。友人は、自分自身のためだったら決してやらないようなことを、私のためにやってくれた。通りかかる人全員に声をかけたのだ。

(27) 次を参照のこと。Bee H. Boyd F. *Psychologie du développement*. Bruxelles, De Boeck, 2003.

(28) 誘ってくれたのは、精神科医で人類学者、そして大学の教育部長のフィリップ・ブレノだ。彼は医学部の学生のころ、村のレストランのダンス・バンドでミュージシャンとしてアルバイトをしていた。

ついに一人の老人が分益小作農の農場の場所を教えてくれた。その老人は、「マルゲリット」と彼女の娘「猫背のオデット」という名前を覚えていた。

私はその老人のそばにいた若い女性に、毎朝の水汲みと夕方に羊たちを小屋にしまうのが当時の私の役目だったと語ったところ、彼女は、「ここに羊はいませんでしたよ。お気の毒ですが、お間違いでは」と言った。すると老人は、「いや、たしかに一九五六年までは羊を飼っていたよ。その後、牛を飼うようになったんだ」と訂正したのである。証拠を掴んだのだ。われわれは農場を見つけ、新たな持ち主と話をした。農場は、都会で暮らす人の別荘のようにきれいに改装されていた。私の記憶では玄関前にあったはずの井戸が、母屋の背後にあった。黒木造の倉庫は、私の記憶では巨大だったが、こじんまりしていた。持ち主の女性は言った。「主人が、この倉庫は大きすぎて家が隠れてしまう、と言って、建物の高さを低くしたんですよ」。橋と川から突き出た岩を見た。そこで私は溺れたのだ。男の子たちが私に冷たい視線を投げかけながらささやいていた村の一角を見ながら、昔のことを思い出した。「ユダヤ人ってのは、絶対に感謝しない連中なんだ」。

私のもつ明確なイメージにいくつかの手がかりを照らし合わせてみた。とはいっても、私の記憶はかなり間違っていた。村を探し出すための最も信頼できる手がかりは、何といっても「分益小作農のマルゲリット」と「猫背のオデット」という名前だった。

私の記憶に刻まれた過去のイメージは、現実と一致しなかった。記憶には、井戸、倉庫、家の表象がつくられていたが、実際には異なっていた。だが、私にとっては、記憶のほうこそが現実だったのだ。

家族や友人とのおしゃべり、文化的背景をともなった会話など、日常生活において耳にする言葉は、記憶を変質させるのかもしれない。逃亡後に各地を転々としたとき、救急車だと思っていた小型トラック、食堂の調理場にあった大鍋、扉を半開きにして応対した後に扉を閉めた修道女、マルゴの家での楽しい夕食会、カスティヨンの校長先生の厳格なやさしさ、マスカットの盗み食い、不幸と幸福のイメージが交錯した日々を思い返し、「もし別の言葉を耳にしたのなら、私の記憶に残ったそれらの出来事のイメージは、大きく異なっただろうか」と自問してみた。

もし「追い詰められる」という言葉を知っていたのなら、私は、自分の逃亡劇を心の中で思い描きながら同じ感情を抱いただろうか。「追い詰められる」という言葉を知らなかったからこそ、小型トラック、大鍋、修道女、こっそり食べたマスカットが意味するのは、驚きという感情だったのではないだろうか。「追い詰められる」という言葉が、包囲された獲物が殺されるという表象を私に連想させたのなら、それらの一連の出来事が暗示する意味は驚きではなく、パニックだっただろう。

トラウマの表象は、その語り口にも影響されるのではないだろうか。また、ある言葉を発するだけで、イメージや事実が思い出されるのではないだろうか。

アメリカの二人の心理学者が、二台の車が衝突する映像を被験者に見せた後、同じ内容の質問を、言葉を少し変えて尋ねた心理実験がある。[29]「二台の車が《激突》したとき、二台の車は、どのくらいの速さで走っていたと思いますか」と尋ねたところ、映像を見た被験者は、時速百四十キロメートルほどではないかと答えた。

次に、同じ映像を別の被験者に見せ、質問をちょっと変えて尋ねた。「二台の車が《衝突》したとき、二台の車は、どのくらいの速さで走っていたと思いますか」。すると、被験者の答えは時速八十キロメートルになった。なぜなら、「衝突」という言葉は、「激突」よりも穏やかな響きがするからだ。

私に起こったことについて、他人が語っているのを耳にしたとき、違和感を覚えたことがあった。カスティヨンにいたとき、大人たちが私のことをしゃべっているのを耳にした。「あの子は、おぞましい体験をしたんだよ」。私が体験したのは、おぞましいことだったのだ。そうした言葉が表わすように、現実は恐ろしいものだったのだから、私はつらい思いをして当然だったのだろう。

私は、たまたまそのような恐ろしい言葉は聞かず、別のイメージを記憶に刻み込んだ。夜中にサングラスを掛け拳銃を持ち、逮捕しに来た私服刑事たちを、私は奇妙な人たちだと思った。逃走するのを助けてくれた看護師を、私は美人で陽気な人だと感じた。数カ月間、私を代わる代わるかくまってくれた正義感あふれる人々は、恐怖やヒロイズムを語らず、助けるのはあたりまえのように振る舞っていた。そのような状況にあったからこそ、私は一連の出来事に恐怖を感じなかったのだろう。
戦後になって平和が訪れると、大人たちは、家族のいない子どもに無遠慮に話しかけるようになった。たとえば、「かわいそうな奴だな。お前は家族がないのか」と言う大人たちがいた。「この子がしゃべるのは、すべてつくり話だ」という発言に驚いたこともあった。私の申請書類を点検していた福祉課の女性は、私が「将来は医師になりたい」と言うと、大笑いした。私の父がフランスの外人部隊に従軍していたことを役人に説明した際には、「そんな苗字（著者の姓は、フランス風ではない）なのに、フランスのために戦死したなど、ありえない」と言い放った。

何気ない言葉、ちょっとした短いフレーズ、紋切型の意見が会話の環境をつくり出す。こうした環境において私は、自分に起こったことをほのめかしていた。すなわち、不名誉あるいは誇り、落胆あるいは爽快感など、そうした正反対の感情が同じ思い出の中に同居していた。私の周囲の人々は、同じ思い出に対して異なる感情を表現したのである。

ドラの家では、戦争や恐怖などではなく、「ダンス」、「ナイロンストッキング」、「ラッキー・ストライク」、「仲間」など、即時的な快楽や幸福を連想させる単語だけが飛び交った。現実の否認という防御装置は、われわれの心に時限爆弾を仕掛けたのだが、戦後しばらくの間、われわれは物事

（29）Loftus E. F., Palmer J. C.,《Reconstruction of automobile destruction:An example of the interaction between language and memory》, *Journal of Verbal Learning and Verbal Behavior*, 1974, 13, 5, p.585-589.

現在も残るボルドーのシナゴーグ

に距離を置いて、そのことを客観的に考えようとしなかった。

あのシナゴーグを再訪するまでに、五十年以上の歳月がかかった。ラビラ通り界隈〔ボルドー市内〕はしばしば訪れたが、シナゴーグへは足を向けなかった。最近になって、女性の友だちがシナゴーグへ案内してくれた。「すぐそこよ。ちょっと訪ねてみましょうよ。ラビ〔ユダヤ教の司祭〕と知り合いなの」。その日は晴天で、気分もよかった。さらには、彼女が同伴してくれたおかげで、胸が締め付けられることなく、シナゴーグへと歩いて行けた。

シナゴーグは美しかった。私はうれしかった。ラビは、彼のきょうだいと一緒にわれわれを迎えてくれた。穏やかな表情のラビたちが打ち解けた雰囲気だったので、用件をすぐに切り出せた。ラビは私に尋ねた。「ここを再訪したのは、初めてですか」。

最初に驚いたのは、シナゴーグが白かったことだ。私の思い出では、赤色がたくさん使ってあり、たしか聖櫃《せいひつ》〔シナゴーグにある戒律を保管する箱〕は赤色だったはずだ。男が聖櫃の蓋を開けて戒律の巻物を取り出していたのを覚えている。どうしてだろうか。思い違いだろうか。私の思い出には、赤い祭壇、赤い布張りの肘掛け椅子、入り口の左側には、赤い長い壁があった。現在では、その壁は白く、肘掛け椅子は木製だった。

シナゴーグの入り口に置いてあった、逮捕者を選別するための二つの小さなテーブルの仕組みについて、ラビに説明した。一方のテーブルは死刑、もう一方のテーブルは死刑だけは免れる……。だが、どちらのテーブルに誘導されると死刑になるのかは、わからなかったことを話した。夜にコーヒーを飲まされて起こされたことや、有刺鉄線が張りめぐらされていたことなどを話した。

ラビのきょうだいは、玄関ホールの石柱の根元にある大きな弾痕を見せてくれた。「あなたなら、そのときの状況を覚えているでしょう」と尋ねられたが、私は覚えていなかった。だが突然、終戦から数年後に、私が中学時代に書いた作文を思い出した。それは、戦中に逮捕された子どもが神殿の中で銃撃戦を目撃した物語だった。十三歳の私が自叙伝を書いたのなら、きっとその強烈な出来事に触れたはずだ。六十年後、私の記憶からその思い出は消し去られ、その場面は二度と現われなくなっていた。

ラビからもらった『ボルドーのシナゴーグ』[30]という小冊子には、一八一二年にジャン＝ルバン・

(30) Cadeau du docteur Aouizerate, *La Synagogue de Bordeaux*, Bordeaux, Consistoire israélite de Bordeaux, Éditions Le Bord de l'eau, 2002.

ヴォゼールが描いたこのシナゴーグの絵が載っていた。聖櫃の上には赤い布掛けがあり、入り口の左側の壁には赤い肘掛け椅子があった。また、一八四五年にオーギュスト・ボルドが描いた絵も見た。やはり掛布があり、祭壇は縦に配置されていた。そこに描かれたモザイク模様の床から天井にいたる北アフリカ調の小さな柱まで見覚えがあった。

したがって、私の記憶のいくつかの点は今日でも正確であることが、十九世紀の絵画によって証明されたのだ。一方、私の思い出から消えた銃撃戦は、子どもだった私の物語の筋書きになってい た。周囲の人たちが私の話を信用しないので、私はその場面を思い出から消し去ったのだろうか。

次にわれわれは、私が生き延びるきっかけになった場所、トイレへと移動した。トイレに行く途中の小さな中庭には見覚えがあった。そして、小窓から逃げ出すには、その位置が高すぎたので、がっかりしたのを思い出した。トイレの扉の中の段違いの羽目板は、もうなかった。私は自分の心の中の劇場で、この段違いの羽目板を、何度となく思い出してきた。羽目板がなくなっているのを見て情緒不安に陥った私は、ラビとここまで連れてきてくれた友だちに聞いた。「扉は修理されたのですよね」。ラビのきょうだいは、自信なく答えた。「おそらく修理したのだと思います」。これまで経験したように、私の言っていることを信じてもらえないのではないかと心配になった。段違いの羽目板があれば、私は自分の逃走技術を彼らの前で実証できたのに……。皆は、そんな私を見て微笑んでいた。彼らも、私の実演が見られず、がっかりしている様子だったので、うれしくなった。

私が心配だったのは、シナゴーグの前の石段だ。私の記憶では、扉は開け放たれ、太陽の光が建物の中にまで差し込んでいた。逮捕者を乗せたバスは、すでにボルドーサン＝ジャン駅に向けて出発していた。たった一人で石段の最上階にいた私は、石段の下にいた看護師が彼女の近くに止まっている車まで走れ、と自分に合図したのを見て取った。私の思い出では、救急車まで石段を駆け下りたことになっている。ところが実際には、苔むした三段の石段しかなかった。次に疑問なのは、シナゴーグの中庭は鉄柵で厳重に包囲されていたのに、どうやって私は小型トラックに潜り込めたのだろうかという点だ。

しかし、私は小型トラックまで石段を駆け下り、誰かがめくってくれたマットレスの下に潜り込んだのだ。「じっとしていろ。大きく息をするな」と誰かが私に言ったのを覚えている。おそらく私は走った直後で、息を切らしていたのだろうか。

私の記憶では、自分は映画『戦艦ポチョムキン』に出てくる「オデッサの巨大階段」から駆け下りたことになっているが、現実には、何と苔むした三段の石段だったのだ。私の記憶では、私はトイレの扉の段違いの羽目板を登ったことになっているが、実際には羽目板はなかった。私の記憶では、私は石段の下の歩道沿いに止まっていた救急車まで走ったことになっているが、実際には、シナゴーグの前の広場は分厚い鉄柵で覆われていた。私の思い出はすべて間違いだったのだろうか。

そうはいっても、歴史資料には、私が逮捕された記録が残っていた。一斉検挙の命令書である「一九四二年七月一日夜から十六日の間に逮捕されたユダヤ人の子どものリスト」(31)には、日付は納得できないが、私の名前が載っていた。逮捕されたユダヤ人の子どもの中で最年少は、一歳のジャクリーヌだった。私の逮捕された日が資料の日付と異なるのは、一九四二年七月十八日に逮捕された私の母親が、その前日に私を孤児院に預けたためだろう。

現実が混乱していたときの私の記憶は、はっきりしている。実際にシナゴーグは、壁を塗り替えたり、トイレを修繕したりするなど、何度か改修された。また、戦前の写真を見ると、鉄柵は広場の中央にしかなく、小型トラックが歩道沿いに停車するのは可能だったことがわかった[32]。いやはや、読者が私の言うことを信じてくれないのではないかと、心配になってしまった。

しかし、『戦艦ポチョムキン』の巨大階段は、存在しなかった。とはいっても、私が石段を駆け下りたのは間違いないので、読者はご安心いただきたい。看護師のもとに走っていったとき、私はどのような気持ちだったのかは、忘れてしまった。おそらくそれは、私がその後に観たエイゼンシュテイン監督〔『戦艦ポチョムキン』の監督〕の映画に登場する、巨大な階段の、あのイメージが与える感情だったのではないだろうか。階段から落ちていく乳母車の中で、一人の赤ちゃんが階段の下で押しつぶされて死にゆくシーンだ。私は、二つの思い出を一つに凝縮したのだ。あのときの記憶の源泉は忘れてしまったが、『戦艦ポチョムキン』の巨大階段が自分の感情に訴えたイメージは忘れなかった。

したがって、私の記憶の源泉が異なっていたとしても、それは私にとって本当だったのだ。現実には三つの石段を駆け下りたのだ。しかし、その現実の表象が『戦艦ポチョムキン』の巨大階段だったというわけだ。

「表象」という言葉は実に的確である。思い出は、現実をよみがえらせたものではない。思い出は、われわれの心の中の劇場において、真実から表象をつくるために、真実の断片を寄せ集めたものなのだ。心の中で上映される映画は、われわれの物語や人間関係の帰結である。われわれは幸福であるとき、自分たちが感じる幸せに一貫性を与えるために、真実の断片を記憶の中から探し出し、それらを組み立てる。そして不幸なときも、自分たちの苦しみに一貫性を与える真実の断片を探し出す。

いずれにせよ、それは、ライオンの頭、ヤギの胴、蛇の尾をもつ空想上の怪獣キマイラのように、各要素は真実からできあがった本物のキマイラなのだ。

自己の記憶に残るのは、真実の一部でしかない。われわれは、毎日接する無数の情報のほとんどを覚えていない。次に、それらの些細な情報は、われわれが強く感じたことに比喩に富んだ表現形式を与える。表象はそれらの情報とともにつくられるのである。われわれが拍手喝采したり、泣いたり、怒ったりしながら反応するのが、心の中の劇場なのだ。しかしそのとき、無意識の痕跡や

(31) スリタンスキー〔フランスのレジスタンス闘士〕の記録：一九四二年七月一日夜から十六日の間に逮捕されたユダヤ人の子どものリスト。母は、自宅で逮捕された。重症の父は、サン＝アンドレの病院で逮捕された。
(32) *La Synagogue de Bordeaux, op. cit.*, p.44.

抑圧された思い出が意識されることはない。

戦争は終わった

カスティヨンの解放は、はっきりと覚えている。しかし、逃走についての思い出が現実と食い違っていないのを確かめるため、この小さな村を再訪することにした。

マルゴに「諸国民の中の正義の人」の称号〔戦時中に生命の危険にさらされたユダヤ人を助けた、非ユダヤ人の功績を讃える称号〕が授与された席で、一人の老人の姿が目に止まった。その老人は、背筋がまっすぐで、かくしゃくとしており、その威厳に満ちた風貌には見覚えがあった。周りの人がその老人を紹介してくれた。「戦争末期に、あなたを学校でかくまってくれたラファイエ校長ですよ」。われわれは、簡単な挨拶をかわした。そのような場面で、一体、何を語ればよいのだろうか。お互いの住所を交換し再会を約束したのに、その直後に彼は死んでしまった。彼は私と再会できて、大変よろこんでいたという。

その式典の際、ラファイエ校長の近くにいた女性は、よろこびのあまり涙を流していた。彼女はラファイエ校長の娘クロディーヌ・サバテだった。私は、幼かったころの彼女をはっきりと覚えていた。私は彼女や仲間たちとマスカットをときどき盗み食いした。ところが彼女は、私のことをまったく覚えておらず、マスカットのことも忘れたという。しかし、ドイツ軍がいたるところにいた状況において、彼女の父親がカスティヨンの学校に小さな男の子をかくまっていたことは覚えていた。

カスティヨンの村に見覚えはまったくなかった。その日は涼しく、きれいな道を歩きながらおしゃべりしていると、ヴィルシュノ婦人は、丘の上にある白壁の美しい家を指さして言った。「あそこが学校ですよ」。眼に入るものすべてが、私の記憶と一致しなかった。校庭の奥には、校庭の屋根付き部分があったはずだ。そこがフランソワーズとおしゃべりした場所だ。青い瞳に栗色の髪の毛で、上の前歯二本に隙間があった私の初恋の人、フランソワーズだ。

ドイツ兵たちは、木製のテーブルを運び出し、校庭で作業していた。彼らは私にドイツ語で話しかけ、果物をくれた。彼らは微笑みながら、私を持ち上げて遊んでくれたのだが、ちょっと恐ろしく感じた。

銃に興味があった私は、仲間と一緒にドイツ兵たちの近くまで行った。校舎の上に設置された見張り台にいるドイツ兵には、足蹴にされて追い払われた……。

道路には、藁の束がジグザグに置かれていたのを思い出す。二人のドイツ人兵士がバリケードの中で機関銃の番をしていた。一人が笑いながら声を掛けてきたので、仲間と一緒にバリケードに入った。彼は、われわれにおもしろいものを見せてやると身振りで伝えた。壁に向けて機関銃をぶっ放すと、大きな石の破片が吹っ飛んだ。全員が笑った。

それからしばらくして、私はドイツ兵たちがだらしない格好で道路をとぼとぼと歩いている姿を見た。武器を持たず、ヘルメットもかぶっていなかった。身なりは不潔で、髭は長い間剃っておらず、襟ははだけていた。彼らは村の中心部に集結するという、軍事的ミスを犯したのだと聞いた。つまり、村は丘に囲まれていたので、レジスタンスは彼らを難なくやっつけることができたのだ、と。

そうした思い出をフランソワーズ・ヴィルシュノに話したところ、彼女は、その時代のカスティヨンの証言者たちの記録文書を送ってくれた。それを読むと、「マキザール（フランス国内に潜伏し、レジスタンス運動に加わった者たち）は、カスティヨンの丘陵を制圧した。（……）単発的な銃撃戦があっただけで、本格的な戦闘はなかった[33]」。降伏するようにドイツ軍を巧みに説得したのは、ド・ゴール派のフランス国内軍（FFI）と共闘した、フランス共産党指導下のレジスタンス組織（FTP）の責任者ジャン・コランと、当時の村長ピエール・ドュリュだ。「そのときのドイツの司令官は戦う気がなく、ヒトラー信奉者でもなかった。彼は戦争にうんざりしていた。ドイツ軍は、いたるところで退却した[34]」。

それらの証言は、私の思い出とつじつまが合う。なぜドイツ兵たちは私をもう一度逮捕しようとしなかったのか、長い間、疑問に思っていたのだ。ある晩に、学校の廊下でキャンプ用のベッドで寝ていたところ、懐中電灯の強い光を当てられて起こされたことを思い出した。光の向こう側では、ラファイエ校長がドイツ人将校たちと小声で話していた。彼らは立ち去り、私は眠りに戻った。あのときの理由がようやくわかった。「司令官は戦う気がなく、戦争にうんざりしていた」のだ。

ドイツ占領から解放された翌日、武装して腕章をつけた一人のマキザールが村人としゃべっている姿を見た。私は近づいて彼らの会話を盗み聞きした。「軍隊は常に高台を制圧しなければならないのに、ドイツ軍は村の中心部に集結するというミスを犯した」。マキザールたちは降伏したドイツ兵たちを村の中心に集めた。「村に行くと、駅前の通りには、だらしない格好のドイツ兵たちがとぼとぼと歩いていた。（……）ドイツ人捕虜たちは駅前広場に誘導された。マキザールのリーダーは彼らを処罰しなかった[35]」。また、ドイツ人捕虜に対する侮辱的な行為も禁じられた。

村人たちとしゃべっていたマキザールは、ドイツ降伏後に村にやって来たのだと思う。「フランスが解放された直後、多くのマキザールがカスティヨンにやって来た。（……）バーゼル集団のリーダーが指揮したジャンルー部隊、モレゼー集団のリーダーが指揮したロワゾー部隊など……[36]」。

（33）Groupe de recherches historiques et de sauvetage archéologique du Castillonnais（Grhesac）, *Castillin à l'heure allemande*（*1939-1945*）, 2005 ; et Lormier D. *Aquitaine 1940-1945. Histoire de la Résistance*, Montreuil-Bellay, CMD, 2000.
（34）Témoignage de Philippe Naud, Grhesac, *Castillon à l'heure allemande*（*1939-1945*）, *op. cit.*, p.190-191.
（35）Témoignage d'Armand Rebeyrol, Grhesac, *Castillon à l'heure allemande*（*1939-1945*）, *op. cit.*, p.193.
（36）Ghresac, Castillon à l'heure allemande（1939-1945）, op. cit., p.188.

そのマキザールが「死者一名、重傷者三名」と言ったとき、私は思わず「たったそれだけか。大した人数じゃないな」とつぶやいてしまったのだ。おそらく彼は、カスティヨン以外のところで起こった戦闘について話していたのだろう。というのは、カスティヨンにマキザールたちがやって来たのは、フランス解放の翌日だったからだ。私は、カスティヨンで戦闘行為があったと記憶しているが、証言では、軍事衝突はなかったことになっている。またしても私の頭の中で、二つの異なる情報源が重なったのだろう。

ボルドーの街を威風堂々と行進するドイツ人たちを見た。馬、太鼓、音楽、決して乱れることのないドイツ軍の隊列からは、強さと美しさを感じた。次に、キャンディを配りながら温厚な占領者だった彼らの姿を覚えている。ヴィシー政権と締結した契約どおり、武器を持たず、カロ帽をかぶらず、革ベルトをつけず、善良なドイツ人というイメージを演出しながら散歩していた。次に、設置した非常線で、身分証明書を調べ、無実の者を逮捕し、抵抗もしていない女性を殴り殺した侵略者としての彼らを知った。そして、疲れ果て、だらしない格好で、子どもの命令にも従う敗者としてのドイツ人たちを目の当たりにした。

同じ人間のイメージが次々と変わった。音楽家、勇敢な人、拷問者、敗者。一体、どれがドイツ人のイメージなのだろうか。それらすべてのイメージが本物なのだろう。

人間は、周囲の環境によってつくられる。自分たちの希望に応じて自己を成長させることのできる環境を探し出したり、己を形成する環境を整えようと模索することこそが、われわれの自由だ。われわれは、自分たちが置かれた状況に染まり、これが心にまで染み込む。こうして、われわれは現在の自分になるのだ……。

戦争に敗れた直後に、ドイツ人は人間に戻ったのだ。非人間的なロボットたちは、善良な人々に変わったのである。「ドイツ国防軍〔一九三五年から一九四五年までの武力組織〕は敗走した。アウシュヴィッツは空っぽになった。ナチス親衛隊は強制収容所の数千人の抑留者を引き連れて立ち去った。やせ細った人々はその移動中に死に絶えた。空っぽになったアウシュヴィッツには、数名の抑留者が残っていた。消火装置とピアノがあった。アンリは、すばらしいジャズピアニストだった。ドアが開き、ドイツ人が入ってきた。戦争に破れた軍隊は、世界中どこでも同じだ。兵士たちは、ぼろをまとい、怯え、不潔で悪臭を放つ……。彼はわれわれにパンを分けてくれと頼んだ。持っていたパンを半分ちぎって、くれてやった……。彼はそのへんに置いてあった靴を手にしていた。ドイツ人の彼は、われわれ抑留者に《この靴をもらってもいいか》と尋ねた。われわれの誰かが《持っていけよ》と答えた。その若い男はよろこんで去って行った。立ち去る前に彼は、私の肩を軽く叩き、《心配するなよ、メンシュ[37]。明日になればロシア人がここに来るよ》と言った」。

(37) ドイツ語とイディッシュ語で、尊敬する人物に話しかけるとき、相手をメンシュと呼ぶ。ドイツ人が勝者だったとき、彼らは上官の命令に服従し、教訓めいたスローガンを唱えながら自分たちの罪を正当化する、非人間的なロボットのような精神の持ち主だった。しかし、敗者になった途端に、彼らは再び控えめで礼儀正しくなり、一緒に暮らすためのしきたりを尊重するようになった。

ジェルメーヌ・ティヨン〔レジスタンス活動にも参加したフランスの著名な人類学者。戦時中、母親とともに強制収容所に送られ、母親はそこで処刑された〕は、一九四三年十月の日曜日の晩、「〔ドイツの〕ラーフェンスブリュックの女性強制収容所に送られ、若い女性の抑留者たちに対する、ひどい扱い、強制労働、生体実験[38]」を目の当たりにした。彼女もそうしたドイツ人の変容を語っている。彼女は、それまでやってきたように、自分を守り、怪我人を介護することを決意した。そうした「向こう側の世界」を理解するために、観察し、記録を残し、「微笑みによる抵抗」を試みた。そして民族学的な視点からメモをとった。ナチス親衛隊の女性が看守役に着任すると、最初の四日間は人間性を保っているが、五日目になると、彼女たちは非人間化し、凶暴かつ残酷になり、他者に対する共感力を失うのがわかった。

フランス解放のとき、抑圧感から解き放たれて勝者になったフランス人の中には、サディスティックな欲動〔無意識の衝動〕を行動に移す者が現われた。ドイツ人兵士と性的関係をもったとして丸刈りにされたフランス人女性たちは、そうしたサディズムの犠牲者だ。彼女らを丸刈りにした人々は、道徳を振りかざし、彼女らを辱めることで快感を得た。彼女らは「ベッドの中での対独協力」を実践したのだという。彼女らのほとんどは貧しい女性であり、ドイツ人であろうがフランス人であろうが、生活に困っていた彼女たちにとっては、お金を払ってくれる男なら誰でもよかったのだ。一方で、本物の対独協力者が丸刈りにされることはなかった。なぜなら、彼女らは警備の行き届いた高級住宅街で暮らしていたからだ。それらのフランス人女性の大半は、ドイツ人の愛人だった。今日では、国際的な恋愛関係は開放的な精神の現われであり、ヨーロッパの平和に寄与しているが、戦時中の国境を隔てた男女の出会いは、国家に対する裏切りを意味した。

ほとんどのフランス人は、尊厳ある行動をとった。だがフランス解放後の裁判では、ドイツ人を銃殺したり、私財を没収したりするなど、誤った判決があったようだ。私の周囲の大人たちは困惑した表情で言った。「われわれだって、誇れたもんじゃない」。怒って、ドイツ人捕虜を侮辱するのをやめさせた人々もいた。フランス解放の歴史では、そのような事実がきちんと紹介されていない。

物事の一貫性は、われわれが理解できることに左右される。数日前、私は七歳の小さな哲学者と話をした。彼女の姉が学校の性教育の授業で学んだことを、自宅で話したそうだ。小さな哲学者は、私が医師だと知っていたので、私に不満をぶちまけた。彼女によると、先生は口からでまかせを言

---

(38) Tillion G., *Une opérette à Ravensbrück*, Paris, Éditions de La Martinière, introduction par Claire Andrieu, 2005, p.5.

ったという。驚いたのは、小さな哲学者が次のような学術的説明をしたからだ。「先生は、植物の性的特徴についてしゃべったんだけど、《ヒナギクが妊娠するわけないじゃない》」。

七歳の小さな哲学者は、女の子にはおちんちんがないから、大人になったら母親になることを明確に理解していた。彼女は母親になることにあこがれていたのだ。しかし、その年齢では、なんとなく知ってはいるが、性行為の表象はまだなく、それは彼女にとって「けだものじみている」。そうした発育段階では、彼女には性行為そのものをイメージさせる知識はまだほとんどなく、精子が卵子に入る前に卵管で精子が跳ねまわることなど、知る由もない。彼女にとって性の美しさは、すてきな王子様に出会い、子どもを授かることであって、配偶子が結合することではない。したがって、学校の先生が口からでまかせを言ったという彼女の言い分も、わからないわけではない。植物の性的特徴による説明では、小さな哲学者は納得できなかったのだ。すなわち、彼女は自分がもつ知識でしか自己の表象を豊かにできないのだ。おそらく、われわれ大人だってあらゆることを彼女のように論証しているのではないだろうか。

第三章

耐え難い記憶

戦中の波乱万丈[1]が私という人間を形成した。八歳のときから、自分で配役を決め、自分に起こったことの表象を絶えず心の中で演じてきた。

しかし、過去の物語の内容は、語り手である自分がそのとき、どのような人間であるのかと同様に、私がそのことをしゃべりかける相手にも左右される[2]。

（1）Schank R. C., Abelson R. P., *Scripts, Plans, Goals and Understanding:An Inquiry Into Human Knowledge Structures*, Hillsdale, Erlbaum, 1977.

（2）Nelson K., *Event Knowledge:Structure and Function in Development*, Hillsdale, Erlbaum, 1986.

自己分裂という脅威

「自己や対象になるものが引き裂かれ、互いに妥協できずに共存する脅威に悩まされる」[3]とき、トラウマに苦しむ者の自己は分裂する。そのとき心の中で、一方は叫び、他方はまったく逆のことをつぶやくのである。

私は誰とも共有できない心の中の物語において、ヒーローの役割を自分自身に与え、主人公になった。こうして私は、誰かが抹殺したくなる存在ではなくなったのだ。自分に起こったことを自己に語って聞かせると、心が和らいだ。だが、このようにして自分を保護することによって、交友関係を混乱させていたのには、気がつかなかった。私は、過去が自分に及ぼした作用を変化させ、自分の物語を新たにつくり変えることによって、トラウマの記憶から逃れたのである[4]。

実際の経験と自分の物語は、別のものである。過去のよろこびを語るのは、過去をよみがえらせることではなく、過去を語る楽しみを得るためだ。過去のつらい記憶を修正することなく再生させて自分の不幸を物語れば、自分が不幸であるという気持ちが呼び起こされる。これは「苦痛を訴える行為」だ。しかし理解しようとして、そして自分に理解させようとしながら表象を修正すると、心の中の物語は、気持ちのもち方を変える。つまりトラウマ後には、自分の物語を反芻することもできるし、それに手を加えて修正することもできるのだ。

このような思い出の修正を検証した研究がある。[5] 一九六二年、デニス・オファーは七十七人の十四歳の若者に対し、五十ほどの質問を投げかけ、彼らの世界観を把握しようとした。たとえば、あなたは宗教を信じますか、あなたは友だちの人気者ですか、あなたの将来の抱負は何ですか、最もつらいことは何ですか、などの質問に答えてもらったのだ。

三十四年後にこの精神科医は、被験者だった七十七人のうち六十四人に対し、まったく同じ質問を投げかけた。

「学校生活はつらいですか」という質問には、十四歳では二八％がつらいと回答した。しかし、四十八歳では五八％がつらかった思い出があると回答した。

「あなたは人気者ですか」という質問には、若者の二五％は「自分は周りから愛されている」と感じていた一方で、彼らが大人になると、五〇％が「自分は愛されていたと思う」と回答した。

（3）Ionescu S., Jacquet M. M., Lhote C., *Les Mécanismes de défense, Théorie et clinique*, Paris, Nathan Université, 1997, p.148.
（4）Lejeune A., Ploton L.,《Résilience et vieillissement》, *in* B. Cyrulnik, G. Jorland, *Résilience. Connaissances de base*, Paris, Odile Jacob, 2012, p.127-128.
（5）Offer D., Kaiz M., Howard K. I., Bennett E. S.,《The altering of reported experiences》, *J. Am. Acad. Child Adolesc. Psychiatry*, 2000, 39, 6, p.735-742.

当時の学校では体罰があったため、「体罰を受けた後、どのように感じたか」という質問があった。教師は、生徒を定規でひっぱたきながら「ピタゴラスの定理」を教えていたのだ。若者の八二%は侮辱されたと回答したが、大人になった彼らは、三三%のみが体罰に苦しんだと答えている。

彼らの三十四年間の物語が、過去の表象をつくり変えたのだ。自分の過去を思い、幼馴染に再会すると、ほとんどしゃべったことがない同級生にも友情を感じる。工場や鉱山でのつらい労働に就くと、学校での体罰に対する見方は変わる。現在幸せであるのなら、しばしば過去の思い出によって、現在の幸福を説明しようとする。たとえば、「体罰が私を精神的に強くしてくれた。私は、体罰という試練を乗り越えられた」と解釈するのだ。反対に、五十歳にして不幸であるのなら、「あの時の体罰が私を破滅させた」というように、まったく逆のとらえ方をする。

思い出にまつわる気持ちは、変化することがある。たとえば、「母が汚れたエプロン姿で学校に迎えに来るのが恥ずかしかった」という子どものころの気持ちは、大人になると「あのとき母は、私の学費を稼ぐために懸命に働いていた。恥ずかしいと感じた自分が情けない」と思うようになる。物語のちょっとした展開が、過去の表象をつくり変えることもあるのだ。

われわれは、自分たちを取り巻くすべての物事や出来事に敏感なのではない。あらゆる情報に対処していたのでは、何事も形をなさず、混乱するだけだ。明快な考えをもつためには、忘れてしまう必要がある。(6) 自分の過去を自己に確実に示すには、思い出そうとするときの状態に一致する思い出だけに注目すべきなのだ。

過去は、忘却と感情の修正のおかげで、一貫性をもつ。自分の世界がはっきりすると、われわれは自分たちが子どものころに実現したかった夢が何なのかがわかるようになる。当時は痛みを感じなかった過去の自分の心の傷に憤慨することさえある。

思い出の葡萄酒

記憶に関する偉大な専門家であるシャルル・ボードレールは、現在を基点として「われわれは、思い出という葡萄酒や、復元された過去という葡萄酒に酔う(7)」と記している。

トラウマをともなう記憶には、詳細なイメージが寄せ集まっている。それらのイメージは、不確かな言葉や気持ちに包まれている。意気消沈しないためには、われわれはそれらを修正しなければならない。そうした再構築の領域においてこそ、独創力がへこたれない精神を生み出すのだ。明快なことばかりだと、繰り返しを余儀なくされ、暗唱するだけになってしまう。驚きの中にこそ解明するよろこびを感じるのだ。記憶の明快な部分は検証可能な記録である一方、独創性が宿るのは記

(6) Tadié J.-Y., Tadié M., *Le Sens de la mémoire*, Paris, Gallimard, 1999.
(7) シャルル・ボードレール『悪の華』堀内大學訳、新潮社、一九五三年など、邦訳多数。

憶の薄暗い部分なのだ。

記憶をできる限り遡ってみると、私は昔から精神科医になりたかったようだ。戦後、精神科医などを話題にする者は誰もいなかったので、それは私の思い違いではないかとも思ったのだが……。一九七〇年、精神科医になった私は、ドラとアドルフがサノワ〔パリの郊外〕に買ったばかりの家の屋根裏部屋に置いてあった大きなトランクの中に、幼いときに書いた自分の作文を偶然見つけた。その作文を読むと、「大人になったら、何になりたいか」という質問に対し、十一歳の私は、なんと「人間の心を理解するために精神科医になりたい」と答えていた。

十歳のとき、先生が私の作文を褒めてくれたので、自分は物書きになりたいと思ったことを、今でもはっきりと覚えている。私は、その作文の一節を今でも覚えている。「彼は、だぶだぶのオーバーコートのポケットに両手を突っ込み、凍った水たまりの上を軽くまたいだ」という部分だ。十一歳になると、精神科医になりたいと考え始め、その夢は二十年後にかなった。

私の空想から本当の部分を寄せ集めそれらを組み立てるのは、現在において、私が過去の出来事に意味を与える作業である。そうした作業では、物語ることによって思い出を調和させ、空想を手なずけることができる。物語ることをしないと、真実の断片はあちこちに散らばってしまい、まったく意味をなさなくなってしまう。自分は何者なのか、何が好きなのか、何を望んでいるのかが、わからなくなってしまうのだ。

戦後、人々は思い思いにおしゃべりをした。レジスタンス運動で活躍したときのことを大声で語る者たちがいた一方で、「戦争犯罪人の裁判」の行方を小声で語る者たちがいた。戦争、再び訪れたよろこび、フランスを復興させたフランス人の勇気などを語る、愛情のこもった言葉、とげのある言葉、屈辱に満ちた言葉、激励の言葉を耳にした。

毎週の映画鑑賞は、特別な行事だった。人々は正装し、家族や友達同士で映画館に出向いた。上映前には若手の歌手がスクリーンの前で熱唱し、幕間には、売店でアイスクリームを食べた。映画を観に行くのは、まさにお祭りだったのである。

ポート・デ・クリニャンクール〔パリ市内の北部〕の掘っ立て小屋で寝泊まりしつつも、朝の出勤時には、白のワイシャツにネクタイという非の打ち所のない服装で、泥を避けるために板の上を歩きながら出勤する労働者がいたのを覚えている。

労働総同盟（CGT）は、電力網を復旧させるためにサラリーマンに残業を要請し、労働者に土曜も日曜も働くように訴えた。もちろん無償でだ。国にはお金がなかったからである。

貧しい暮らし、人々の助け合い、臨機応変で陽気な態度など、このような日常の熱狂の中で、年少の私に発言権はなかった。私が自分のことを少し語ると、しばらくの間、周りは重い沈黙に包まれた。だが、すぐに元の生活に戻った。私は、ようやく彼らが取り戻した幸せを、ほんのわずかな時間、しらけさせたのだった。

私の周りのおしゃべり好きは、その話題に触れるのを避けたので、私は自分に起こった出来事の意味をなかなか理解できなかった(8)。人間の数だけ物語があると、意味をつくり出す人間は不協和音を生み出す。物語ることがなければ意味は存在しないが、物語が多すぎると、どのようなことを空想すべきなのかわからなくなる。物語が登場すると、真実は逃れられない運命が存在したかのように根付く。すなわち、それが伝説である。

共同体としての戦争経験は、耐え難く、屈辱的で、重苦しいものだった。何が起こったのかを理解できた者などいなかった。対独協力を選んだ者たちは、最初のうち権力と富を享受した。闇のレストラン、劇場、市役所、フランスにあったドイツ軍の司令部などでは、優雅なパーティーが毎日のように開かれていた。黒人、ユダヤ人、貧者を蔑み、侮辱しながら、あざ笑って楽しんでいた。非人間同士が大いに笑い合っていたのだ。

一方、多くのレジスタンスたちは、敵に対峙するために、拷問を受けながらも連帯する精神を身につけた。

物語が存在しなければ、不協和音がまったくない場合と同様に、自分の存在に意味を与える自己の表象をつくり上げることができなくなる。戦後しばらく、私には、茫然自失となるか大騒ぎするかの選択肢しかなかったのである。

復元された過去

幸運なことに、私にはへこたれない精神を養うための指導的役割を担う二つの出来事があった。ドラとエミールとの出会い、そして共産主義だ。

ドラが私にエミールを紹介してくれたとき、彼は部屋に入らず、入口の扉の近くで立ったままだった。というのは、部屋が狭すぎてもう一脚余分に椅子を置く場所がなかったからだ。私はエミールと会った途端に、自分でもなぜだかわからないが、彼の力強さとやさしさに魅了された。今日の私であれば、自分は彼のような力強さとやさしさをもつ男性になりたいと望んでいたからだ、と答えるだろう。将来、エミールのような大人になりたいと思ったのだ。「自分の夢とともに、同性の大人に自己を重ね合わせる[9]」のは、エディプス・コンプレックスの現われだろうか。コルシカ島のダンサーやモンマルトルのフレッド・アステアと呼ばれたモーリスなど、ドラが他の男友だちを紹

(8) Thompson S. C., Janigian A. S.《Life schemes:A framework for understanding the search of meaning》. *Journal of Social and Clinical Psychology*, 1988, 7, p.260-280.

(9) Houzel D., Emmanuelli M., Moggio F.（dir.）, *Dictionnaire de psychopathologie de l'enfant et de l'adolescent*, Paris, PUF, 2000, p.470.

介してくれたときには、そのような感情を抱かなかった。もちろん、彼らは明るくて感じのよいすばらしいダンサーたちだった。コルシカ島のダンサーは、軍人になってはどうかと助言してくれた。「立派な軍服を着て、世界中を旅できるぞ」。しかし、私は興味がわかなかった。きれいな服も旅行も魅力的だったが、それは自分が目指す道ではない、と思ったのだ。

ドラは、エミールを紹介した後、「わたしたち、これから一緒に暮らすのよ。エミールは科学者で、ラグビー選手なの」と幸せそうに言った。私は、科学もラグビーも何のことかわからなかったが、すぐに彼を受け入れた。

ドラとエミールが広い部屋を探していた数カ月間、私の心の中は急に明るくなり、学校の成績は突然よくなった。

テュルゴー通りの学校に通っていたときの成績は、ろくでもなかった。成績が悪かった二年間、私がマルゴのもとで暮らすのか、あるいはドラのもとで暮らすのかで、役所を交えた協議が繰り返された。ボルドーとパリの間で言い争いが絶えなかったので、勉強する気にならず、すべての人間関係が嫌になっていた。

ところが、ドラがスポーツマンの科学者エミールと共同生活を始めるとわかった「途端」に、学校が急におもしろくなった[10]。私は、そのころの学友の顔や名前を覚えている。生徒にやさしく話しかけてくれた先生たちのことも思い出す。さらには、休み時間に遊んだ、ビー玉遊び、鬼ごっこ、そして私の台本による級友たちの寸劇などは、今でもはっきりと覚えている。

私の成績はみるみるうちにクラスで一番になり、一学年飛び級して高校入試に臨むように指導された。一九四八年では、そのような生徒はごく少数だった。最近になって学友のマンシェロンがそのときの状況を調べたところ、四十四名の生徒のうち、高校に入学したのは、たった三人だったことがわかった。

今日振り返っても、自分自身の知的変貌には驚くばかりだ。おそらく二つの現象が同時に起こったおかげで、可能になったのだと思う。

一つには、ドラとエミールが安心できる生活環境を提供してくれ、それが私の心の奥底にまで届いたこと。もう一つには、教師たちが私を励ましてくれたことだ。

私が二歳のとき、母は、父がフランス軍に従軍した後に一人きりになり、父が逮捕されるのではないかと怯えた。そのころから私の精神生活は停止していた。その後、私は追われ続け、死と背中合わせの生活を送り、感情的に孤立した数年間を過ごした。愛情は繰り返し破壊され、外出を禁止され、また学校に通えなかった。自分は危険人物だという意識によって精神的発達が妨げられた。それでも不思議なことに、それらの攻撃を受けている間、つらい思いはしなかった。なぜなら、私の心

(10) 知的に突然目覚めるという現象は、隠れて生活していたユダヤ人の子どもたち、ルワンダ人の子どもたち、スペイン共和派の子どもたちの間で、しばしば観察された。生活環境が破壊されると、子どもたちは衰弱するが、安心できる状況に戻ると、子どもたちの知的活発さは回復する。

は凍りついていたからだ。「心が瀕死の状態[11]」にあるとき、人は呼吸するだけで、何も感じないものなのだ。

「この時代の特徴は、指標になるものがなかったことだ。思い出は、空虚感から引き離された生活の断片であり、つなぎとめる綱はどこにもなかった……。始まりも終わりもなかった。過去も存在せず、そしてかなり長い間、未来さえもなかった。そのような日々が、ただ続いたのだ……。物も場所も名前をもたなかった。さらには、人々には表情がなかった[12]」。

若いころアウシュヴィッツで過ごしたジョセフ・ビアロ〔フランスの作家。一九二三年生まれ二〇一二年没〕も同じような感覚をもっていた。「法律は警棒、処罰は死刑、論証は理性の欠如でしかない理解不能な世界では、理解すべきことなど何もない[13]」。現実が常軌を逸しているとき、子どもの精神世界は、どのように形成されるのだろうか。心をはぐくむためには、夢が必要だ。そして自分は荒廃した状態にあると理解し、それを自覚するための計画を立てなければならないのだ。

美しいダンサーとスポーツマンで科学者という、両親の代わりに愛情を注いでくれるドラとエミールがいたおかげで、私は幸福な生活を取り戻した。死を乗り越え、ドイツ軍を出し抜き、新たな家族を見つけた。学校では、動物、インディアン、カウボーイが登場する台本を書き続け、周りの小さな役者さんたちに、荒馬の役、狡猾なインディアンの役、意地悪なカウボーイの役などを割り振った。

幸福は次々と訪れた。

私の台本を上演するには、休み時間だけでは足りなくなった。それでも、休み時間には、いくつかのちょっとした出来事によって、私の新たな生き方の方向性が定まった。

たしかユーグという名前の男の子だったと思う。彼は、インディアンの役をとても上手に演じてくれた。私は、自分の第二の母親でありダンサーのドラのことを彼に自慢した。彼は私の話を真面目に聞いていた。それからわれわれはビー玉遊びを始めた。三メートル離れたところからビー玉を投げるのだ。私が自分のビー玉を投げる準備をしていると、ユーグがきれいなビー玉(14)を持った子とおしゃべりしている姿が目に入った。内緒話をする彼らは、私を見て思わず吹き出した。ドラの悪口を言っていたのだ。手にしていたビー玉をユーグに投げつけてやると、彼らのひそひそ話は終わった。ビー玉が命中したのには満足だったが、その出来事によって、沈黙が自分を守ってくれるのだと改めて確信した。自分の想いを外にもらすと、それがどのように自分に返ってくるのか、そして受け手がそれをどう解釈するのかはわからない。受け手は自分をからかうために、あるいはけなすために、さらにはドイツ秘密警察に通報するために、それを利用するかもしれない。自分にとっ

---

(11) Ferenczi S., *Le Traumatisme*, Paris, Payot,《Petite Bibliothèque Payot》, 2006.
(12) ジョルジュ・ペレック、前掲『Wあるいは子供の頃の思い出』。
(13) Bialot J., *Votre fumée montera vers le ciel*, *op. cit.*, p.166.
(14) カメオの材料になる宝石を模倣した大理石模様のビー玉だった。

て美しく幸せだったことでも、受け手にとっては、私を侮辱するための武器にもなるのだ。

平和な時代になったからといって、すべてを語るなどできなかった。私は心理的プロセスを経て、次のように考えるようになった。「私は沈黙を重んじた。沈黙を守れば心を傷つけられることがなく、保護されるのだ」。心が傷ついた人たちは皆、沈黙には保護効果があるのを知っている。ところが、沈黙するという「正当防衛」が人間関係を特異なものにすることに気づくには、かなりの時間を要する。別世界から戻ってきた者にとって、思い出と言葉の意味を他者と共有するのは難しい。数カ月も一人ぼっちでいた後に、ドイツ秘密警察に逮捕された者にとって、戦後の陶酔感を、どのように受け止めたらよいのだろうか。殴られることはトラウマではないと理解してもらえるだろうか。殴られると、もちろん痛い。でも、殴ることに意味がなければ、殴られても感情は害されないのだ。ダンサーであっても、美しく陽気で完全な人格者であることを、わかってもらえるだろうか。戦後は、あらゆることに再考が迫られた文化革命だった。新たな価値観が登場したのに、われわれは戦前の古臭い思考を引きずっていたのだ。その当時、結婚の第一目的は、社会的な体裁や相互扶助であって、愛情なんて二の次だった。女性ダンサーは、かつて俳優や小説家がそうであったように、文化に乏しい人間が就く職業に過ぎなかった。

トラウマに悩む者は、自ら進んで沈黙するのではなく、いつの間にか沈黙せざるをえなくなるのだ。別世界から戻ってきたときに、「どのような話し方で、どんな言葉で語ればよいのだろうか（……）」。生き残った者たちの唯一の回答は、無言、とぎれとぎれの会話、過去の話題の拒否

（……）、完全黙秘など、あらゆる形式の沈黙だ[15]」。自分の話をまったく聞いてもらえず、すべての言葉を歪曲されるくらいなら、沈黙するしかないではないか。そうなると、その人の人格は、社交的な部分と、急に沈黙して自己の殻に閉じこもって安心感を得るという、口数の少ない部分とに分断される。聞き手は当惑し、何だかわからないが居心地が悪くなる。そして、その責任は相手にあると考える。なぜなら聞き手は、いきなり沈黙して自分を驚かせたのは相手のほうだと考えるからだ。

「死体の山の中から戻ってきたのだから、私には語る権利があると思っていた。ところが、いざ人々を前にすると、語るべきことが何もないのがわかった。そういえば向こうにいるとき、自分の体験を誰かに話すことなどできるわけがない、と確信していたのを思い出した[16]」。

（15）Patsalides-Hofmann B.,《Traversées de silences》, *Mémoires*, 2012, mars, n° 55, p.9.

（16）Delbo C., *Auschwitz et après*, tome 2 : *Une connaissance inutile*, Paris, Minuit, 1970, et tome 3 : *Mesure de nos jours* Paris, Minuit, 1971.

戦争中は、命を守るために口に出せないことがある。戦争が終わっても、他人に理解してもらえそうなことしか語れない。傷ついた者を黙らせたのは戦後の文化だったのに、おかしなことに、「心が傷ついた者は何も語らなかった」と非難したのも戦後の文化だった。

休み時間のことだ。インディアンがカウボーイの軍隊を出し抜くという、私のつくった寸劇を最前列で熱心に鑑賞している一人の先生の姿が目に入った。その先生は、私のつくった物語のどんでん返しに感動し、劇が終わると、同僚と感想を述べ合っていた。

ある日、登校してから、文章を暗唱するテストがあるのを、すっかり忘れていたことに気がついた。エミールと一日中遊んでいたので勉強する時間がなかったと、授業が始まる前に、私が女性の先生に謝ると、このやり取りを聞いた級友たちは、どっと笑った。クラス名簿を手にした先生は、ペンを転がして無作為に生徒を選び出し、一人ずつテストした。最初の授業では、運良く指名されなかった。休み時間になって勉強することもできたが、その休み時間には、私が企画した寸劇を行わないわけにはいかなかった。というのは、私が選んだ小さな役者たちは、その寸劇を楽しみにしていたし、先ほどの先生も最前列で鑑賞することになっていたからだ。

幸運なことに、演劇の会場は二階の教室で、大勢の生徒はゆっくりと階段を上っていった。そこで私は、階段を上る短い時間を利用して課題を暗記した。演劇が終わった後、授業で指名された私は難なく暗唱し、一〇点満点をとった。「暗記してこなかったんじゃなかったの」と先生が尋ねたので、私は、「階段を上りながら覚えました」と答えた。先生は眉毛を吊り上げ、納得したという表情で首を縦に振った。

その数時間後、校長先生とその先生は私を呼び出し、「高校入試の当日は、試験会場まで学校から誰かが付き添うから安心しなさい」と言った。

合格したのは、私を含め三名しかいなかった。それ以外の生徒は、教育修了証書をもらうまで勉強を続け、十三歳になると、農場や工場などで、見習いとして働き始めた。

私の記憶には、関連性がよくわからない、説明がうまくつかない一連の出来事があった。でも、そんな出来事のおかげで、私はジャック・ドクール高校へ進学できたのだと思う。私は、成績がよく、演劇活動も盛んに行う社交的な生徒だった。ただし、自分の過去については、口を固く閉ざしていた……。(17)

私が安定した家庭に育ち、学校ではおとなしい生徒だったのなら、先生は試験会場まで同伴して

(17) ジョルジュ・ペレックは、「……」を多用した。彼は、自分では表現できない記憶に触れるとき、決まって「……」と書いた。

くれなかっただろう。また、多くの者たちと同じように、工場に就職していただろう。おとなしい子どもはわかりやすい。彼らは、多数派の行動に押し流される。「私の」トラウマは、自分では気づかないうちに、私を個性的にしたのである。自分のアイデンティティでもあるその心の傷のせいで、自分が何者であるのかを知ろうとはしなかった。だが幸いなことに、自己を創造する想像力をふんだんに発揮できた。ユダヤ人であることが何を意味するのかは、知らなかったのだ。ユダヤ人であることは、目に見えることなのだろうか。あるいは目には見えないことなのだろうか。私は、何者から誕生したのだろうか。もちろん、私の両親はアウシュヴィッツで「煙滅」したのだから、両親はユダヤ人だったのだろう。その事実は、私の不安を掻き立てた。どうすればユダヤ人になるのだろうか。

そのような物語の枠組みで自己を確立しようとすると、胸が締め付けられそうになる。というのは、それは自分ではよくわからない……人物であることを宣言する……行為だからだ。幸いなことに、アイデンティティが引き裂かれた状態にあっても、私には精神的な拠り所が二つあった[18]。ダンサーのドラと科学者のエミールだ。私は彼らに深い愛情を感じていた。そうした心の支えにより、私は自分の枠組みをつくり、周りの支援を得た。学校の友だち、私を高く評価してくれた学校の先生、ちょっとからかいながらも私の戦争の話を聞いてくれた近所の人々に、私は親しい気持ちを抱いていた。

しかし、私は自分の世界を二つに分断し、それぞれの世界において自己の思考をつくり上げた。

一つは、共有できる世界であり、そこでは、周りの人々がおもしろがる物語を語った。もう一つは、激しい世界であり、その世界が私の心の奥底からさらけ出されることはなかった。ドラは、「あなたはおしゃべりだから、将来、管理人とか弁護士になるのがいいかもね」と笑いながら言っていた。学友たちが私の台本による劇を演じるたびに、教師たちは笑いながら拍手喝采したものだ。

私は演劇という架空の物語を語れば、自分自身の物語をさらけ出さなくてもすむと思っていた。台本の背後に自己を隠そうとしたのだ。だが実際には、自分では言えないことを、演劇に仕立てていたのだった。

殺害しようと迫りくるカウボーイ軍団の追跡から逃れた一人のインディアンという物語をつくりながら、私が何を考えていたのかは、おわかりだろう。だからこそ、そのインディアンを助けたのは美しい娘たちで、その一人はマーガレットという名前だったのだ。

私の心に浮かぶ表象には、共有できないものもあった。夜、眠りながら前夜に見た夢を探した。森の中にいる私は、光あふれる大きな穴ぐらの奥に、何頭かの動物と一緒にいた。動物たちは、私に死んでほしくない様子で、私を裁くこともなければ、馬鹿にすることもなかった。われわれは、ごく自然にお互いの愛情を示し合った。一緒にいるのがとても心地よかった。

物語にした真実は、決して史実ではない。それは、本人が生き続けられるように修正されたもの

---

(18) Zaide N., *Les Enfants cachés en France*, Paris, Odile Jacob, 2012.

なのだ。現実が常軌を逸しているとき、現実に一貫性をもたせるためには、自分の記憶とともに現実を修正する必要がある。自分の心の中の世界を表現するための物語をつくると、大人に奇妙な印象を与える作品ができあがった。すると、大人たちは笑いながら「君は、その物語をどうやって思いついたのかね」と尋ねてきた。大人たちが私の想像力に驚嘆する姿を見るのはうれしかったが、彼らに疑いの表情を見て取れたときには当惑した。彼らの無言の反応は、物語をつくるのに役立った。

私に起こったことに修正を加えてできあがった物語が、実際にあったことよりも一貫性があった理由がおわかりいただけたと思う。たとえば、逃げるために駆け下りた階段は、『戦艦ポチョムキン』の巨大階段よりも小さかった。姿を隠すために飛び込んだ救急車は、単なる小型トラックだった。出発許可を出したドイツ人将校は、私の上にいた瀕死の女性に対して、憎悪をむき出しにしただけだったのである。

周りの人々が私を黙らせたからこそ、私は物語をつくることができたのだ。そして物語をつくることによって、現実を否認することができ、ロトの妻〔旧約聖書の登場人物。88頁参照〕が守れなかった処世訓を実行できたのだ。すなわち、「常に前を見つめよ。過去を振り返るな」である。

その魂の叫び声のおかげで、苦しまなくてすんだものの、周りの人たちは、私を実に奇妙な奴だと感じたようだ。いつもは行動的で独創力を発揮する陽気な人物が、急に暗くなり、自己の殻に閉じこもったかと思うと、ときどき怒り出す始末だ。そう、まさに二重人格だったのである。

物語には必ず背景がある。物語ることは自己を危険に陥れる。だが、黙ることは自己を孤立させる。

寡黙という試練と共同体の物語

物語という回り道のおかげで、自分の居場所を見つけることができた。大人たちをおもしろがらせた逸話の中には、私が言えなかったことを暗喩したものが含まれていた。私は、戦争の陽気な場面を語った。ソワソンの戦いで、父親がたった一人でドイツ軍の進軍を食い止めた末に負傷したという栄光の物語を語り、もらったキャンディをドイツ語で抗議しながらドイツ兵に突き返した母親の勇気を詳述した。家族の偉業をたたえた物語をつくったので、私は、理解してもらえないことは語らずにすんだ。だが、信じてもらえないことで、私の心の奥底には秘密の部屋ができ、これが私の人間関係をぎくしゃくさせた。

心の中の神明裁判では、私は死を前にしても降伏せずに、常に何とかなることを、自分自身に証明する必要があった。つるつるの絶壁を登り、くしゃみを押し殺し、カップブルトンの入江の渦巻きに飛び込み、木の先端の枝にぶら下がり、死を逃れるのは可能であることを自分に「証明」してみせた。それは死に魅せられたのでも、死を弄んだのでもなく、自由を手に入れることは可能だという証拠をつくるためだった。言葉になる以前の理屈として、行動でそれを示したのである。すなわち、「ほら、このとおり。不幸をやっつけるには、どうすればよいのか、わかっただろ」と自分自身に言い聞かせたのだ。

私は不幸を強烈に感じた。自分が将来犯すだろう罪のために処刑されるという思いと、感情が破壊され続けたことで、私の記憶には、変質した自己の表象がつくられた。私は、精神的バランスの取れた大人たちにとっては愚かに思えたに違いない心の中の神明裁判によって、歪んだ自己の表象と闘ったのである。

戦後、私はそのような秘密の試練を自らに課し続けた。私は、ダンサーをやめて市場で働くことになったドラと一緒に、クレイユ、アルジャントゥイユ、シャトーダン〔三つともパリ近郊の街〕の市場に行った。高校の授業には、あまり出席できなくなったので、一週間分の学習内容を一晩でマスターしようとした。欠席の多い私は、よい成績をとるため必死に努力した[19]。こうした試練を乗り越えることで、並外れた勇気を得た。後年、そのときに養った勇気のおかげで、極貧状態での医学部の猛勉強にも、へこたれなかった。ドラは、そうした私の態度を不思議には思わなかったようだ。彼女が私に説明を求めることなど、まったくなかった。

戦争が終わったからといって、平和がすぐに訪れたわけではない。ラジオのニュース、映画、小説、人々の話題といえば、二百万人の戦争捕虜が祖国に戻ってきたことだった。一方、強制収容所から戻ってきた数千人の抑留者は、幽霊のようにさまよい歩いていた[20]。彼らは不幸を抱えながらも沈黙し続けた。悲しみに沈んだ食卓で、恐怖の物語が語られるなど、誰も耐えられなかった。せっかく普通の生活が戻ったのだから……。誰もが話す唯一の物語は、戦時中のフランスのレジスタンスと戦後の苦労話だけだった。要するに、恐怖については口をつぐみ、勇気をひたすら語らなければならない雰囲気だったのだ。

生き残ったレジスタンスたちも、多くを語らなかった。レジスタンスの人々は、戦後になっても結束し続け、家族同士でも付き合い、お互いの子どもの名づけ親になったりした。政治活動に参加したり、一緒にバカンスに出かけたりする者たちもいた。

私の母のきょうだいであるジャックおじさんは、十八歳のときにフランス共産党の下部組織（FTP）[21]に参加した。私がジャックおじさんと再会したとき、彼はまだ青年だった。私の父は外国人部隊に参加してナチズムと戦ったので、ジャックおじさんもナチズムと戦うのは、当然だと思った。その当時、「ショアー」[22]や民族大虐殺は話題にならず、「戦うフランス」や「フランスの復興」だけ

(19) 毎回良い成績を取れたわけではなかった。
(20) ヨーロッパ全体では、二十万人が強制収容所から帰還した。
(21) FTP‐MOI：義勇遊撃隊と移民労働者による武装組織。中央ヨーロッパとアルメニア出身の共産主義を信奉する多くのユダヤ人は共闘した。軍事施設や政府高官に対する彼らの襲撃は、武装レジスタンスであり、一般人を対象にしたテロ行為ではなかった。マヌキアンのグループが最も有名だ。

が語られた。共同体の物語では、ド・ゴール将軍やルクレール将軍、共産主義者のレジスタンス、さらには隠れて抵抗した一般庶民の功績が褒めたたえられた。たしかに、それらの言説は、ほとんどが真実なのだが、いつの間にか戦わなかった人々までも、そうした功績に便乗しだした。『静かな父』[23]という映画が流行ったのを覚えている。この映画では、どこにでもいそうな風貌の気のやさしそうな俳優、ノエル＝ノエルが小役人を演じるのだが、観客は、それが仮の姿であるのを知っている〔本当の姿は、レジスタンスのリーダー〕。映画では、臆病者や街のごろつきでさえも、フランス人全員がナチス・ドイツに抵抗したことになっている。だが、そのような話はフィクションであって、読者は騙されてはいけない。ところが、そうした麗しい表象を裏づける証言がいくつも登場した。たとえば、対独協力者だったと思われていた郵便配達人がレジスタンスに武器を供与していた話、イギリスの落下傘兵をかくまった農民の話、〔ユダヤ人が脱出できるように〕偽造身分証明書を発行した市の役人の話などだ。もちろん、それらの証言はほとんどが真実であり、映画によって喚起された世論は、戦争に敗れて対独協力したフランスというイメージを払拭した。

フランスでは、ユダヤ人について語る者はいなかった。在仏ユダヤ人は少なかったのだ〔一九四五年の時点では、二十四万人〕。「フランス国民になろうとしていたので、大量虐殺のことは考えないようにした」[24]と在仏ユダヤ人たちは述べ、彼らもそれらの共同体の物語の片棒を担いだ。しかしながら、多くのユダヤ人は、自由フランス軍〔フランス本土陥落後、ドイツ軍に抵抗し続けた軍事組織〕に入隊するために、スペインに移ったのだ。ド・ゴールは言っている。「キリスト教徒を待っていたが、やって来たのはユダヤ教徒だった」。トゥールーズやタルヌ県〔二つともフランス南西部〕のレジスタンスを組織したのは、ユダヤ人をメンバーとするボーイスカウト・イスラエル連盟という団体だったし、私の父が従軍したフランス軍の外人志願連隊には、共和派のスペイン人と中央ヨーロッパ出身のユダヤ人しかいなかった。中東では、四万人のパレスチナのユダヤ人（まだイスラエル人ではなかった〔イスラエル国の独立宣言は、一九四八年〕）が、ケーニグ将軍率いるフランス軍に従軍した。この部隊は、ビル・アケイムの戦いにおいて、ロンメル将軍の率いるドイツ軍を破った際に大きな貢献を果たし、ケーニグ将軍自らが彼らの労をねぎらった。

実際には、従軍できる年齢であれば、ほとんどのユダヤ人がナチスとの戦いに出陣したのだ。[25] しかし、共同体の記憶に残っているのは、ユダヤ人一斉検挙であり、途方に暮れた表情の男女と子どもたちが、焼却炉や殺戮場に向かう列車に押し込められるイメージだ。

（22）一九八五年に公開されたクロード・ランズマン監督の映画のタイトル。ショアーという言葉は、ヘブライ語でヨーロッパに住むユダヤ人の大量虐殺〔ホロコースト〕を意味する。上映時間が九時間十五分にわたるこのドキュメンタリー映画により、それまでにないイメージが提示された。

（23）『静かな父』。一九四六年にルネ・クレマンにより制作された映画〔レジスタンス活動に参加しなければならなかった庶民の苦悩を描いた映画〕。

（24）Bensoussan G., Dreyfus J.-M. Husson E., Kotek J.（dir.）, *Dictionnaire de la Shoah*, Paris, Larousse, 2009, p.229.

一斉検挙されても、ユダヤ人はフランス人として戦ったのだ。ところが、フランス社会には、「羊のようにおとなしく屠殺されるユダヤ人」というイメージしか残っていない。

エリザベート・ド・フォントネ[26]〔哲学者〕、クロード・レヴィ＝ストロース〔哲学者、社会人類学者〕、マルグリット・ユルスナール〔小説家〕たちは、「階層化された世界観をもつ者たちにとって、ユダヤ人を殺すのは羊を殺すようなものであって、犯罪だという意識はなかった」と言いたかったのだ。そのような考え方をする者たちにとって、ユダヤ人は人間ではないのだ。だからこそ、良心の呵責や罪悪感を覚えることなく、ユダヤ人を抹殺できたのだ。その一方で、ユダヤ人が戦闘に参加したことにはまったく触れずに、一斉検挙されたことだけを物語るので、屠殺される羊のようなユダヤ人というイメージができあがったのである。共同体の物語には、たしかに真実も含まれているが、そうした真実の一部をユダヤ人全体にまで当てはめている。つまり、部分的には真実であっても、全体には当てはまらないのだ。このようにして共同体には空想が駆けめぐるのである。

生還した者たちも、沈黙することで共同体の物語の片棒を担いでしまった。戦争が終わって彼らがフランスに戻ってきたとき、彼らには語ることが何もなかった。自分と同様に何とか生き延びた家族に再会できた者たちは、「生者よりも死者の人数のほうが多いテーブルの席についた[27]」。カバラ〔ユダヤ教の神秘主義思想〕に登場するディブク[28]〔イディッシュ文化における悪霊〕は、誰も口に出さなくても「煙滅」した人のことを考える家に宿ったのである。

映画の中では、都市問題がスクリーンに映し出された。たとえば、労働者たちは階級闘争に参加し、炭鉱都市で暮らす家族思いの男性たちは、坑内ガス爆発で命を落とした……。観客は彼らの姿を見て涙を流した。映画『鉄路の闘い[29]』では、鉄道員たちがドイツの設備を破壊したり、資産家たちが善良な人々を搾取したりする光景が描き出された。戦後の映画が古代ギリシャの演劇のように、社会を民主化させる役割を果たしたのは間違いない。われわれは、日常生活の情景をスクリーンで観るために、映画館へ足繁く通った。そして映画を見終わった後は、お互いに批評し合ったものだ。映画館では、素敵な出来事がたくさんあった。上映時間が近づくと、ブザーが大きな音で鳴り、人々は大急ぎで映画館に入った。映画の上映前には、ゴーモン・パラス〔パリ北部にあった巨大映画館〕ではパイプオルガンの演奏があり、マルカデ〔パリ北部にあった映画館〕では合唱があった。そして映画が始まるまでの間、館内ではアイスクリームを売り歩く声が響き渡った。照明が消える

(25) *Les Juifs ont résisté en France. 1940-1945*, Colloque d'historiens et de témoins, AACCE, 14, rue Paradis, Paris, 2009.
(26) Fontenay E. de, *Actes de naissance. Entretiens avec Stéphane Bou*, Paris, Seuil, 2011.
(27) Zajde N., *Guérir de la Shoah*, Paris, Odile Jacob, 2005.
(28) ディブクは、アシュケナージ系ユダヤ人の文化に登場する観念的存在であり、死者たちに加わることができない死者を意味する。近親者の魂に取り憑くディブクは、近親者に欠点を改めるように促す。ディブクは、死者でも生者でもなく、「煙滅」した存在なのだ。
(29)『鉄路の闘い』ルネ・クレマン監督、一九四六年。

と、魔法のような時間がスタートする。そして映画を鑑賞して家に戻ると、俳優たちがスクリーンで演じた社会問題や社会に対する考え方について、延々と議論した。

悲惨な戦争がようやく終わったのだから、人々が陽気に振る舞いたい気持ちはよくわかったが、そうした空気こそが、生還者を沈黙させたのだ。

「アンリがパリにやって来た。しかし、彼は常に強い警戒心を抱くので、新たな生活に適応できなかった。(……)。私は、まもなく彼との関係を絶った。(……)。アルマンとはその後、三回か四回ほど会った。(……)。気さくな男だが、共通の話題がなくなってしまった」[30]。

男たちは恐怖に立ち向かうために団結してきたが、いざ平和が戻ると、お互いの接点を失った。ひどい扱い、不潔な衣服、下痢の苦しみ、口に出すことのできない卑劣な行為などの思い出を、お互いに語り合うことなどできるわけがない。結局、会わないほうが、お互いに気が楽だったのだ。ドラとエミールとともに暮らして以来、マルゴに手紙を書くのが億劫になったのは、おそらく同じような理由からではないだろうか。

フィクションが真実を語るとき

平和が訪れると、占領者に対して勇敢に振る舞ったことや、よりよい社会を構築する意欲が熱く語られた。そうした世間の雰囲気では、生き延びた者たちの証言は、みだらで不浄なことのように思われた。だからこそ、われわれは仕方なく沈黙したのである……。

最近、アウシュヴィッツに収容された人々に会う機会があった。強制収容所から生還した当時、まだ若かった彼らは、「誰も自分たちの言うことを信じてくれないだろう。われわれだけで、かたまって暮らそう。われわれの中で結婚しよう」と考えたという。実際に彼らは、周囲の理解が得られない状況に絶望感を抱きながら暮らし、仲間内からは何組かのカップルも誕生した。彼らはお互いを理解し合い、安定した夫婦生活を得た。過去の悪夢も自由に話し合った……。しかし、彼らの子どもたちは、親たちの体験した恐怖を聞かされるのを嫌がったという。

屈辱と激しい恐怖から脱出した者にとって、復興中の国の熱狂をしらけさせるような真似はせず、愛する人々に自分たちの残虐な体験を語らないためには、沈黙する以外に方法はなかったのだ。そうした大掛かりな現実の否認により、生き延びた者たちの心の奥底には嚢胞が生じ、その中では、幽霊がつぶやいていた。陽気で行動的な人物であり、物事をはっきりと言う性格であっても、急に暗い雰囲気になる。すると周りの人々は、「彼は一体どうしたのだろうか。何か隠しているんじゃないか。何だかわからないけど、きっと怒ってるんだよ」と困惑するのだ。しゃべれば恐怖を伝えてしまい、押し黙れば激しい不安をまき散らす……。生き延びた後も、決して楽ではなかったのだ。

(30) Bialot J., *Votre fumée montera vers le ciel*. *op. cit.*, p.262.

私の親類の多くは戦時中に死んだ。生き延びた一人だった私も、すべてを明快に語ることなどできなかった。

戦争を自慢げに語る人は、戦後になっても戦争に苦しんでいた人と紙一重だった。両者の語りには、奇妙な一致があった。自分を責めることがまったくないド・ゴール派の人々や共産主義者、そしてジャコ〔レジスタンスのメンバー〕に属した誠実な人々も、奇妙なしゃべり方をした。彼らは大衆の前では自分たちの考えを明快に述べるのだが、家庭内での会話は、よそよそしく抽象的で哲学的、あるいは政治的であり、心の奥底から感情を込めて語ることが決してなかった。

私は、ジャックおじさんのレジスタンス活動を誇りに思っていたが、彼の私生活については一切知らなかった。彼は、「銃殺された共産党員」(31)の栄光について熱く語り、レジスタンス仲間と政治運動に参加していた。仲のよい彼らは冗談を言い合い、スローガンを唱え、それに私も賛同した。ところが、彼らは自分たちの日常を一切語らないのだ。彼らの理論への逃避は、自己の心の内を明かさないためだと気づくのに、かなりの時間がかかった。そして本当に少しずつ、ジャックおじさんが実際にどのように戦闘に関わったのかがわかってきた(32)。

私の周囲では、ユダヤ人大量虐殺が語られてはいたものの、あくまで他人事として、距離を置いて論じられていた。戦争の史実として取り上げられただけだった。ドイツ人たちは記録資料を公開せず、デマを流布するための映画をつくり、アウシュヴィッツでの休暇の写真や痩せこけた人々の写真をおもしろがって自分たちの家族に送っていた。

迫害された人々は記憶を整理して、いつか来るだろう、証言する日のために記録し続けた。日付、出来事、発言、死刑を執行した人および犠牲者の氏名がびっしりと書き込まれたメモができあがった。書き残そうとするこの執念を、どう説明すればよいのだろうか。それは記録に残して証言することを使命と考えるユダヤ文化に起因するのだろうか。それらのメモは、公証人の文書とよく似ている。つまり、情緒を排除し、熟考するのでなく淡々と事実だけを積み上げる作業だ。

耐え難い恐怖を許容できるように書かれた記述もあった。美化されたイメージを組み合わせながらの隠喩を用いれば、感情を制御し、聴衆の気分を害することなく、真実を語ることができた。また、悪夢を知的に変化させながら政治的あるいは哲学的な考察を行い、どうして人間同士で、そのようなおぞましい行為が可能だったのかを解明しようという試みもあった。

私は十一歳のときから政治に大きな関心をもった。そして自分の政治的信条を表明してきた。映画ニュースでユダヤ人の殺戮現場を見たが、ユダヤ人迫害を証言する文書があったことは知らなかった。それらの事実から作られた映画や物語にしか関心がなかったのである。私の体験は心の奥底に眠ったままであり、決して語らなかったし、私に語ってくれと頼む者もいなかった。だが私は、いつもそのことを考えていた。

---

(31) 記録資料によると、一万一千人が銃殺されたという。
(32) Carasso J.-G. *Nous étions des enfants*, DVD, Comité《Ecole de la rue Tlemcen》, L'Oizeau rare, 2012.

証人の文書が文化の仲間入りすることはなかった。イディッシュ語で書かれた文書が翻訳されることはなかった。ロシア語、ポーランド語、ハンガリー語の文章は、共産党体制によって抑圧された。多くの証言は、机の引き出しの中で眠ったままとなり、大衆の目には触れなかった。

その点、映画はもう少しよかった。『夜と霧』[33]という映画を知ったときは、うれしかった。イメージの使い方は少し気になったが、この映画のおかげで、両親の死とユダヤ人大虐殺のことが世間で認知されたという印象を受けた。この映画は、私にとって追悼演説のようなものだった。映画が公開されたのは、私が十八歳のときだった。映画の中で、一度も「ユダヤ人」という言葉が登場しなかったのには気づかなかった。大虐殺に言及してくれるだけで十分だった。というのは、それだけで両親の墓前に献花することになると思ったからだ。

チャールズ・チャップリンの『独裁者』[34]は痛快だった。私は子どものころ、ヒトラーをバカにしてやろうと夢見ていた。この映画は、そうした私の子ども時代の最も滑稽な空想と見事に一致した。最も心がなごんだのは、映画『アンネの日記』[35]だ。この映画では、表象となるものだけが映像化されている。ドイツ秘密警察が明日にでも家にやって来るのではないかと恐れながら、仲のよい家族が議論するのだ。殺戮、アウシュヴィッツ、一斉検挙などの場面は登場しない。私の周りのユダヤ人でない人々が、賢い少女が家族とともに「煙滅」するストーリーの感想を語り合うだけで、私は救われたような気がした。

われわれユダヤ人の死をわかってもらえるだろうか。悲劇を語ることを促す芸術が、私の両親の冥福を祈ってくれた。両親の「煙滅」を語ることができるのなら、両親は完全に「煙滅」したわけではない。私は、悲劇の瞬間を描いたそれらのフィクションのおかげで、落ち着きを取り戻し、安心し、幸せな気分になった。文化として受け入れられるものだけが、小説、映画、演劇として世の中に登場するのだ。それらの作品が世間で受け入れられたのだから、私はもう特異な人物ではないはずだ。つまり、それらのフィクションを称賛した人々は、私と同様の感性の持ち主であり、「もし同じような不幸に見舞われたのなら、われわれは君と同じように振る舞っただろう」という言葉を私に投げかけてくれたことを意味したのである。

強制収容所の記録文学を読むと、私は動揺した。さらには、そのような文学により、私は自分の特異性を意識せざるをえなかった。あのような証言を読んだり聞いたりするのに耐えられる人は、誰もいなかった。私の心の傷を癒したのはフィクションだ。演出するという行為は、苦悩を許容できる表象に変えることなので、心の苦しみに対する侮辱ではなかった。想像力を共有する場は、心の傷を負う者たちの感情を保護しながらも、悲痛を分かち合う場所になっていた。

(33)『夜と霧』アラン・レネ監督、一九五五年。
(34)『独裁者』チャールズ・チャップリン、アメリカでは一九四〇年に公開された。フランスでの公開は一九四五年。
(35)『アンネの日記』ジョージ・スティーヴンス監督、一九五九年。

アンドレ・シュヴァルツ＝バルドは、小説という形式で語っている。彼の小説『最後の正義の人々』では、主人公エルニという「最後の正義の人」がガス室で死に絶える。「ああ、アウシュヴィッツ。なんてこった、マイダネク〔ポーランドにあった強制収容所〕。神……[36]」〔この一節は、イスラエルのホロコースト記念館「ヤド・ヴァシェム」の壁に書かれている〕。彼の文章は、ばらばらだ。この小説は、史実を物語として紹介することにより、共有可能な大事件として、心の動転や感情をうまく操っている。「大事件」を読み感銘を受けた読者は、もしそれが自分自身や身近な人に起こったことだったらと、想像をめぐらすだろう。現実は口にするのも汚らわしく、常軌を逸していた。だからこそ小説というフィクションが必要だったのだ。私の場合では、主人公エルニによって、自分が子ども時代につくり上げた表象が変化した。証拠資料は、このような小説と同じ効果をもつだろうか。公文書がわれわれの心の琴線に触れることがあるだろうか。われわれの良心に訴え、それまで思いもよらなかったことを考えさせてくれるのはフィクションしかないだろう。

いつの間にか私は、小説がフィクションだと確信できなくなった。それらの小説をすべて熟読したわけではないが、そうした本が話題になっていると聞くと、心底うれしかった。ページを開けば、それまで口に出せなかった言葉が語られていた。これらの言葉のおかげで、私の家族の虐殺や私の混乱した子ども時代が、人々の間で徐々に語られるようになり、自分は文化から排除された存在だという感覚や孤独感は和らいだ。

フィクションは、真実を語る証言だけに基づいてつくられるのではない。私は、想像力は思い出に近いとさえ思う。私は、自分に起こったことを語るときには、自分の過去にある「思い出という人建造物」[37]に関するエピソードを探し出そうとする。本書の冒頭で紹介したテーマ（逮捕、追跡、つらい出来事の連続）[38]は、私にとって夜明けを知らせる宵の明星である。それは私の記憶を構築する方向性や意味を示唆してくれる。

まず、少しためらいながらもイメージを膨らまし、感覚や言葉を思い浮かべる。すると突然、自分が求めていたイメージが現われる。次に、その漠然としたイメージの細部をつくり上げ、物語の文脈に落としこみ、そのイメージを伝えるための言葉を見つけ出すことができる。物語を構想するこうした過程では、記憶の意図が強く働く。[39]沈黙を強いられ、自分のことを理解してもらおうという望みも気力もなかったときでも、私は、何事にも意義を見出さない目の前のことだけに対処する存在として、日常生活を過ごすことができる。むしろ単に生き延びることができる、と言ったほうがよいのかもしれない。

(36) Schwarz-Bart A., *Le Dernier des Justes*, Paris, Seuil, 1959.
(37)『失われた時を求めて』第二篇『花咲く乙女たちのかげに』鈴木道彦訳、集英社、二〇〇六年。
(38) 自分が経験した「逮捕、追跡、つらい出来事の連続」だけであれば、とても書けないだろう。三人称で語る際には、感傷的にならずにすむので実に楽だ。
(39) Schacter D. L.,《Constructive memory:Past and future》, *Dialogues in Clinical Neuroscience*, 2012, vol.14, n°1, p.7-18.

美、戦争、悲しみ

だが私は、皆と一緒に暮らしたい、自分の思い出が引き起こす感情を多くの人々と分かち合いたいと願う。そこで、私はそれを物語にして皆に届けるのだ。ところが物語をつくる際には、自分の過去に思いをめぐらせる。その際に、私の記憶から未来がつくり出されるのだ(40)。

小説や映画などのフィクションを構想する際には、過去の自分やその周辺、また個人的な出来事あるいは自分が関係した出来事から題材を見つけ出し、それらの題材を芸術的に仕上げて作品をつくる。作者の才能が皆の要求と一致すれば、誰もが心地よいひとときを過ごすことになる。逆に、思い出の組み立て方が杜撰で、できあがった表象が誰の心にも訴えかけないのなら、皆は退屈し、作者は落胆する。いずれにせよ、その作品によろこびを見出したり、退屈を感じたりするのは、作り手と受け手の双方が存在するからだ。

想像力によって生まれたすべての作品には自己の物語がある。すべての自叙伝は想像力によって再編される。「フィクション」という名の空想は、「自己の物語」と瓜二つだ。私は嘘をつかないように努めてきた。私は単に、自分の思い出に残る過去の表象を組み立てて自分の物語をつくっただけだ。その目的は、そこから生者を描き出し、皆と共有できる表象をつくるためだったのである。

私は戦時中よりも戦後に苦しんだが、それはなぜだろうかと長年にわたって自問してきた。父が従軍したとき、私は二歳だったが、母がいつも一緒だったので、父が家に不在だったという意識をもたずにすんだ。母子ともに逮捕されるのを恐れた母は、私を孤児院に預けた直後に「煙滅」した。だが、私が悲嘆に暮れることはなかったと思う。というのは、私の精神活動は、すでに停止していたからだ。昏睡状態であれば、苦しみは感じない。生きているからこそ、心の痛みを感じるのだ。逮捕されても苦しまなかった。数カ月も一人ぼっちの生活を送った後だったこともあり、むしろ逮捕されて生活が戻ったような気持ちにすらなった。追い立てられても、苦しまなかった。というのは、正義感にあふれる人々が私を守ってくれ、安心して過ごせたからだ。殴られても、苦しむことはなかった。憎しみから生じるのではない暴力は、身体が痛むだけだったからだ。

(40) Addis D. R., Pan L., Vu M. A., Laiser N., Schacter D. L.,《Constructive episodic simulation of the future and the past:Distinct subsystems of a core brain network mediate imagining and renembering》, *Neuropsychologia*, 2009, 47, 11, p.2222-2258.

平和が戻り、生き延びた親類と再会し、ボルドーにあるマルゴの家かパリにあるドラの家かを選択しなければならなかったとき、私は苦しんだ。子どもだった私が、たった一人あるいは見知らぬ乗客に託されて列車に乗り、ようやく親しくなり始めた人間関係が引き裂かれるたびに、私は苦しんだ。孤児院では、大人たちが数週間さらには数カ月間も、子どもたちに話しかけないことがしばしばあった。そのたびに、自分は見捨てられた存在だと感じた。幸運にも私の周りには、心の隙間を埋めてくれる自分と同じ年齢の小さな仲間たちがいたので、一人ぼっちではなかった。しかしそれでも、私は自分が見捨てられた存在だと感じた。というのは、そのとき生まれて初めて、社会が私の人間関係を引き裂いたと思うようになったからだ。

七歳から九歳にかけて、私は戦時中には感じなかった喪失感を味わった。悲しみのたびに茫然自失となった私は、驚くべきよろこびを見出した。それは、自分の物語を自己に語りかけることだった。七歳になるまでは、自己の物語をつくることができなかった。幼い私の成長は、周りにいた大人たちの対応次第だった。時間の感覚がなかった私は、自分の物語をつくることなどできなかったのである。

打ちひしがれていた私は、七歳を過ぎると、口には出せないことを自分に語りかけるよろこびを見出した。一人ぼっちのときや悲しみに沈んだときに、たくさんの物語を自分に語って聞かせた。たとえば、父の戦争の手柄、勇敢な母の美しさ、逮捕された後に首尾よく逃げ出した小さなボリスの並外れた勇気、今日では「正義の人々」と呼ばれる人格者たちの崇高な精神、私の仲間であるフランス国内軍中尉ピエール・サン＝ピクがベルグを解放した軍事作戦の成功、サン＝マニュの教会の鐘を打ち鳴らすことで私も立派に参加したカスティヨンの戦いなどの物語だ。私が他の誰よりもよく知っている、そうした偉業を自分に語って聞かせるのは、なんと楽しいことだろう。だが本当の人間として暮らせないのは、何よりもつらかった……。

私は心の中で、自分の過去を記録した映画を上映していた。私はその映画に驚嘆し、修正したり、細部を補正したりした。上映するたびに、その映画は単純化されながら変質した。私の心の奥底には、困難に直面したときの避難所になる、そうした輝く秘密の地下礼拝堂が必要だったのだ。悲痛な思い出で心が一杯になったとき、私はそうした思い出から心を和らげる物語をつくっていた。悲しみを自分に語り聞かせ、絶望の原因を心の中で映し出しながら、映画を鑑賞するときに主人公とともに涙を流すときのよろこびを感じていた。苦しみや不幸の君臨という映画を、心の中の劇場で上映することによって、私は悲しみを和らげた。私は言葉を探し、イメージを構成し、台本を組み立てながら、ついに美しさを感じるようになった。理解してもらえないかもしれないが、私は戦争や悲しみを美しさに変質させたのである。

証言することができなかったので、心の中の地下礼拝堂で語ることを強いられた(41)。私は、冷静に

(41) Abraham N., Török M., *L'Écorce et le Noyau*, *op. cit.* この本は、「地下礼拝堂」という概念を最も的確に精神分析学的に論じている。

語れるほど強い人間ではなかった。だが、かと言って穏やかに語ることなどできただろうか。私は役所の冷淡さに敵意を感じた。提出する書類に自分の家族構成を記述するたびに、役所に憎しみを感じた。自分の心を覆う思い出を放っておくと、悲しみの原点にある重苦しさが感じられた。しかしながら、私が自分の心の中の劇場で映画を上映するために思い出を修正し、心の奥底で空想するために思い出に手を加えると、いつしか幸福な気分になった。私を幸せな気分にさせたのは、過去の不幸ではなく、その不幸を加工してできあがった表象だったのである。

心が傷ついた者たち全員が同じやり方で不幸から抜け出したわけではない。過去の囚人になり、悲惨なイメージを反芻し、心理的苦痛から逃れられない者たちもいた。憎しみによって自己を守ろうとする人々もいた。彼らは、怒ることによって自分たちを鼓舞したのだ。自分たちの不幸の原因をつくった人々を攻撃すれば、不幸の感覚は少しは和らぐだろう。

フレデリックは語った。「私は、ドイツ文化をこよなく愛していた。われわれは、ドイツの詩を唱え、ドイツ哲学について語り合い、ドイツの村々を訪ね回ったものだった。家族の合奏では、イディッシュ音楽とドイツ音楽しか演奏しなかった。第一次世界大戦では、親類の男性全員は、ドイツ軍に従軍して戦った。いとこがユダヤ人排斥論が活発になってきたと述べたとき、われわれは彼を罵り、彼の言っていることなど信用しなかった。《水晶の夜》[42]の後、われわれはフランスへ逃げたものの、その数年後には、ドイツ軍が追ってきて、親類のほとんどが殺害された。それから五十年後、シャンゼリゼ通りを若いドイツ兵たちが行進する姿を見るなど、私には耐えられないことだ。

ドイツ製のものは何一つ買いたくない。ドイツ語だって、もう忘れてしまった」。

怒りにかられて証言した人々の中には、排斥や迫害に関する衝撃的な出来事を記述しようとした者たちもいたが、世間では、ユダヤ人から人権を剥奪するのを定めた法律を読んだことのある者さえ、ほとんどいなかったのだ。

情報が繰り返し報じられると、いつの間にかそれは情報ではなくなるように、死体の山を目の前にすると、それが人間の身体だという感覚は失われる。シャルロット・デルボは、死体の山から友だちの人工器官〔義足など〕を見つけ、その友だちの遺体を確認した。(43)

(42) 一九三八年十一月七日、ドイツを追放された十七歳のユダヤ人青年がパリでドイツ大使館の書記を殺害した。この事件がきっかけとなり、一九三八年十一月十日、ゲッペルスはヒットラーの承諾を得て、ユダヤ人大虐殺を指揮した。三一九のシナゴーグが焼き払われ、数千人がリンチに遭い、三万人のユダヤ人が強制収容所に送り込まれた。ユダヤ人商店の破壊された窓ガラスの破片が月明かりに輝いていたため、このユダヤ人大虐殺は「水晶の夜」と呼ばれた。

(43) Dayan Rosenman A., *Les Alphabets de la Shoah. Survivre. Témoigner. Écririe*, Paris, CNRS Éditions, 2007.

証言するために書き記す

証言するための記述法があるわけではない。記述によって、過去の激しい不安がよみがえると、恐怖の記憶がよみがえる。「書くという行為によって、私は再び死の世界をさまよい、死に埋没した。草稿を読み返すと、息苦しくなった(44)」。現実を否認する時間も必要なのだ。

過去のつらい出来事を物語によって克服しようとする際に、心が傷ついた者は、自分のトラウマを代弁者に委託する。「《自分は、それらの出来事を経験した》と書こうとした。ところが、《自分は》と書き始めて、筆が進まなくなった。そこで私は、《自分》を《三人称》に置き換えて書かなければならなかった。（……）しかしそれでは、自分が引き裂かれたような気がして落ち着かなかった。（……）。しかし、三人称で書けないのなら、私には何も書けない……(45)」。

自己を表現するのは、主観的でありながらも、主観の周辺から自己を冷静に見つめる作業である。トラウマになる体験をしても、子どものころに生きる力を身につけた者であれば、トラウマ後もへこたれず、過剰な言葉を並べ立てることなく、原因を究明するだけで、落ち着いていられる。

一方、しっかりした自己をもたず、周囲の支えがない人は、悲惨な出来事の後に、過去の囚人になってしまう。そのような人々は、「自分」に起こったことを代弁してくれる自分の物語の主人公が三人称で語り出すまで、現実を否認し、過去を振り返るのをひたすら避けるようになる。

殺されないために姿を隠さなければならなかった子どもたちは、私の心のきょうだいであるジョルジュ・ペレックが指摘したように、「心の奥底にある地下礼拝堂に引きこもる」[46]ことを強いられた。彼らは、しっかりとした自己をもつには幼すぎ、死刑判決を主張する共同体の物語だけを聞かされた。助けてくれる人もいなかった彼らは孤立し、自分の名前を名乗らないように心がけた。そんな彼らは、「周囲の誰からも見えない、自分の心の奥底にある、自分だけの地下礼拝堂を参拝しながら」[47]自己を表現してきた。

彼らにとって、小説は証言するための許容できる表現形式なのだろうか。小説は、心の奥底にある地下礼拝堂での非難の声であり、謎めいた告白なのだろうか。ペレックが三人称で書いた『Wあるいは子供の頃の思い出』[48]は、自分の物語だった。この小説では、最下位の者が殺される愚かなオリンピック競技が描写されているが、それはナチズムに対する糾弾だった。彼が母音eの消えた小説『煙滅』を書いたのは、「姿を消した彼ら、そして自分の両親」のためだった〔9頁参照〕。

（44）Semprun J., *L'Écriture ou la vie op. cit.*, p.260.
（45）Ka. Tzetrnik, *Les Visions d'un rescapé ou le Syndrome d'Aushwitz*, Paris, Hachette, 1990.
（46）Perec G., *Entretiens et conférences*, tome 2 : *1979-1981*, D. Bertelli, M. Ribière（éd.）, Nantes, Joseph K., 2003, p.172.
（47）Reggiani C.,《Perec avant l'Oulipo》, *in*《Georges Perec》, revue *Europe*, janvier-février 2012, p.30.
（48）ジョルジュ・ペレック、前掲『Wあるいは子供の頃の思い出』。

ペレックは、彼の地下礼拝堂で書かれた証言の書の巻末で、「ラン（ヴィラール＝ド＝ラン）には、つらい思い出しかない。この村で彼は、自分がユダヤ人であること、ユダヤ人に関わる暴力、ユダヤ人であることの罪悪感を同時に知った[49]」と記している。

私もこの村で、自分がユダヤ人であること、ユダヤ人に関わる暴力、ユダヤ人であることの罪悪感を知った。私はそれらの思いもよらぬ出来事に、社会の掟を強く意識させられた。

ペレックと私に共通する、ユダヤ人だというわれわれの意識は、その村の教会の裏にある薄暗い孤児院で生じたのだと思っていた。「お前はユダヤ人だから」という一言によって、教会でひざまずいてお祈りする子どもたちの後ろで一人立たされたことを、私は覚えている。だが私は、ペレックが「広場を過ぎて（……）狭い道を左に登ったところの（……）仮設住宅」で暮らしていたことを知った。われわれは、同時期にすぐ近くで暮らしていたのだ。彼の仮設住宅は、「教会のすぐ近くだった。一九四一年の秋、ジョルジュ・ペレックは、彼の叔母エステルと暮らすまでの間、そこにいた[50]」。

戦時中、私は自分が知らないことを意味する言葉によって、危険な目に遭った。戦後、生き残った私の叔母が会いに来た後も、その同じ言葉が発せられると、またしても集団からつまはじきにされた。その言葉は、一体何を意味したのだろうか。何を示唆したのだろうか。自分の存在自体が地下礼拝堂に収納されたのである。

ユダヤ人たちの中で「ユダヤ人」という言葉が発せられると、心地よい帰属意識が生じるかもしれない。だが、ユダヤ人でない人々の間で同じ言葉が発せられると、わずかな優越感とともに（自分は格別な存在だ）、排除されたという意識が働く（自分は、皆と異なる存在だ）。

家族と出自を奪われ、トラウマが私の秘密のアイデンティティになった。根なし草になった私は、見知らぬ外国を旅行する際のよろこびを感じた。自分は外国人なのだと思うと、あらゆることが驚きになった。自国にいながらも、よそ者の旅行者である私は、ボルドー出身のフランス文化だけに染まった人間だった。しかし、ドイツ秘密警察、ナチス・ドイツ、「私を密告するかもしれない隣人」は、故郷フランスから私を追い払おうとした。私が世間を眺める視線は、自国にいながらも自分をよそ者にし、私を世間の人々と異なる人間にした。

戦時中、私は生き延びるために秘密を守ることを強いられ、戦後は自分の心の奥底に「地下礼拝堂」をもつことを強いられた。しかしこの「地下礼拝堂」のおかげで、世間で生活していくことができたのだ。私が語りたかったことを聞いてくれる人は、誰もいなかった。しゃべったとしても、彼らの反応が私の言葉をさえぎった。無邪気におしゃべりしてみたこともあった。「僕は逮捕されて……教会の鐘を鳴らして、カスティヨンを解放したんだ……ド・ゴール将軍に花束を手渡したん

（49）Delemazure R., Seité Y.,《Perec dans le XVIIIe siècle》, *in*《Georges Perec》, revue *Europe*, janvier-février 2012, p.212.
（50）Bellos D., *Georges Perec. Une vie dans les mots*, Paris, Seuil, 1994, p.85.

だ……」。だがこんな話をすれば、「この子は一体、何をしゃべってるんだ」という反応しか返って来なかっただろう。

説得力のある証言をするためには、どうしたらよかったのだろうか。大人たちは、私が語ろうとする言葉を自分たちの日常の雑事と一緒にして、「文句を言うのはやめなさい。私たちだって苦しい生活を強いられたのよ」と言い返してきた。聞き手が私の語ったことをきちんと解釈しないため、私の証言は意味をなさなかった。私と聞き手との溝が深すぎたのだ……。語らなければならないことがたくさんありすぎた……。提示しなければならない証拠が多すぎた……。だから、何も言わないほうが楽だったのだ。

ちぐはぐな物語

沈黙を強いられたのは、最初は生き延びるため、そしてその後は平穏に過ごすためだった。[51] 話を聞いてもらえる機会が訪れても、心は穏やかにならなかった。「まあ、かわいそうな子ね」という大人たちの同情が、かえって私の心を押しつぶした。私の逃走について事細かに質問してくる大人もいたが、彼らは私の話を疑い、私が嘘をついているのを突き止めてやろうとしているのだとわかった。近所のある女性は、「子どもがたった一人でいたんでしょ。だったら、きっと小児性愛の犠牲になったんですよね」と非常に丁寧に質問した。オルドゥネ通り〔パリ北部〕の食料品店の店員は、「そのチビに聞けば、ドイツ人どもが、どれほど悪い奴だったかしゃべってくれるよ」と女性客に言った。その店員は客を楽しませるために、私が体験した恐怖を語ってくれと頼んだのだ。ある年上の女の子は、「私があなただったら、家族と一緒に死んだわ」と冷たく言い放った。そして驚いたことに、彼女は「あなたは自分だけ生き延びておいて、家族を見捨てたのよ」と言って怒り出した。

パリとボルドーを往復する列車での出来事である。駅まで見送りに来てくれたドラは、一人で旅行する私の席の隣に座ってくれるように、同じ列車に乗るカトリックの神父にお願いした。車中、私は神父に自分に起こったことをほんの少し語った。すると神父は、「君の両親がそのようなひどい罰を受けたのは、よほどひどい過ちを犯したからだろう」と私に説いた。

やはり沈黙していたほうがよかったのだ。

人々の予想外の解釈に触れ、私は、皆とは違う、孤独な存在なのだと思うようになった。皆と同じように振る舞うためには、黙っていなければならなかった。しかし、沈黙しながら、自分は皆と

---

(51) Cyrulnik B.,《Les muets parlent aux sourds》, *Le Nouvel Observateur*, numéro spécial《La mémoire de la Shoah》, décembre 2003-janvier 2004, p.52-55, et Waintrater R., *Sortir du génocide. Témoigner pour réapprendre à vivre*, Paris, Payot, 2003.

違う存在なのだと感じていたのである。

私は死をくぐり抜けた。しかし、皆と一緒に暮らすには、この勝利を今すぐ皆に語るわけにはいかなかった。そこで私は、いつの日か語ろうと心に誓った。しかしその前に、しゃべる能力を身につけなければならなかった。私は少年のときに、社会の狂気をきちんと説明するには、精神医学を学ぶ必要があると思った。しかし、自分がしゃべる前に、皆が耳を傾けるようにしなければならないことに気づくのには、かなりの時間を要した。「私は、死者の表情をこの目で見た。そんな経験のある者など、そういないはずだ。いつの日か私は、皆にそれがどのようなものだったかを語るつもりだ[52]」。

私は、ドイツ人に憎しみを感じていなかった。彼らが残酷な人間だった原因は、私にはわかっていた。それは彼らの悪意ではなく、彼らが不条理な理論に服従したためだった。「直感だけを頼りにする社会体制では、敵や異端者は受け入れてもらえない。彼らは、虐殺され、火あぶりにされ、幽閉されるのだ。火刑、処刑台、牢獄の世界である。それらを生み出すのは悪意ではなく、信念だ。どのような信念であれ、それは全幅なものである[53]」。シオラン〔ルーマニアの思想家〕は、自分が何を語っているのかをわかっていた。当時、彼はユダヤ人排斥のスローガンを唱えながらヒトラーに敬意を表し、不条理な狂信に身を委ねるよろこびを味わっていた。だがその後、そのぞっとする幸福に恐怖を感じた彼は、無政府主義的な才気あふれる自由に傾倒し、彼の自己シニシズムは、ユーモアの形式になった。

沈黙するのは殺人者たちに加担することになるが、語るのは自分の私生活をさらけ出すことであり、いわば「裸になる」ことだ。だが、ラッシェル・ローゼンブルム〔フランスの精神科医〕が説明するように、「どうしても語りたい」[54]ことがある。語らないのは嘘をつくことになるが、語るには苦しみがともなう。だからこそ、ドラとは過去をうまく語り合えなかったのだ。

ドラが、ローズと私の母ナディア〔ドラの二人のきょうだい〕がアウシュヴィッツで「煙滅」した、とポツリと語ったとき、彼女の深い悲しみが伝わってきた。ドラが「ジャネット〔さらに下の妹〕は完全に《煙滅》したの。十五歳だったわ」とつぶやいたとき、彼女はさらに狼狽していた。「完全に」という言葉には、ジャネットはアウシュヴィッツに移送されたわけでもないのに「煙滅」したという意味が込められていた。手がかりは、まったくなかった。

何の手がかりもなかったのだ。

ドラが語る戦争に関する話は、いつも同じだった。それはタバコを手に入れるために持っていた食べ物と交換した話だった。

ジャックおじさんが十八歳のときにレジスタンス活動に参加して、多くの手柄を立てたことは知

(52) Cioran E., *Cahiers, 1957-1972*, Paris, Gallimard, 1997, p.668.
(53) Cioran E., *OEuvres*, Paris, Gallimard, 1995 ; Paris, Gallimard, 《Quarto》 p.728.
(54) Rosenblum R., 《Peut-on mourir de dire?》, *Revue française de psychanalyse*, 2000, vol.64, n° 1.

っていた。ジャックおじさんは、自分の「レジスタンス仲間」のことを語っていた。彼らとは、共産主義のデモ活動や政治組織の支部の集まりで顔を合わせていたようだった。だが、ジャックおじさんが何をしていたのかは謎だった。それから四十年後、十五歳のころにレジスタンス活動に参加したと語る女性が、私の患者として現われた。彼女は、私がそのことを信用しないのではないかと思い、著名なレジスタンス活動家の名前と彼らの功績が記された分厚い本をもって来た。その本の中に、二十歳のジャックが大隊長としてヴィルールバンヌ〔リヨン郊外〕の蜂起に参加したという記述を見つけた。

エミールは、過去について一言も語らず、ほのめかすことさえしなかった。子どものころ私は、エミールはユダヤ人ではないので、彼には語ることがないのだと思っていた。

これが戦後一九四七年の私の言語を取り巻く環境だった。マルゴと彼女の家族のことはもちろん覚えていたが、ドラとのいざこざが原因で、私の日々の記憶からは遠ざかっていった。私を養子にしたかったマルゴは、裁判官に手紙を書き、ドラのような独身のダンサーには子どもを養う資格がないと訴え、さらにはその写しをドラに送りつけた。つい最近になって、私はこの文書を読んだ。怒ったドラは、私の保護人になり、エミールを代理保護人に指名した。私は、マルゴの養子にならずに安堵した。死んだ両親も、おそらく私がドラのもとにいるのを望んだだろうと思った。この手続きにより、ドラとエミールも正式に一緒になった。私にとっては、まさに至福のときだった。

ドラは、ポーランドの学校に通ったが、十四歳のときにパリにやって来た。しかし、両親の手伝いもあって、勉強する暇などなかった。その後、戦争が始まり、勉強する機会を完全に失った。ドラはときどき「マルゴはインテリだから」と独り言をつぶやいた。研究所の所長であるエミールの同僚の前では目立たない場所に行き、黙っていたが、ダンサーの友だちと一緒にいるときのドラは、よく笑いよくしゃべった。今考えると、それはよくない兆候だった。

そのころ、われわれはモンマルトルの丘の反対側にあるオルドゥネ通りに引っ越した。ジャックおじさんがわれわれの新居に来ると、陽気で熱のこもった政治談議が始まった。エミールは、アンヴァリッド〔パリ市内〕の近くにある工学技術センターの研究室について語った。通信技術の標準化や、ブラウン管テレビについての取り組みについて説明してくれた。チェコから移民してきたスヴォダという学生のことがよく話題になった。彼は、エンジニアになるための学費を賄うために、エミールの研究所でアルバイトをしていた。彼の受験勉強を手伝っていたエミールは、彼を高く評価していた。だが、なぜかスヴォダが家に訪ねてくることは一度もなかった。私は、エミールが語る科学的な難問、スキーやラグビーの写真、そしてアメリカやブラジルの学会に参加したときの旅行話に魅了された。私は、陽気なドラ、共産主義者のジャックおじさん、そして科学者のエミールに囲まれて暮らしていたのだ。

ジャックの仲間で元レジスタンス活動家たちは、大学入学前の高校生と同じくらいの年齢にしか見えなかった。彼ら「元」活動家たちは、私を共産党の集会に連れて行ってくれたり、『リュマニテ』〔フランスの共産党系新聞〕の記事を解説してくれたりした。またあるとき、アンリ・マルタン

〔フランス共産党の著名な活動家〕を紹介してくれ、その後、どこかでマルタンを見かけた際、握手してもらった。水兵としてベトナムの戦争に送られた後、マルタンは、植民地主義に反対し、共産主義者たちの英雄になった。彼は共産主義活動家として、次のような記述を残している。「われわれの血は売り物ではない。（……）。われわれトゥーロンの水兵たちは、フランスの銀行家たちの利益のためにインドシナで死ぬつもりはない[55]」。

皆と一緒に話して楽しい出来事を話題にするために、核心をついたことは語らず、論争は避け、抽象的に語るのは現実の否認であるが、戦後、思ったことが言えないという感覚は私にはなかった。われわれにとって必要だったのは、日常生活を取り戻すことであり、過去を振り返らず、未来だけを見つめることだった。ロトの妻の二の舞を演じないためには、まだ解決されていない、いくつもの問題が渦巻く過去の廃墟に戻ってはならなかったのである。

子どもが抱く思い出は、人間関係によって明確になる。しかし、物語をつくるためには、自己の物語を周囲の状況に調和させなければならない。それが「物語に一貫性をもたせる[56]」ことだ。「文化に属するのは、（……）修正してはどうかと提案してくる社会的な枠組みを通して、文化の目的を理解し、受け入れ、感じとることだ[57]」。周囲が自分の話に耳を傾ける準備ができていないときや、周囲では、自分が体験したのと異なる話が語られているときに、証言するのは難しく、場合によっては危険でさえある[58]。語れば排除される。沈黙すれば、自分の魂の一部が削ぎ落とされるのに同意することになる。

「手を洗うピラト」（ユダヤ属州総督ポンティウス・ピラトゥスは、キリストの無実を知りながらも、彼の死刑判決を認めた。だが、彼はその判決に対して、自分には責任がないと主張した）を知ったのは、十歳のときだった。同時に、キリストを殺したのはユダヤ人たちであることも知った。しかし、私はすぐに疑問を抱いた。神は全能だと教えられたが、もしそうなら、ユダヤ人たちに神の子を殺害するように命じたのは神ではないか。では、神は全能ではなかったのだろうか。それとも、ユダヤ人たちは、神よりも優れていたのだろうか……。皆は私をユダヤ人として扱うようになったが、私は、ユダヤ人という言葉の意味が相変わらずわからなかった。しかし、自分の祖先の歴史には、少年であれば誇大妄想を抱くような、悲しくも心躍る謎があることがわかった。

今日においても私は、自分たちの思考を制限するわれわれの愚かさに唖然とする。われわれは、

（55）Vincent G.,《Être communiste, une manière d'être》, *in* P. Ariès, G. Duby, *Histoire de la vie privée*, tome 5 : *De la Première Guerre mondiale à nos jours*, Paris, Seuil, 1987, p.431.
（56）Adelman A.,《Mémoire traumatique et transmission intergénérationnelle des récits de l'Holocauste》, *in*《Devoir de mémoire:entre passion et oubli》, *Revue française de psychanalyse*, 2000, vol.64, n°1, p.221-245.
（57）Monteil J.-M., *Soi et le contexte*, Paris, Armand Colin, 1993, p.56.
（58）Waintrater R., *Sortir du génocide*, *op. cit.*, p.189.

ある事実を不条理なまでに一般化してしまったことに気づくはずだ。ところが、われわれは自分たちの振る舞いを決定する一般法則を見出そうとして、寓話をつくり出し、それに服従しているのである。

第四章

周囲からの影響

ケネディ大統領が暗殺された日〔一九六三年十一月二十二日〕、私はモンペリエ〔フランス南部の都市〕にある妻のおじの家にいた。ラジオからこの驚きのニュースが流れたとき、私は、ノルマンディー地方産の大きな戸棚とテーブルがある応接間に立っていた。そのテーブルには、レースの卓上マットの上に花瓶が置いてあった。思い出には奇妙なものが混ざりこむ。ラジオの声は思い出せないが、大統領暗殺のニュースだったことは覚えている。花瓶の下に敷いてあったレースの卓上マットは覚えているが、花瓶そのものは記憶にない。黒っぽい大きな戸棚も思い出せる。つまり、ショッキングな出来事と関係のないことも一緒に覚えているのだ。そのニュースを聞きながら、私は卓上マットを見つめていた。大事件の音声による情報の背景をつくるために、私はその卓上マットを記憶にとどめたのだ。

トラウマの物語と文化的背景

その事件からしばらくたったころ、ケネディ大統領が暗殺されたのは、パレードの警備をテキサス州ダラスの住民たちが怠ったからだとする見方が、全米のラジオや新聞で繰り返し報じられた。悲劇の責任はダラスの住民たちにあるという見方が広まったのだ。ダラスの住民たちは抗議したが、非難されたことによってお互いの結束が強まったのに気づいた。ケネディの死後、三年間でダラスは急拡大した。[1] 道路は清掃され、景観に配慮したビルが建設され、とくに、住民同士が以前よりも助け合うようになったのは一目瞭然だった。恵まれない人々を支援する団体や、文化事業の団体に資金を提供する寛容な人々が増えた。そのような助け合いは、おそらく文化的なストレスに対する防御メカニズムだったのだろう。なぜなら、同時期にダラスの住民たちの間では、心筋梗塞の患者や自殺の件数が増加したからだ。攻撃にさらされたダラスの住民たちは、街を活性化させながら、お互いに助け合った。こうした住民たちを元気づける安心効果は、マーティン・ルーサー・キングが暗殺された日〔一九六八年四月四日にメンフィスにて暗殺された〕まで続いた。今度は、テネシー州メンフィスで似たような現象が観察された。

共同体であろうと個人であろうと、記憶には意図がある。記憶は、今感じていることに形を与える事実を、過去から探し出す。集団内で同じ物語が共有されるとき、誰もが他者の存在から安心感を得る。同じ物語を語るのは、同じ表象を信じることであり、それによって強い親近感が生み出される。だからこそ、物語を共有し、神話を語り継ぎ、お祈りを唱えるのは、優れた文化的精神安定剤になるのだ。

共同体のトラウマは、攻撃者に対峙するために集まったメンバー同士の結束を強める。一方、個人のトラウマは、共有できない物語を生み出しながら集団の結束を弱める。トラウマの行方は、言葉を取り巻く状況によって異なる。「共同体にとってのトラウマ的な出来事は、メディアで報道され、集団、家族、文化、社会に浸透する。共同体のトラウマは、往々にして個人を苦悩に閉じ込める、個人に対する攻撃とは異なる」[2]。共同体の悲劇の後には、犠牲者の間で連帯感が強まり、気持ちがつながることもあるが、「トラウマが個人的なものだと、共同体の物語によって個人の物語が封じ込まれてしまう」[3]。

シャウル・ハルエルの生い立ちは、私とよく似ている。ベルギーで生まれ、第二次世界大戦中は

（1）Pennebaker J. W., *Opening Up:The Healing Power of Confiding in Others*, New York, Morrow, 1990.

（2）Vitry M., Duchet C.,《Résilience après de grandes catastrophes:articulation du singulier et du collectif》, *in* S. Ionescu（éd.）, *Traité du résilience assistée*, Paris, PUF, 2011, p.449.

（3）Duchet C., Payen A.,《Intervention médico-psychologique *in situ* lors de la guerre civile du Congo par la cellule d'urgence médico-psychologique de Paris:octobre 1997》, *Médecine de catastrophe-Urgences collectives*, 1999, vol.2, n^{os}5-6, p.192-196.

ベルギーの孤児院に引き取られ、戦争が終わるとイスラエルに送られた。子どものころに体験した出来事を学校の仲間や軍隊の同僚に話すと、彼は「石鹸」というあだ名で呼ばれるようになった。ナチスは強制収容所に抑留された人たちの体脂肪から石鹸をつくっていた、という噂があったからだ。シャウルは、友だちに軽蔑されないように沈黙しながらも、医学部に入って猛烈に勉強し、テルアビブで小児神経学の教授になった。

一九四八年以前にパレスチナで、あるいは独立戦争後[4]にイスラエルで生まれたユダヤ人の若者たちは、自国軍隊の勝利を誇りに思っていた。ユダヤ人の軍隊は、一九四一年にロンメル将軍の司令下にあった親ナチスのアラブ軍[5]と戦い、一九四二年にビル・アケイムの戦いではアラブ軍を抑え込んだ。次に、アラブ軍が一九四八年に誕生したばかりのイスラエルを包囲したが、ユダヤ人の軍隊は、一九四九年に自分たちの領土を勝ち取った。こうして、イスラエルで生まれたユダヤ人は勇敢に戦った一方で、ヨーロッパのユダヤ人は羊のようにおとなしく屠殺されたという、単純化されたイメージができあがった。ヨーロッパでのユダヤ人の戦いを知らない彼らは、ヨーロッパのユダヤ人を軽蔑した。

一九六一年末、アイヒマン裁判〔ナチス政権において強制収容所への移送を指揮したアイヒマンに死刑判決が下された〕により、「初めてユダヤ人大虐殺に国際世論の注目が集まった[6]」。裁判では、完璧な行政機構と工業力を駆使して、六百万人近くの人々が虐殺されたことが明らかになり、イスラエルの世論は変化した。その後、シャウルの仲間たちは、イスラエルのユダヤ人が「台頭」したからこそ、羊のように従順なヨーロッパのユダヤ人たちは勝ち誇った兵士になったのだ、と考えるようになった。「安心できる神話……われわれユダヤ人にヒロイズムが吹き込まれたのだ」[7]。

私の友人アンリ・パレンスは、軍事政権によってベルギーを追われ、ペルピニャン〔スペイン国境に近い南フランスの都市〕の隣に位置するリヴザルトの「家族呼び寄せセンター」に母親とともに収容された。十一歳のときに彼は、このセンターから逃げ出し、サン＝ラファエル〔フランスのカンヌに近い都市〕行きの列車に飛び乗った。彼の母親がサン＝ラファエルにある「子ども救済協会（ＯＳＥ）」[8]〔第二次世界大戦中、迫害されたユダヤ人の子どもを支援した団体〕に行けばアメリカに

（4）一九四七年十一月二十九日に、国連がパレスチナとイスラエルの両国の建国を決議すると、イスラエルとアラブの武力衝突が起こり、アラブ側には二千人の死者、ユダヤ人側には六千人の死者が生じ、六十万人のパレスチナ人が家を追われた。

（5）Barnavi E. (dir.), *Histoire universelle des Juifs*, Paris, Hachette, 1992, p.230-231.

（6）アドルフ・アイヒマンは、ヨーロッパのユダヤ人から財産を略奪し、彼らをポーランドにある強制収容所への移送することを指揮した。アルゼンチンに逃亡したアイヒマンは、イスラエルの諜報特務庁に身柄を拘束され、エルサレムでの裁判で死刑判決が下され、一九六二年に死刑が執行された。

（7）Friedländer S., *Quand vient le souvenir*, Paris, Seuil, 1978, p.69.

（8）「子ども救済協会（ＯＳＥ）」は、戦時中に多くの子どもを助けた。ＯＳＥは、「子ども中央委員会（ＣＣＥ）」などの団体よりも、ユダヤ人の迫害の問題に積極的に取り組んだ。

逃れられる、と考えたからだ。十一歳の彼は、地図を片手にこの協会を探し出した。

アメリカで彼を温かく迎えた家族は、彼がお祈りをすることを考え、シナゴーグの場所まで教えてくれた。[9] すばらしい音楽家だった彼は、医学部の学費を音楽で賄い、フィラデルフィアで精神医学の教授になった。アンリの心の奥底にある地下礼拝堂は、ごく小さなものだ。というのは、アメリカで得た新たな家族とアメリカ文化のおかげで、彼は自由に発言できたからだ。

一方、シャウルの場合、敗者に属することを意味した「石鹸」というあだ名で呼ばれ、数年間、心の奥底の地下礼拝堂でつぶやく日々を過ごした。しかし、イスラエルの文化が変化し、共同体の物語がアラブ諸国と対峙するために団結する必要性を説くようになると、学生、軍人、そしてメディアは、シャウルに語る場所を提供するようになった。

戦後、私の家族全員の心は傷ついていた。ユダヤ人迫害に関するちょっとしたことでも、すぐに会話のテーマを変えた。私の周りでは、レジスタンスの物語や、勇気をもって困難を克服した話しか耳にしなかった。不満一つこぼせなかった。ところが、自分に起こったことを率直に語ってこそ、この常軌を逸した現実を理解し、それに一貫性をもたせ、自分は人間的な条件を奪われた異常な人物ではない、と自分を納得させられたはずだ。親類の死や家族の度重なる破壊について沈黙を貫くのは、「自分は一人ぼっちだと痛感し、あの出来事に服従してしまう[10]」ことだった。

現在の光に照らされ、物語が明らかになる

今日、聴衆を相手に自分の過去を語ると、見当はずれの反応が返ってくることがある。

―すると、マルゴは対独協力者と結婚したのですか。

―違います。まったく逆です。マルゴは、レジスタンス活動家と結婚したのです。

―あなたを育てたのは、マルゴですよね。

―違います。ドラです。

―あなたは、五歳のときにアウシュヴィッツから逃げ出したのですか。

―違います。六歳半のとき、私はボルドーにいました。

私の親しい友人たちでさえ、一連の出来事の前後関係や、大人たちの役割をきちんとわかっていないようだ。彼らは、攻撃した人たちと助けてくれた人たちを混同し、出来事が起こった場所や、

(9) Parens H., *Le Retour à la vie. Guérir de la Shoah, entre témoignage et résilience*, Paris, Tallandier, 2010.
(10) Rimé B.,《Mental rumination, social sharing, and the recovery from emotional exposure》, *in* J. W. Pennebaker (éd.), *Emotion, Disclosure and Health*, American Psychological Association, 1995, p.271-292.

いつ起こったのかも間違って理解している。戦争の現実はあまりにも一貫性がないので、彼らは混乱した表象をもってしまうのだ。

そういう私自身も、日付や場所を誤って記憶していた。私は、ポンドラ〔ボルドー近郊〕はアヴィニヨン〔フランス南部〕の近くにある村だと思っていた。逮捕されたのは二歳半のときだと思い込んでいたが、母親の名前を呼びながら泣く二歳半のころの自分の娘の姿を見て、それはありえないと思った。ミッシェル・スリタンスキーが私に送ってくれた歴史資料[11]を読み、一斉検挙があったのは一九四四年一月十日だったことがわかったので、逮捕されたそのとき、私は六歳半だったと確信した。とにかく私は、自分の過去の表象に一貫性をもたせるために、歴史資料に目を通し、周りの人々の話を聞かなければならなかった。

物語は、現在の光に照らされて明らかになり、現在自体は、現在の文脈によってつくられる。周囲の物語は、信念、思い出、行動の枠組みをつくり、それらが出会いによって変化していく。過去のカギになるのは現在だ。現在をつくり出すのは、われわれの過去との関係なのだ[12]。

思い出に感情的な暗示的意味を与えるのは意義だ。戦争は、どれも似たようなものにみえるかもしれない。だが、決してそうではない。六日戦争[13]〔一九六七年の第三次中東戦争〕で戦死したイスラエル兵たちを、彼らの家族は崇めた。なぜなら、彼らの死は次のことを意味したからだ。「あなたのおかげで、われわれはイスラエルを破壊しようとするアラブ軍を追い払うことができた。われわれのために、あなたは死んだ」。

しかし、そうした戦争の美化は、一九八二年のレバノンの戦争〔イスラエルのレバノン侵攻〕や、それに続く爆撃では起こらなかった。兵士の戦死は、神話的な恍惚感を呼び起こすのではなく、いやしきれない哀悼の思いを引き起こした。「彼らの死は馬鹿げている。あんなことで死んでも意味がない。相手と交渉できたはずだ」。若者の死は英雄的な行動ではなく、無惨な事故と解釈されたのだ。

「フランスで暮らす《生き延びた者》の子どもの中には、共同体の目印やアイデンティティをすべて奪われ、アイデンティティの危機に直面した者がいた。ところが、ユダヤ人大量虐殺の土地から遠く彼方の、北アメリカ、南アメリカ、イスラエルで生まれた、生き延びた者の子どもたちには、そのような兆候がまったく確認できなかった。フランスの若者は、ユダヤ人という出自を隠す必要

（11）Slitinsky M., *L'Affaire Papon*, Paris, Alain Moreau, 1983, p.131.

（12）Pennebaker J. W., Banasik B. L.,《On the creation and maintenance of collective memories:History as social psychology》, *in* J. W. Pennebaker, J. Paez, B. Rimé（éd.）, *Collective Memory of Political Events*, New York/Londres, Psychology Press, 1977, p.3-18.

（13）一九六七年の春、エジプトのナセル大統領は、シリアを支援するためにシナイ半島に軍隊を集結させた。彼は、国連軍に退去するように要請し、チラン海峡を封鎖し、ヨルダンとイラクと不可侵条約を結んだため、イスラエルは世界の舞台で孤立した。だがイスラエルは、数日間のうちにアラブ連合を破壊し、シナイ半島、ゴラン高原、ヨルダン川西岸地区、エルサレムのアラブ地区の半分を奪取した。

がなかった両親をもつアメリカの若者よりも、心理的に混乱しているのかもしれない」[14]。

アメリカ、イギリス、南アメリカで育った子どもたちは、ユダヤ人というアイデンティティを「人生において考えるべき問題」ととらえた一方で、フランスの子どもたちは、沈黙や控えめな言葉に触れて、それを「考えてはいけない問題」[15]ととらえた。ユダヤ人大虐殺という惨事がもつ潜在的な意味は、周囲の物語に左右される。たとえば、同じ衝撃的な出来事が、アメリカでは非常に賛美されても、フランスでは抑圧された不名誉なことになるのだ。

フランスでは、誰もユダヤ人大虐殺を話題にしなかった。特異な物語を聞くのに慣れている精神分析医でさえ、そのテーマを避け続けた。あたかも、精神科医がそのことについて分析してこなかっただけでなく、そのような話など聞いたこともない、という態度だった。口のきけない人が、耳の不自由な人どころか、壁に向かって語っている有様だった。

幸いなことに、私には、つぎはぎのアイデンティティがあった。周りには、愛情あふれる人々がいた。彼らのおかげで、私の人生は多面的で色彩に富んだものになった。彼らは私に人生のあり方を示してくれた。母親のきょうだいのドラは、私に家庭と似た暮らしを提供してくれた。ある日、ドラは私が知らなかったことについて語ってくれた〔後述される〕。レジスタンスの英雄だったジャックおじさんは、私の心の中で、外人部隊に従軍してソワソンの戦いで負傷した私の父親の姿と重なった。エミールは、私に未来を夢見させてくれた。エミールに影響されて「僕は大きくなったら、科学者、ラガーマン、旅人になるんだ」と夢見ていた。

私は、陽気でおおらかなドラが好きだった。もっとも、ドラは次第に感情を爆発させるようになったのだが。私は、エミールが好きだった。彼の人柄と冒険心が具現することに憧れたのだ。私は、すばらしい家族に恵まれたのである。

ジャズとレジスタンス

私とドラは、オルドゥネ通りに住んでいた。エミールは、われわれと一緒に暮らしていたのだろうか。彼は、よくテーブルの隅にいたが、いつもそこにいたのだろうか。われわれ三人が、一緒に外出したり、バカンスを過ごしたり、映画を観たりすることはなかった。また、われわれはともに仕事もしなかったし、共通の友人や家族もいなかった。その当時、十歳から十二歳だった私は、そんなことには気づかなかった。それほどまでに彼らの愛情が欲しくてたまらなかったのだ。

エミールのことは、終戦直後の一九四六年に、ドラが私を引き取ってくれたときから知っていた。

（14）Frischer D. *Les Enfants du silence et de la reconstruction. La Shoah en partage*, Paris, Grasset, 2008, p.104-105.
（15）Snyders J.-C., *Drames enfouis*, Paris, Buchet-Chastel, 1997.

その当時、彼はリヨンのジャカール通りにあるアパートに住んでいた。彼の部屋には何もなく、上の階には、彼が責任者を務める小さな研究室があった。「エミールはあんなに若いのに、もう研究所の所長になったんだね。ずいぶん若いころから研究センターに勤めていたからね」という噂を耳にした。その噂が何を意味するのかはわからなかったが、とにかく私は、エミールのことを誇りに思っていた。

エミールは、ラグタイムと呼ばれたジャズのレコードを聴いていた。私がジャズを好きになったのは彼の影響だ。ある晩、私とエミールはベルクール広場〔リヨン市内〕に踊りに行った。戦後、都市部の広場や路上には椅子やテーブルが置かれ、多くの人々がダンスに興じていた。ダンサーやミュージシャンを囲んで人だかりができ、手拍子で彼らを盛り上げた。それは感動的な瞬間だった。女性たちがターンを決めると、スカートがふわっと膨らんだ。彼女たちのほとんどは、「ビビ」という小さな帽子をかぶっていた。エミールもダンスがとても上手だった。身のこなしが滑らかで素早い彼は、ジャズに向いていた。とくに指先の動きがすばらしく、おどけるのが上手で、人差し指で天を差してリズムをとるのだ。皆はエミールのダンスに拍手喝采し、私は驚嘆した。

戦時中のジャズはレジスタンスを意味した。というのは、一般市民や警察がユダヤ人を区別するために、県の条例により、ユダヤ人は胸の部分に黄色い星を縫いつけた衣服を着用しなければならなかったのだが、ユダヤ人でないジャズ好きも衣服に黄色い星を縫いつけ、その条例をあざ笑ったからだ。ただし、黄色い星の内側には、「ユダヤ人」という単語の代わりに、「パプア先住民族」、

「仏教徒」、「オーベルニュ人」（フランス中南部）、「スウィング」などと書かれていたのだが。それらの星をつけた若者の中で、ユダヤ人という単語が死につながるのを知っていた者は、ほとんどいなかった。彼らは単に、役所が禁止したことをからかっただけだった。「次の日曜日は、ユダヤ人でない者たちも胸に星をつけて楽しもうぜ[16]」。ユダヤ人排斥に嫌悪感を抱く人々の中には、デモ行進のプラカードのように大きなダビデの星をつけた人もいた。格式張った威厳を示しながら散歩するユダヤ人家族に、帽子をとってお辞儀するキリスト教徒も珍しくなかった。

長い上着にツートンカラーの靴というジャズ好きの格好は、いつしかユダヤ人に対する同情を意味するようになった。「スウィンガー」（ジャズ好きの人たち）には、ユダヤ人排斥に反対する人々が多く、警察が介入することもあった。「《黄色い星を不法に身につけた》という理由から、警察署の地下にある鉄格子の入った独房で夜を明かした[17]」と、ミッシェル・レイサは証言している。「ジャズが大好きなヨーロッパで、フランスは「スウィングする」という文句は、私にとってレジスタンス活動を意味した。ベルクール広場でエミールが人差し指で天を差してスウィングしている姿を見たとき、私は彼を英雄だと思った。

独裁者たちが芸術や心理学を疑わしい活動と見なしたのは、どうしてだろうか。ブエノスアイレ

（16）Rajsfus M., *Opération étoile jaune*, Paris, Le Cherche Midi, 2012, p.78.

（17）*Ibid.*, p.94.

スの心理学者エリダ・ロマーノの証言では、警察は患者を共犯者と疑い、診療記録を押収するために、ときどき診療室に踏み込んできたという。さらには、ミュージシャンだったロマーノの夫は、当局から革命家だと睨まれ、最終的には夫とともに逃亡することを強いられたそうだ。

ルーマニアでは、「学校では、頭髪などの身だしなみ検査があり、長髪の男子やミニスカートの女子が検挙されることさえあった[18]」という。

初めてブカレストに行ったときのことだ。ルーマニア人はフランス人を熱烈に歓待するので、感激したのを覚えている。図書館や学校では、エミール・ゾラ、アンドレ・ジッド、アンドレ・スチールなどの作家に人気があった。彼らが資本主義社会の腐敗を描いたからだった。

観劇に行ったときのことだ。劇場に入るために列をつくって並んだ後、着席して開演時間を待っていると、若い二人の男子と一人の女子が舞台に登場し、ジャズの音楽に合わせて踊り出した。その光景を見て、私は、自分が幸福を感じたときのことを思い出した。観衆の中には、指を鳴らしたり、リズムに合わせて首を振ったりし始める人がいた。ところが、踊っていた三人の若者たちは、突然踊りを止めて、くるっと背中を向けた。三人の背中には、それぞれポスターが張ってあったり、よく見ると、「私は」「間抜け」「です」という文章ができあがったのである。劇場は大爆笑。独裁者に服従する普通の人々は、拍手喝采しながらも、音楽に拍子をとり始めた人たちの迎合的な態度をあざ笑った。ルーマニアでのスウィングからは、順応主義が独裁主義に加担したことが透けて見えた。

愛情あるいはイデオロギー

ドラは、ときどき戦争のことをぽつりぽつりと私に語った。ドラがエミールとリヨンで暮らしていたある日、ドラは、ジャックが訪ねてくるのを待っていたという。そのときジャックは、すでに義勇遊撃隊（ＦＴＰ）のメンバーだった。アパートの扉を乱暴にノックする音がしたが、それはジャックでないとすぐにわかった。エミールが扉を開けると、そこには二人のドイツ秘密警察の捜査官がいた。彼らはエミールを突き飛ばし、「ユダヤ人のドラ・シュムレヴィッチを逮捕しにきた[19]」と告げて、アパートに踏み込んできた。エミールは、捜査官たちをドラから遠ざけて、彼らの耳元で何事かをささやいた。おそらく重要なことだったのだろう〔後述される〕。捜査官は、ユダヤ人女性を保護するのはよくないことだとエミールに説教した。エミールは、彼らに二分間待ってくれと頼み、アパートから出て、ちょうど階段を登ってきたジャックに逃げろと合図した。エミールは

---

(18) Ionescu S., Muntean A.,《La résilience en situation de dictature》, *in* S. Ionescu (éd.), *Traité de résilience assistée, op. cit.* P.531.

(19) ジョルジュ・ペレックの母親の姓はシューレヴィッチだ。イディッシュ語では、シューレは学校、ヴィッチは精神を意味する。

ドラとジャックの命を救ったのである。しかしながら私は、その話に小さな影を感じた〔後述される〕。

ドラがその話をぽつりぽつりと語ったのは、私が高校に入学したばかりのころだった。エミールは、よくそこにいたが、彼がわれわれと一緒に暮らしていたかどうかは思い出せない。私が覚えているのは、その幸福な年の終わりに、ドラが「エミールと別れた」と私に告げたことだ……。

私は、全身がしびれたような感覚に襲われた。ドラは、「エミールは研究所の近くのヴァノー通りにワンルームのアパートを買ったの。会いに行ってもいいのよ」と言った。私はときどきエミールに会いに行ったが、会話は弾まなかった。私は、ドラの新しい相手の話題になって、エミールが気を悪くしないかと心配だった。ドラの新しい相手は、商売人で感じの悪くない男だったが、スポーツ、とくに自転車レースのことしか話題にしなかった。私はいつものように沈黙した。

エミールは、それまで以上に研究に打ち込んだ。朝遅くに起き、粉末に熱湯を注いでつくったコーヒーを飲み、朝の十時ごろに研究所へ出かけ、昼間から夜の十時まで研究し続けた。夜は近くの小料理屋で一皿だけ注文して閉店までそこにいた。

さて、エミールについて、私はあと何を語ればよいのだろうか。

エミールとのつながりは弱まったものの、想像の世界では、彼はいつも私のそばにいた。声に出さない物語では、私は、自分の新たな生活のおもな出来事を彼に語り続けた。しかし実際には、私は押し黙っていたので、彼がそのことを知るわけがなかった。

私はときどきエミールに電話した。ある日、秘書が電話をつなぐのを拒否した。それでも何度か電話をかけ、秘書と押し問答すると、エミールはピティエ＝サルペトリエール病院（パリ市内にある大病院）の神経外科に入院したことがわかった。そのとき、私は医学部の二年生だった。毎朝、彼の見舞いに行った。失語症にかかった彼は、だんだん話せなくなったが、ある日、看護師に次のように早口で言ったという。「僕は、彼の保護者なんだ」。それは、エミールが私にくれた最後のプレゼントだった。

ある朝のことだ。見舞いに行くと、ベッドは空っぽで、マットレスは裏返しにしてあった。家族でない私には、連絡がなかったのだ。

葬儀は、サン＝フィリップ・デュ＝ルール教会（パリ市内）で行われた。棺の近くには、エミールの親族と思われる、私の知らない人たちが立っていた。若い金髪の青年が泣いている姿が目に止まった。彼が、エミールが面倒を見てきたチェコから来たエンジニアのスヴォダだとわかった。教会の入り口に佇んでいた私が、彼と言葉を交わすことはなかった。

たった一人での再出発だった。エミールの死は、医学部に入って二年目の試験の数週間前のことだった。毎朝エミールのお見舞いに行くようになってから、大学の授業には出席していなかった。失語症の彼の枕元に口のきけない私が腰掛けた。両親に「別れの言葉」を言えなかった私は、エミールには、きちんと別れの言葉を述べたかったのだ。大学に行かなくなり、教科書も開かなくなった私は、その年の終わりの試験で落第した。エミールの死後、私は自分が幸福であることに耐えられなかったのだと思う。

その数年後、私はエミールが入院したのと同じ神経外科でインターンとして働くことになった。担当する病床の割り当てを決める際、若い医学生は、彼の父親が神経外科の病室で亡くなったのを理由に、その病室に行くのを嫌がった。しかし私は、亡きエミールに少しでも触れることができると思い、神経外科の病室担当を承諾した。彼にとっては、神経外科を担当することによって自分の記憶がよみがえることのほうが、神経外科を担当することよりも重要な意味をもったのだ。若い医学生は、神経外科を担当すれば、自分の父の死を思い出すことになると恐れたのである。一方、私は、神経外科を担当すれば、最後の別れの言葉をエミールに伝えることができると考えたのだ。


数年前のことだ。九十歳を超えたドラと私は、ついにお互いの子ども時代について語り合った。彼女は、ポーランドの凍結した川、村のお祭り、雪解けのときの危険、仲のよいきょうだい同士での競い合い、退屈だったヘブライ語の授業、スターンおじさんからフランスは幸福の国だと聞いた話などを語ってくれた。戦前のベルヴィル〔パリ市内〕界隈は、路上が人々の出会いの場であり、社交の場だったそうだ。

私は、自分の子ども時代にとって、エミールはとても重要な存在だったとドラに話した。エミールはあまり家にいなかったが、私は、大人になったら彼のような人物になりたいと思っていた。私が医師になったのは、私の母親が私に医師になってほしいと願っていたと、ドラが言ったからであり、また、私はエミールのような科学者になりたいと思ったからだ。そして、エミールと語り合うために、ラグビーを始めた。そういえば、二、三回ほどラグビーについて語り合ったような気がする……。

私はドラに「戦時中、あなたとジャックの命を救ったエミールは、英雄だったね」となにげなく語ると、ドラは次のように答えた。「大勢のリヨン市民を死に追いやった容疑で、戦後、二人の捜査官が逮捕されたの。裁判所から証人として呼ばれたエミールは、二人の秘密警察の捜査官は二人のユダヤ人を助けたと証言して、彼らを助けたのよ。彼らは有罪にならずに済んだわ。エミールは《キリスト教徒の慈悲の精神に従ったまでだ》と言ってたわ」。ドラはさらに続けた。「『グランゴワール』[20]〔極右の週刊誌〕を熱心に読んでいたエミールの周りには、ユダヤ人排斥を唱える人たちがたくさんいたわ。彼が二人の捜査官に私を逮捕しないでくれと頼んだとき、彼はそのことを説明したのよ」。

その夜、私は自宅の階段に飾ってあるエミールの写真と目を合わせられなかった。だからといって、彼の写真を処分することもできない。この影を消し去るためには、とにかく理解するしかない

(20)『グランゴワール』は、一九三〇年代に創刊された週刊誌。ファシズムを支援するアクション・フランセーズ〔対独協力の支持母体〕を支持する役割を果たした。この新聞は、ユダヤ人は金儲けのために世界大戦を引き起こしたという陰謀論を支持した。

のだ。

喪失感とユートピア

私の逃走を助けてくれた看護師のデクーブ夫人は、ボルドー解放の直前に、県庁〔ジロンド県。県庁所在地はボルドー〕から呼び出しを受けたという。彼女の友人たちは、「行っちゃ駄目だ、逃げろ」と忠告したそうだ。逃げようとも考えたが、戦争の真っ只中に、家族や家から離れて暮らすなどできなかった。県庁に出頭すると、モーリス・パポン(21)〔フランスの大物政治家。当時、ジロンド県の事務局長を務め、強制収容所に送られると知りながら、ジロンド県に住むユダヤ人をドイツ当局に引き渡したとされる。「人道に対する罪」で有罪判決を受けた〕が、にこやかに出迎えたそうだ。事務所からさっそうと現われた彼は、若いデクーブ夫人と握手し、「あなたが行ったことは存じ上げています。とても尊い活動だと思います」と述べたというのだ。県庁の責任者であれば、デクーブ夫人の人道的な活動に敬意を払うのは当然だろう。しかし、彼は子ども数百名を含む、合計千六百名以上の人々(22)を逮捕させ、移送させた「ユダヤ人対策本部」の責任者だったのだ。

もちろん、風向きが変わったから彼は態度を豹変させたのだ。ドイツ崩壊を察知した多くの高級官僚たちは、転向の準備を始めた(23)。ガストン・クザンやジャック・スーステルなどの本物の大物レジスタンス活動家と接触できた男が、同時期に、罪のない多くの人々の逮捕状に署名できたのは、どうしてだろうか。無実の人々を死に追いやる職務を遂行した後で、自分の判断に栯突いた若い看護師を歓待できたのは、なぜだろうか。

あらゆる現実的認識からかけ離れた表象にとらわれると、ユートピア的な抽象概念が生まれる。善人ばかりが住む理想的な都市で暮らしたいと願うとき、高揚感や至福を感じる。そのような理想化は、夢想への避難とは異なる。夢想への逃避は、耐え難い現実から逃れることであり、苦しみを軽減してくれる。子ども時代、私は夢想の中に逃げ込んだ。私の友人である動物たちに温かく見守られ、光り輝く地下で孤立するために、私は自分を迫害する社会から逃げ出したのだ。(24)

それとは逆に、ユートピアの信奉者は、次のような想像を働かせる。「悪が駆逐され、純粋な正義が支配する都市で、全員が一緒に暮らせるなら、何てすばらしいだろう。われわれの人間関係は

(21) モーリス・パポン（一九一三〜二〇〇九年）。フランスの高級官僚。一九九八年に「人道に対する罪」で有罪判決を受けた。
(22) Bensoussan G., Dreyfus J.-M., Husson E., Kotek J., *Dictionnaire de la Shoah*, *op. cit.*, p.427.
(23) Boulanger G., *Maurice Papon, Un technocrate français dans la collaboration*, Paris, Seuil, 1994.
(24) Ionescu S., Jacquet M.-M., Lhote C. *Les Mécanismes de défense. Théorie et clinique*, *op. cit.*, p.247-256.

純化されるだろう。われわれは、お互いに似た存在になり、隠し事はなくなり、魂は一つになるだろう」。

ユートピアでは、心の奥底での発言は、連帯感を弱める行為だ。秘密をもつ人は、夢を壊す者であり、犯罪者でさえある。なぜなら、その人は違反した行為を隠すからだ。彼は、われわれとは異なる、われわれの破壊者なのだ。外国人、黒人、ユダヤ人、精神薄弱者、エイズ患者、さらには、自分たちは異なる存在だと考える奴らは殺してしまえ。なぜなら、われわれは、善、完全な社会、魂の平等、純粋さを尊ぶ一方で、われわれとは異なる奴らは、祈りやスローガンを唱えないだけでなく、ユートピアを穢し、破壊するからだ。

このようにして、全体主義の社会は機能するのだ。全体主義の社会では、芸術や心理学などの個人の野心的な試みは、理想的な都市を思い描く人に対する冒涜と見なされる。ユートピアな物語は幸福の処方箋であり、それらに異議を唱えるのは、熱にうかされたみだらな私小説や自叙伝だ。ユートピアでは、プライバシーは存在しない。なぜなら、われわれは道徳の名のもとに、自分たちと異なる冒涜者全員を、排除し、虐げ、再教育しなければならないからだ。

子どもたちのおしゃべりも、ユートピアと同じように断定的だ。微妙なニュアンスは、年齢を経て身につく。知識が少なければ少ないほど、確信は強まる。ユートピアでは、世界の表象はたった一つしかない。それは、われわれの至福、明るい未来、永久の幸福を計画する崇拝なるリーダーのもつ表象だ。宗教のカルト集団がそうした例だ。われわれが国家を崇拝し、よろこんで全能者に服従すれば、それと引き換えに、全能者はわれわれの責任を引き受けてくれる。したがって、われわれは罪悪感や不名誉な感覚を抱かなくてもすむ。全員が「正常」な似たもの同士で、同じ仮面をかぶり、唯一のスローガンを唱えると、心地よい帰属意識が生じる。すると、自分たちと異なる連中を、容赦なく破壊できる。邪悪なものであれば、罪悪感は覚えない。虫けらを踏みつぶしても、毒蛇を退治しても、罪にはならないではないか。

二、三人程度の人間関係なら、誰かが困っていれば、手を差し伸べないわけにはいかない[25]。しかし、匿名の関係、群衆や共同体の集まりの場合では、お荷物になる者を見捨てるのは当たり前だという雰囲気になる。ナチス時代の教科書には、次のような問題が掲げてあった。「生きる価値のない一人の精神薄弱者の介護にかかる費用は、若くて健全な三組の夫婦の居住費と同じであるとき、どのような判断を下すべきだろうか」。

憤慨した子どもたちは、不幸をもたらす、役立たずの精神薄弱者を見捨てる判断を下した。なぜなら、その精神薄弱者のせいで、幸福になるべき三組の夫婦の生活が妨げられるからだ。つまり、「国家が約束した幸福と社会的平等の解釈の方法が、憎悪や皆殺しを扇動した[26]」のである。だから

（25）Bègue, L., *Psychologie du bien et du mal*, Paris, Odile Jacob, 2011, p.47.
（26）Welzer H., *Les Exécuteurs. Des hommes nourmaux aux meurtriers de masse*, Paris, Gallimard, 2007, p.222.

こそ人道の名のもとに、人道に反するあらゆる罪を犯すことができたのだ。

迫害された子どもが、迫害を支持した大人たちに愛着を感じていたのには驚かされる。そうした大人たちの人格は、ある意味で二つに分裂していた。一方の人格は、目の前の子どもに愛情を感じ、彼らに愛情をもって接した。しかし、もう一方の人格は、身近にいる子どもとは何の関係もないユートピアな表象に服従していた。幼い子どもにとっては、大人のユートピアなど関係なく、子どもは日常生活を一緒に過ごす大人に愛情を感じた。大人たちのユートピアは、現実と整合性が取れなくなり、いずれはお互いの関係を破壊するのだが、実際に人間関係のある二人の間には、絆が生じていることが多かった。

犯罪にいたるユートピアは、態度、身振り、ユートピア信奉者の魂から漏れ出たスローガンによって、しばしば表現されてきた。ある農夫は、「ユダヤ人どもが、さらに儲けるために戦争を引き起こしたので、食べるものが何もなかった」と言った。彼は、自分がかくまったユダヤ人の小さな女の子を親切に世話した、心やさしい男だった(27)。そのユダヤ人の子どもは、ちょっとした兆候や思いもよらぬ文句に接しても、ユダヤ人排斥論者の親切なおじいさんに対する愛着心を失わなかった(28)。

両親は、愛情をもって子どもを包み込む。子どもが自分の世話をしてくれる大人の表象を思い描けるようになるまでには、かなりの年月がかかる。子どもは、誰よりも先に両親と触れ合い、次に両親の精神世界を知る。子どもは、そうした愛情を注ぐ男を「パパ」と呼ぶ。パパが「ポル・ポト」、「スターリン」、「ヒムラー」と呼ばれる人物であることを、子どもが知るのは、かなりの年月が経ってからだ。家庭では父親に「学校でしっかり勉強しなさい」と言われて育ったポル・ポトの娘メア・シートは、学校を閉鎖し、教師たちを強制収容所へ送ったのは、自分の父親であることを後に知った。アウシュヴィッツに勤務していたメンゲレ医師は、多くの子どもたち、とくに少女たちを拷問〔残酷な人体実験〕したが、家庭では「総督〔ヒトラー〕が望んだような」やさしい父親だった。

　相手と一体化することが幸福であるのなら、築いてきたそのようなイメージの破壊には、心の痛みがともなう。スターリンの姪キラ・アリルーエワは、八十七歳になっても自分の家族を破壊して牢獄に送ったおじさんを心から愛していた。スターリンを愛し続けた彼女は、「子どものころは、すばらしい時代だった。その後、すべてが急変した〔……〕。私の世界は甘美な夢から悪夢へと一変した〔……〕。一体外で何が起こったのか、われわれは見当もつかなかった[29]」と語った。

　アレッサンドラ・ムッソリーニは、ファシストの祖父ベニートを熱愛していた。ベニート・ムッソリーニは、私生活では明るい快活な男だったという。彼女によると、「彼が犯した唯一の過ちは、

(27) Palacz A., *Il fait jour à Jérusalem suivi de L'Exil des orphelins*, Jérusalem, Ivriout, 2004.
(28) *Le Viel Homme et l'Enfant*, film de Claude Berri, avec Michel Simon, 1966.
(29) Cyrulnik B.,《Mon père était un dictateur...》, *Le Figaro Magazine*, 17 juin 2006, p.35-40.

ドイツと組んで戦争に臨んだことだ」[30]という。子どもの彼女が、社会での父親が自分の知っている愛情あふれる父親とまったく異なると知ったのは、周囲の物語からだった。

子どもが父親の別の顔を知るときに、その子の感情的な反応により、親子の絆の強度が明らかになる。しっかりとした絆がなければ、親子関係は悪化してしまう。「私が父を好きになれない理由がようやくわかった」。カストロの娘は十二歳のときに、「家にいる意地の悪い男」が自分の父親であることを知り、彼女はその男に反抗し、彼の独裁体制に反対した。ニクラス・フランク〔ドイツの著名なジャーナリスト〕は幼いころに、自分の父親がワルシャワのゲットーに生き残った五万人を焼き殺したことを知った。そのとき彼は、母親が父親を憎んでいた理由が、ようやくわかったような気がした。子どもが周囲の人々の話を理解できるようになったとき、その子が耳にしたことを感情的にどのように受け止めるのかは、それまでに築かれた親子の絆の強度に左右される。

軍事政権下のアルゼンチン（一九七六年から一九八三年）では、多くの拷問者は、自分たちが殺害した者の子どもを養子として引き取った。彼らは、引き取った子どもたちに別の名前をつけ大切に育て、子どもたちと深い愛情で結ばれた。

ヴィクトリアが二十七歳のときに、「五月広場の祖母たち」〔アルゼンチンの軍事政権時代に誘拐された子どもたちを、本人および親族のDNA鑑定を利用して明らかにしようと提唱した団体〕は、彼女はグラシエラとラウルの生物学上の娘ではないと告訴した。彼女は、それまで自分はブエノスアイレスで生まれたと思っていたが、そうではなく、海軍の技術学校を改修した、軍の拷問施設で生まれたのだった。彼女の母親マリア・ヒルダ・ペレスは拷問の末に死んだ。そこで、拷問施設の職員が乳児だったヴィクトリアを引き取ったというのだ。ヴィクトリアは大きな精神的衝撃を受けた。「皆、私に嘘をついた。私は裏切られた」[31]。

自分が感じてきたよそよそしさの理由が、突然わかったと感じる子どももいた。たとえば、「両親は茶番を演じてきた。私を愛しているふりをしただけだ」という証言だ。両親との決別を望む子どももいた。「私は野蛮人を愛してきたが、彼らにはもう愛情を感じない」。しかし、最も一般的な反応は、新たに判明した科学的事実を否定する態度だ。「あなたが言っていることなど信じられない。彼らは私の本当の両親だ。両親は他の誰よりも私に愛情を注いでくれた。新たな事実だなんて言って、嘘は許せない」。

こうした事態は珍しくない。十五世紀のトルコの近衛兵は、歩兵隊で構成されていた。兵士たちは、(ブルガリア、ロシア、アルメニアから)誘拐されたキリスト教徒の子どもたちだった。彼らは、戦士になるためにイスラム教の環境で教育を受けた。彼らは育ての親を愛し、十九世紀までは、自分たちの生みの親の祖国との戦闘にも駆り出された。トルコの教育者に忠誠を尽くした彼らの中か

---

(30) *Ibid.*
(31) Mari Carmen Rejas-Martin, *Témoigner du trauma par l'écriture*, thèse de doctorat 3e cycle, université de Reims, 9 juin 2011, p.55.

らは、兵士、犬の調教師、さらには高級官僚になる者も現われた。

スペイン内戦時には、およそ二十五万人の赤ちゃんが共和派の親から奪い取られ、フランコを支持する家族に与えられた(32)。おもに裕福な家庭で育ったそれらの子どもたちは、育ての親を愛した。今日、彼らが共産主義者になったというようなことはないだろう。

信仰を共有する

信仰が現実とかけ離れているときでさえ、信仰は絆をつくるのに大きな役割を果たす。信仰を共有するのは、愛を宣言することであり、親しい気持ちをつくり出すことだ。同じ神や哲学を信仰すれば、われわれは集団として安心できる。宗教儀式や一般行事のために定期的に顔を合わせるのも、信仰を共有するためだ。イベントを企画して若者たちに出会いの場をつくり出せば、信仰を共有する者同士のカップルが誕生し、われわれの社会構築のために、男女の出会いを利用できる。食事会や音楽祭を企画すれば、われわれの祖先の物語が語られ、出産、洗礼、結婚、葬式、記念祭など、自分たちの生活の出来事に意味が付与される。

帰属する集団内における自己の表象には、その人の系図が書き込まれている。たとえば、「私は、パン屋の息子であるジャンの妻です。われわれはキリスト教徒です。われわれは伝統主義的な人間です」という具合だ。儀式は、集団の歴史を思い出させ、共同体のアイデンティティの構築に寄与する。不幸が訪れた際には、儀式は物心両面で人々を支えてくれる。信仰は大きな意味をもつのだ。すなわち、信仰は集団の結束を強め、人々に安心感を与え、彼らのアイデンティティをつくり出す。

信仰の内容自体はさまざまだ。トルコの近衛兵、スペインの盗まれた赤ちゃん、アルゼンチンの引き取られた赤ちゃんなどの例からは、環境が変われば信仰も変わることがわかる。「それまでと同じように物事が見えなくなる」のだ。したがって、ある人が別の環境で生活していたのなら、その人の信条に反したであろうことのために、命をかけて闘うこともありうるのだ。

私は、知的冒険、人間関係、スポーツに対するよろこびという、すばらしい信仰をエミールと分かち合えた。だが、彼が隠していた表象は、共有されなかった。彼は自身の表象を隠していたため、私は彼に影を感じたのである。それは、自己の出自、家族、過去を語らないエミールだった。私は、とっつきやすくて愉快な問題のほうに興味をもとうとした。私には現実を否認する才能があったのだ。

ジャックおじさんは、最も安心でき、最も美しく、最も活力を与えてくれる信仰を紹介してくれた。それは共産主義だ。共産主義というアイデアは、寛容で道徳的なすばらしい夢を与えてくれた

(32)《Les bébés volés sous Franco》, *La Libre Belgique*, 2 février 2011.

だけでなく、時代、出会い、生きざまをつくった。

ジャックおじさんは、私にとってレジスタンス活動の英雄だった。彼は私を共産党員の集会によく連れて行ってくれた。集会では、平等、自由、演劇、読書、野外スポーツなどを語る、希望に燃えた若者たちの演説に耳を傾けた。

当然ながら、私は魅了された。彼らのおかげで世の中が美しくなったのだ。「進歩主義者」を自称する彼らによって進歩がもたらされた一方で（彼らは進歩主義者なのだから、当たり前なのだが）、反動的な人々（共産主義の流布を妨害する人々）は、自分たちの所有物を保護して、市民の幸福を妨げた。彼らの所有権こそが諸悪の根源なのである。私は明快な世界観を必要としていたのだ。というのは、戦時中の記憶に深く刻み込まれたイメージが、私の世界観になっていたからだ。私の世界観では、社会は、自分の命を救った心やさしい人々と、私を殺そうとした意地の悪い人々との間で分断されていた。

青春時代の私は、共産主義という信仰に魅了された。その信仰のおかげで大きな安心感を得た私は、再起を図ることができた。

残念なことに私は、皆で唱える朗唱に服従しないことによろこびを感じる、疑う精神を若くして身につけたようだ。皆で唱える朗唱に従うよろこびを感じなくなったのである。自分自身で考えるからこそ、大きな満足感が得られるのだ。自分で考えるという努力によって、共有可能な神話を信じることで補強されるよろこびが奪われるのは、誠に残念なことだ。服従で得られる安心感がもたらす幸福か、あるいは孤独な個人の歩みというよろこびか、どちらか一方を選択しなければならないのは、実に居心地が悪い。

私は十一歳のとき、学校の先生が教えてくれたジョルジュ・デュアメル〔フランスの作家・詩人〕の本を、ドラの誕生日に贈った。[33]読書する習慣のないドラに本を贈るのは、奇妙なアイデアだった。本には幸福になるための貴重なヒントが詰まっていると考えた私は、その一部をドラにプレゼントしたかったのだ。

ドラは私の気持ちを察して、抱きついて感謝の意を表わし「本などプレゼントしてくれる必要などなかったのに」と言ってくれた。私はそのときの落胆した気持ちを今でも覚えている。戦時中、私は心の中に幽霊を隠さなければならなかった。自分でも何を意味するのかよくわからない、自分がユダヤ人であることを言わないのであれば、私は自ら進んで何でも話せた。その当時、私の社会は、救い主と人殺しに分断されていた。私は、自分が接する人によって付き合い方を変えなければならなかった。すなわち、親切な人には温かく接し、殺人者には警戒した冷たい態度で接したのだ。戦後、私は共産主義に傾倒したため、善を欲する進歩主義者と、悪を支持する反動的な者たちとの

（33）私はその本を自分の書棚から見つけた。Duhamel G., *Biographie de mes fantômes*, Paris, Paul Hartmann, 1948. この本は、デュアメルが医学部の学生だったときに書いた日記である。

対立という構図を追い求めた。本はもう贈らないでくれと私に頼んだドラは、「私とは今までどおりの関係で構わないのよ。インテリな関係なら私と関わりのないところでつくってね。もう私を困らせないで」と、思わず言ってしまったのだ。こうした生活環境が私の心を構築したのである。

夫と商売を始めたドラは、衣類などのファッションについて話すのが楽しそうだった。彼らは私に、生地を触って品質を確かめることや、ズボンの丈の測り方を教えてくれた。彼らと一緒に早起きし、商店の見張り番をして、展示品に目を配り、隣の商店の売り子と食事した。

それと同時に私は、『リュマニテ』、『アヴァンギャルド』、『ヴァイヤン』（いずれも共産主義系の新聞）などを熱心に読んだ。夜は毛布の中にランプを入れて、エミール・ゾラやジュール・ヴァレス（反体制的な政治活動に熱心だったフランスの作家）の小説を貪るように読んだ。それらの作品により、私の単純明快な世界観はさらに強まった。私とドラとの間には、知的隔たりが生じた。つい最近（それはドラが死ぬ数年前のことだが）、われわれはようやく何でも語り合える間柄になった。彼女は穏やかに告白した。「あなたの蔵書は、私たちを苦しめたのよ」。私は意図せずして、自分はエミールと同じ仕打ちをしていたことに気がついた。彼女は、ダンサーや商人の友だちと一緒にいるときは快活としていたが、科学者たちの集まりでは、押し黙っていたのを思い出した。

高校では、ラテン語の翻訳のために分厚い辞書『ガフィオ』を常に持ち歩かなければならなかったが、授業はおもしろかった。ジャックおじさんの関係から「フランス共和国青年同盟」(34)に加入し、エミールの影響からラグビーを始めた。だが、ドラにはそうした高校生活について話せなかった。

もちろん、ドラと私の間に愛情ははぐくまれたが、われわれの表象の一部は、完全に削ぎ落とされた。自分たちの人生の物語をお互いに語り合えなかったのである。お互い別々にくぐりぬけてきた戦争だけでなく、共通の出自についてさえも、語り合うことがなかった。ドラは、私に起こったことをなんとなく知っていたが、私は、ポーランドにおける彼女の子ども時代や、私の親類でもある彼女の家族について、何も知らなかった。私とドラとの間には、まったくもって奇妙なコミュニケーションの形式ができあがっていた。私とドラの関係は、愛情に満ちたものだったが、お互いの心の奥底に住む幽霊のつぶやきに邪魔された。パリに住む親類に会う機会はたまにあったが、ドラは、「煙滅」した親類のことを思い出すたびに、いまだに心が痛むと言っていた。両親については、心の中の無声の世界に二、三のイメージが残っていたが、私は彼らのことにはまったく触れなかった。そしてドラを傷つけないために、マルゴのことは一切話題にしないようにした。

年寄りじみた子どものおしゃべり

戦時中、私は秘密をもつことによって生き延びた。しかし、平和時では隠し事をすると、人間関

(34) UJRF : Union de la jeunesse républicaine de France（青年共産党員の養成組織）

係が悪くなった。われわれは、ときどき遠い親戚のおばさんに会った。私の親類関係はすっかり破壊されていて、そのおばさんと私がどのような間柄にあるのかは、知らなかった。彼女は私をちらっと見て、遠ざかりながら「シャイナ・ヤンク[35]」と言った。ある日彼女は、私の姿を見ると戦争で失った自分の家族を思い出すと漏らした。彼女には私と同じ年頃の息子がいたのだ。

　私は年寄りじみた子どもだった。十一歳のころ、私はドラに資本主義よりもマルクス主義のほうがすばらしいと説明しようとするたびに、彼女はあきれ顔でどこかに行ってしまった。

　ドラは感情を表わすほうが得意だった。「あなたが生きていると知って、私は一刻も早く会いたくなったの。あなたのお母さんが大好きだったのよ」。私の母親を好きだったのはうれしかったが、彼女の感情的な発言によると、ドラは連絡があるまで私は死んだと思っていたのだ。

　彼女は、自分のきょうだいの子どもを引き取って、幸福な暮らしを送ろうと願っていたのだが、私は理屈をこね回す年寄りのような子どもだったのだ。子どもらしく跳ねまわったりするかわりに、マルクス主義を論じていたのである。私がゆっくりと自己を再構築するための感情的に安定した環境を得られたのは、ドラのおかげだった。しかし、彼女にとって私は重荷だったに違いない。彼女は、私にそうした環境を与えてくれたものの、私は、ドラが望んだものを与えることができなかったのである。

　早熟は、子どもの成長にとって決してよい兆候ではない。それはむしろ深刻な異常を示す証拠だ。

周囲の大人たちが、「その子どもは、精神的に早熟である」と軽々しく判断するのは間違っている。子どもが成熟したと感じられるのは、彼らが経験を積んだからではなく、子どもらしい元気がなくなったからだ。トラウマになるつらい目に遭った子どもは、おとなしくなる。大人たちは彼らを「成熟した」と称賛するが、これは勘違いだ。打ちひしがれた子どもは遊ばなくなり、自分の意気消沈を言葉で表現しようとする。

私は、コンゴ民主共和国の少年兵士たちに、同じような現象を確認したことがある。礼儀正しく、驚くほど親切な彼らは、数時間も起立した状態で、われわれと社会や神について議論した。もちろん、彼らの戦争については議論しなかった。戦争の話は、生々しい心の傷や、最近の犯罪を思い起こさせるからだ。十歳から十二歳なのに、もうすっかり年寄りじみていた。彼らの頬は瘦け、目つきは鋭かった。少年たちは、教会でしか気が休まらないのはなぜだろう、と自問していた。少年たちは、司祭か、非政府組織（NGO）が所有するかっこいい車の運転手になりたいと語っていた。一人だけ頬がふっくらとして目つきのやさしい子どもがいた。彼はサッカー選手になりたいと言っていた。彼以外の子どもたちは、われわれが成熟と勘違いしやすい、異常な早熟に打ちひしがれていた。

「異常に早熟した子どもたちは、《政治学者》や《哲学者》のように、社会的に重要なことについ

(35) イディッシュ語で「美しい子ども」という意味。

て自己の見解を示す人物になる」[36]。深刻な病気、家族の不幸、社会的な災難などによって心が傷ついた子どもは、早熟することが多い。その際に、子どもには珍しい知的能力が刺激される場合がある。そのような知的成果は、打ちひしがれた状態にあった証拠だ。「驚いたことに、まっすぐに歩けない子どもがいる。（……）彼らの真剣な面持ちの仮面の下には、引きつった表情が隠されている」[37]。

社会的な不幸によって子どもの心が引き裂かれると、その子どもの生きるよろこびは失われる。そうした子どもは、自分の年齢に似合わない知的作業に逃げ込む場合がある。戦争や大災害などの際には、多くの子どもは、このような反応を示す。自分の身の周りにあるすべてが崩壊してしまうため、彼らは生きるよろこびを奪われるが、心の臨終の苦しみに埋没する前に生きるよろこびを与えてくれる最後の場所に避難する。それが知的作業の場なのだ。スペインの内戦後や第二次世界大戦後、保護されなかった子どもたちの中には、このような異常な成熟さを発揮した者たちがいた[38]。知的探求を楽しむのではなく、彼らは自分自身が完全に死んでしまう前に、世界を解き明かすことを強いられるのだ。

心が麻痺したそのような状態では、へこたれない精神を発揮しなければならない。そのためには、心の炎を再び燃え上がらせる二つの熾火《おきび》があり、それらに息を吹きかける必要がある。それは、理解することと夢見ることである。

生きるのがつらく、恐るべき状況にあるとき、心が完全に沈みきっていなければ、知的世界を探求することによって、悲しみと闘うのに役立つ抽象的な世界をつくり上げることができる。まだ手遅れではないのだ。理解しようとする限り、よろこびを感じられる。しかし、子どもは拙速に一般化してしまう。微妙なニュアンスを咀嚼《そしゃく》するための経験が乏しいからだ。

子どもを孤立させ続けるトラウマは、子どもの心を衰弱させる。そして愛情は消え失せる。混乱した出来事、安定した愛情の欠如、引き裂かれる思いの連続などは、感受性を麻痺させる。それはこれ以上に苦しまないようにするためだ(39)。理解するよろこびが残されているのなら、生きる情熱を取り戻すために、そのへこたれない精神の熾火に、息を吹きかけてやればよいのだ。

もう一つの熾火は大いに夢見ることだ。自分の歩む道が見つからない、がっかりするような現実では、過度の白昼夢に逃げ込むことがある。現実が苦いのであれば、甘い夢を見ればよいのだ。

私はこれまで、夢見ることによる快楽は、現実を直視する妨げになると考えてきた。だが今では、

---

(36) Grappe M.,《Les enfatns et la guerre, un regard clinique》, *in*《Enfances en guerre》, *Vingtième siècle. Revue d'histoire*, janvier-mars 2006, n°89, p.93-98.
(37) Grappe M.,《Les enfants et la guerre, un regard clinique》, art. cit.
(38) Duroux R., Milkovitch-Rioux C., *J'ai dessiné la guerre. Le regarde de Françoise et Alfred Brauner*, *op. cit.*
(39) O'Connor T. G., Rutter M., the English and Romanian adoptees Study Team,《Attachment disorder behavior following early severe deprivation:Extension and longitudinal follow-up》, *Journal of the American Academy of Child and Adolescent Psychiatry*, 2000, 39, 6, p.703-712.

夢への逃避は自己を見つめる作業の代用になると思うようになった。幸福の見本が提示されない環境において、その耐え難い世界を修正し、実現すべき理想の状況を描き出す物語を生み出すのは夢なのだ。書籍、映画、美しい物語などは、幸福の見本を提供しながら「夢の指導者」[40]になってくれる。

戦時中、私は無感動な状態だったので、トラウマにならずにすんだ。天涯孤独だった私は、死など怖くなかった。大人たちは、私のことを勇気ある精神力の強い子どもだと評したが、私は心の奥底で、自分が死んでも誰も悲しまないだろうし、私が「煙滅」しても、世の中には何の変化もないだろうと悟っていた。死は、自分にとってそれほど重要ではなかったのだ。私は人生を知るための時間として、十歳まで生きたいと適当に思いつき、神様にお祈りしていたまでだ。

私は自分の夢を物語にし、他人が登場して活躍する戦争物語をたくさん語ってきた。自分が登場する戦争物語は信じてもらえなかったので、決して語らなかった。こうして私は、奇想天外で誇張された小説めいた物語をつくったのである。それらの物語に触れた大人たちは、驚愕し、笑い、「でも、この子は一体、どうやってそんなことを思いついたのだろう」と疑問に思った。自分の不幸を愉快な物語や誇張された偉業に変えながら、私は人間関係を築き、社会に同化した。しかし、証言を試みると、自分はたった一人の排除された存在、それも社会から見下げられた存在であるのを思い知ったのである。

昼間は空想話をつくり、夜はそれらを夢見て、私はとても幸せな気分になった。奇想天外の物語はつらい出来事を隠し、ちょっとした慰めになった。想像をめぐらすひとときがあったからこそ、私は悲しいことばかりの現実に耐えられたのだ。

プロレタリア文化

自分の物語をつくった私は、ジャック＝ドクール校〔パリ市内〕に入学した。この高校は、議論好きが集まるバルベス通りと、売春婦たちがたむろするピガール広場の中間に位置した。ほとんどの生徒は、ポルト・ドゥ・クリニャンクールから都市化されていなかったサン＝トゥアンにかけてのパリ北部の「小さな教会と鉄道の線路が走る暗闇の地区[41]」から通っていた。解放軍の空襲によって荒廃したこの地区は、実に不思議な場所だった。エリゼ・モンマルトル劇場からすぐ近くにあるメドラノ・サーカスでは、ボクシングの試合を観戦した。ピガール広場の前を通ると、「性欲という甘いお菓子の格好をした女性たち」〔著者の独特の表現〕がわれわれをからかった。キャバレーが

(40) Bachelard G., *La Poétique et la Rêverie*, Paris, PUF, 1960.
(41) Modiano P., préface à Matot B., *La Guerre des cancres*, *op. cit.*

あり、街角にはスタジオ・アルクールが撮ったアクロバット・ダンサーの芸術写真が貼ってあった。カフェ・ドゥ・ラ・ポストというカフェは、授業をサボったり、授業が中止になったりしたときの溜まり場だった。われわれは磁気を帯びたように、エドガー・キネ校やジュール・フェリー校の女子高生に吸い寄せられた。その当時、高校は男女共学ではなかったのだ。勇気を出して女の子に話しかける前に、せめて彼女らの一人が自分たちの縄張りであるサクレ＝クール寺院の庭でおしゃべりするのを承諾してくれないものかと期待しながら、洗顔し髪をとかした。

この高校に入学し、私は幸福だった。恵まれた環境にあって、仲間ができ、すばらしい先生に教えてもらった。自分でも精神的にたくましくなったと感じた。

ところで、逆説は「矛盾」を意味するのではない。私は、逆説的で撞着語法的〔矛盾していると考えられる複数の表現を含む表現。たとえば「やさしい悪魔」など〕な存在だった。対立しながらもつながりが強まる、相反する結合体だった。私は、自分のことをちっぽけで天涯孤独の異常な出自の人物だと思っていたので、知的作業と夢想の中に逃げ込んだのである。私はか弱く迫害される存在だったが、生き延びたという、ただそれだけの事実によって、自分は死よりも強い人間なのだと信じるようになったのだ。

戦時中、そしてとくに戦争直後、私の心は麻痺していたので、自分にも普通の生活が戻ってきたと感じられただけで、普通の生活を始められるという強烈なよろこびを感じた。そして、どんな心の傷にだって耐えられる自信が湧いてきた。子ども時代に、私は病的な勇気を培った。自分の願いを実現するには、夢見て、決断して、努力すればよいだけだと考えた。それ以外のことは、ありふれた苦痛にすぎないと思ったのだ。

集団を形成する目的がはっきりしないと、その集団の結束力は強まらない[42]。高校に入学したころ、相反するさまざまな価値観に接した私はたくましくなった。エミールは、人間的やさしさと科学に対する情熱によって私をたくましくしてくれた。ドラは、存在感と愛情によって私をたくましくしてくれた。ジャックおじさんは、寛容な共産主義によって私をたくましくしてくれた。大半の生徒が貧乏人の子どもだった高校では、高い文化と立派な先生たちが私をたくましくしてくれた。

ピガール広場とバルベス通りの中間地域には、多くの売春婦、粋な格好をしたヒモ、けばけばしいナイトクラブがあり、ロシュシュアール通りに面する高校の正面には、トリアノン劇場があった。お祭りの日には、ロシュシュアール通りに屋台や見世物小屋が並び、「次に挑戦したい奴はいるか」と拡声器で叫ぶ大道芸人の声が聞こえてきた。群衆の中には、いつも誰か手を挙げる者がいた。挑戦者は、ボクシングのグローブを受け取り、大道芸人と殴り合った。ほとんどの場合、挑戦者はさんざん殴られ、鼻血を出し、わずかなファイトマネーをもらい、殴り合いの思い出をつくってその

(42) TousignantM.《La culuture comme source de résilience》, *in* B. Cyrulnik, G. Jorland, *Résilience. Connaissances de base*, op. cit., p.137-151.

場を立ち去った。

高校の近くの繁華街には、少なくとも二十軒以上の映画館があり、鉄道員の栄光をたたえる『鉄路の闘い』、『天井桟敷の人々』、オーソン・ウェルズが社会的成功を収めたアメリカ映画などを観た。アボットとコステロ〔一九四〇年代に人気があったアメリカのお笑いコンビ〕にはいつもがっかりさせられたが、チャールズ・チャップリンとローレル＆ハーディは痛快だった。われわれはよく彼らの物真似をした。ピガール広場周辺に住んでいたフランソワ・トリュフォー〔フランスの有名な映画監督〕は、高校まで歩いて通っていた。映画館は彼にとって大学のような役割を果たしたのだろう。

その地区には、ブロンシュ通りのフォンテーヌ劇場など、劇場もたくさんあった。とくにモンマルトルの丘を登ったところにあるアトリエ座の近くを歩けば、ジャン＝ルイ・バロー〔フランスの俳優〕の姿が見られるのではないかと、友人たちと噂し合った。

当時、人々はよく踊った。ムーラン・ルージュは、ムーラン・ド・ラ・ギャレットや、テルトル広場にあるラ・クレマイエールと競い合っていた。十四歳のときから、毎週日曜日は踊りに行った。われわれは、仲間たちのなかで一番度胸のあるジェラード・ゴヴァンがダンス教室に通うために金を出し合った。その教室で学んだことを、今度は彼がわれわれにただで教えてくれた。ジルベール・オズンの小さな台所がダンスホールになり、そこで激しいタンゴを踊り、家具が壊れてしまったのは懐かしい思い出だ。

われわれは、モンマルトルのレピック通りにある洗濯船〔ピカソやモディリアーニらが住んだ安アパート〕の前を通り、ピカソに思いを馳せながら、その界隈をぶらついた。「ラパン・アジル」〔シャンソンの店〕からサン＝ヴァンサン通りを下りながら、詩について語り合った。オルドゥネ通りでポール・エリュアール〔フランスの詩人〕について論じた。マティルド・カサドシュ〔フランスの女優〕の娘のマティーヌが、ときどき招待してくれたので、アンヴェール広場の近くにある彼女の家に集まった。

われわれは貧しい家庭の高校生だったので、このように芸術に触れられたのは、自分たちの人生にとって、とても貴重な体験だった。

戦後、われわれは政治に強い関心をもつようになった。哲学についても、自分たちの能力以上の議論を積極的に交わした。いや、哲学を論じる能力はあったのだ。高校生のとき、ブルーメンソールは科学の進歩によってもたらされるのは便益だけではない、と私に論じた。今、彼に会う機会があれば、彼がそのことについてどのように思っているのかを尋ねてみたい。ベランジェは、美とおもしろさを常に追求していた。そして彼は歌手になった。

私は、戦後に「子ども救済協会（ＯＳＥ）」の子どもたちがやりとりした手紙を、最近になって読んだ。「ユダヤ人虐殺というようなことが再びあってはならない。そのためにわれわれは、自分たちに開かれる世界において、強く勇敢であるべきだ……。われわれは、人類の平等、自由な精神、階級社会の解体など、世界の人々の夢を実現しなければならない(43)」と当時十三歳のシャルル・リユーは語っていた。

エドガール・モラン〔元レジスタンスの闘士で哲学者〕も、私と同じジャック＝ドクール校の出身だ。もっとも、彼が通っていたのは戦前で、そのころは、ロラン校と呼ばれていた。モランは、次のように記している。「一九三四年二月のことだ。われわれの五年生のクラスは、突然、政治色を帯びた。われわれは十三歳だった。（……）ボタンホールに鎌とハンマーの共産党バッジをつける者がいた……。（一方）王制主義者たちは、ユリの花のバッジをつけていた」(44)。

教師と運命

教師たちも、そうした熱狂状態に加わった。われわれは教師たちの個別の政治的志向を把握していた。私は最近になって、当時の多くの生徒がジャン・バビーに影響されたと知って驚いた。歴史の教師だった彼は、共産党中央委員会のメンバーでもあった。彼は生徒たちになぜそれほど人気があったのだろうか。容姿端麗で颯爽としていた彼は、威厳あるやさしさで生徒たちに接していたからだろうか。おそらく彼がしゃべるだけで、生徒たちは親しみを感じたのだと思う。授業中、われわれ生徒たちは、穏やかにしゃべる彼の話に安心して聞き入った。ときどき授業を中断して、生徒一人一人に授業を理解できるかと聞いたり、復習の時間はあるのかと尋ねたりした。彼が自分の散らかった机の上に生徒たちから集めた答案を少し整えて置いていた姿を今でも思い出す。

バビー先生が私との個人的な会話に応じてくれたので、舞い上がった気分になったのを覚えている（それはまさに「応じてくれた」のである）。彼は言った。「君には歴史を学ぶ素養がある。パリ政治学院〔社会科学系のエリート校〕に進学してみないか。君ならきっとおもしろいと思うはずだ」。私はパリ政治学院のことを知らなかった。周りに聞くと、その学校を卒業すれば、駅長やブラジャーの製造責任者になれると教えてくれた。歴史とバビー先生は好きだったが、それは私の将来の夢と一致しなかった。

カミュは、「よい教師とは、われわれの運命を示してくれた人だ」[45]と述べている。ノーベル文学賞を受賞した後、カミュは恩師のジェルマン先生に手紙を書いた。「私は母のことを思いました。しかし、母は私の作品を理解できないでしょう。ご存知のように、私は父の顔を知りません。だからこそ私は、あなたのことを考えたのです」。

私にとってのジェルマン先生は、ムーセル先生だった。私は、ムーセル先生の授業がすぐに大好きになった。彼が授業でラテン語と文学を語ると、教室全体が幸福感に包まれた。私とムーセル先

（43）Lendemains, OSE, *Lettres d'enfants publiées de juin 1946 à avril 1948*, Paris, 2000, tome I, p.31.
（44）Morin E., *Mes démons*, Paris, Stock, 1994.
（45）Rufo M., cité *in* N. Mascret, *N'oublions pas les bons profs*, Paris, Anne Carrière, 2012, p.81.

生の付き合いは奇妙なことから始まった。最初の作文のテーマは男女の関係についてだった。われわれは十六歳か十七歳だったので、異性に興味を抱く年頃だった。ムーセル先生は言った。「君たちが結婚するだろう女性は、すでにこの世に生まれているのをご存知かね。君たちの将来の結婚相手は、すでにどこかにいる。そして君たちは一緒に暮らす。そのように考えたことがあるかい」。私は、そんなふうに考えもしなかった。私にとって女の子は、美しく、近くにいると心がときめくすばらしい存在だった（女性のそれ以外の面は、後ほどゆっくり知ることになった）。そこで当時の私は、ルーブル美術館で鑑賞した絵画を題材にして作文を書いた（それはマネの『オリンピア』〔裸体の女性がベッドに横たわっているマネの代表作〕に感化されたものだったのだろうか）。作文では、骨格のしっかりした女性たち、たくましい洗濯女たち、革命の現場で犠牲になった兵士たちなどの肖像画を比較検討しながら、男女の問題を無味乾燥にして考えさせないようにする紋切型の見方を批判したのである。

私の作文を複写したムーセル先生は言った。「君の作文に点数はつけない。次の作文のできがよければ、それに二十点満点の十八点をつけよう。だがもし、次の作文のできがまずければ、両方とも零点だ。私はその作文を君一人の力で書いたとは思えないからだ」。そのとき私は、先生にその作文を高く評価してもらったという誇らしい気持ちに、自分が書いたことを証明しなければという不安が入り混じったのを覚えている。ムーセル先生は、私の次の作文を読み、納得してくれた。

私は、ムーセル先生が文学談義や古代ローマの日常生活をラテン語で語るのを聞くのが好きだった。ムーセル先生の心やさしく、そして物悲しいノスタルジーあふれる話を聞くのが楽しみだった。私を全国学力コンクール〔全高校から選抜された生徒が参加する〕に送り出してくれたムーセル先生は、私の人生にかけがえのない贈り物をしてくれた。私の価値を認めてくれ、自分の夢を叶えようとする私を応援してくれたのだ。

バカロレア〔大学入試資格試験〕の年は、私はパリで一人暮らしだった。毎晩、私は友人たちを部屋に招待した。彼らが持って来てくれるビスケットやワインが、私の夕食になったからだ。朝は、オルドゥネ通りにあるワイン屋の開店を待ち、空ビンの返却代金をもらい、そのお金でパンを一切れ買った。それをブイヨンの素に熱湯を注いだ即席スープに浸して食べた。昼間はそれだけで過ごしていた。

全国学力コンクールの朝、サン＝ミッシェル通りはひんやりとして静かだった。前の晩はよく眠れず、朝から疲れていたのを覚えている。予定よりも早く着いた私は、サン＝ミッシェル通りとサン＝ジェルマン大通りの角にあるカフェに入り、しばらくそこで待っていた。すると次第に元気になってきた。

ソルボンヌ校の正門を入ってすぐの部屋に集合した参加者たちは、試験官に名前を呼ばれた順に階段を登り、試験会場へと向かった。会場はとても立派な部屋で、天井には木の彫刻が施され、壁には荘重な絵画がいくつもかかっていた。

試験は六時間かかった。入賞は逃したが、参加した意義は大きかった。

その翌日、ムーセル先生は、「《バルザックとドストエフスキーを比較せよ》という出題は、君向きのテーマだったね」と言った。私はムーセル先生を尊敬していたが、彼は私のことを、「ドストエフスキーのロシアの血が流れる人間が、バルザックのフランスに住んでいる」と思っていたのだ。私は、自分をフランス人以外の何者でもないと考えていたが、他者は私を完全なフランス人だとは思っていなかったのだ。フランス対ソビエトのサッカーの試合の前に、級友たちが「君は、フランスとソビエトのどっちを応援するの」と私に質問した意味がようやくわかった。ソビエトのことも、自分がロシア系であることも知らなかったが、私は、他者が自分をどう思っているのかはわかった。私はそれを受け止めなければならなかったのだ。

コンクールで優勝したのは十六歳の少女だった。新聞『フィガロ』に、一面を使って彼女の小論文が掲載された。アンヴェール広場の近くに佇みながら、彼女の小論文を何回か読んだ。それは論旨明快で、シンプルかつ独創的であり、すばらしい小論文だった。私は魅了された。優勝した女の子は自分の小論文について、二行目以降は彼女がつくった物語の主人が語ったのだと説明した。彼女によると、その小論文は、主人公を追いかけ、主人公が行ったことを批評しただけだという。六十年後の現在、もう一度その小論文を読んでみたい気がする。本当に彼女が書いたのだろうか。彼女にそのアイデアを授けたのは、私だったのではないだろうかとまで思った。もちろん、そんなことがあるはずがない。とにかく、彼女の小論文は優勝するに値する、すばらしい内容だった。

その数週間後、私の担任だったムーセル先生は、バカロレアの受験料を生徒たちから集めた。当時の受験料は千フランだったと思う。大した額ではなかったが、私には持ち合わせがなかった。ムーセル先生はポケットから小銭を出し、それを自分の帽子に入れ、その帽子を教室で回した。級友たちもカンパしてくれた。

お金がなくて困ったのは、そのときの思い出くらいしかない。自分を貧乏だと思ったことはなかった。そうはいっても、マックスが彼の父親の下着を私にくれたとき、級友たちが私のバカロレアの受験料をカンパしてくれたとき、それから少し後に、ロシュシュアール通りのアパートで、医学部の学生だった私は夜に勉強する際に、電気代が支払えずに電気がなく、窓際に行って月明かりで勉強しなければならなかったとき、私は貧乏だったに違いない。だが、心の中では貧乏ではなかった。私には、多くの夢と、ドラとアドルフの支援があった。あまりにもつらいときは、パリ郊外のサノワにある彼らの家に避難した。彼らは何も言わず、何も尋ねず、温かく私を迎えてくれた。

一九四八年にこの高校に入学したとき、私は在学生に起こった惨事を知らなかった。私は、ついに普通の暮らしが送れるようになり、十一歳の仲間たちと出会い、彼らと同じ先生について、同じ遊びをして、同じ授業を受けられるようになったと思っていた［一九七五年以前では、十一歳から十八歳までが高校生だった］。私は、この高校の年長の若者たちが戦争に駆り出されたのを知らなかったのである。それらの貧しい子どもたちの両親は、中央ヨーロッパのユダヤ人、アルメニア人、スペインからの難民など、移民がほとんどだった。そのことは話題にならなかったし、われわれはフランス人でしかなかった。最終学年のほとんどの男子生徒は、階級闘争に参加した。最初は言論闘争だったが、次第に武力闘争になった。

戦争が終わった時点では、生徒の三分の一が「煙滅」した。ユダヤ人は、強制収容所に入れられるか、レジスタンス活動中に銃殺された。キリスト教学生青年会[46]で活動した多くのキリスト教徒たちも、強制収容所で命を落とすか、銃殺刑に処された。積極的な若者は、共産系の義勇遊撃隊（FTP）〔フランスのレジスタンス〕か武装親衛隊〔ナチスの武装部隊〕のどちらに入るかで迷っていた。そのような選択は今日では驚きだが、当時では珍しくなかった。たとえば、共産党の幹部だったジャック・ドリオは、フィリップ・ペタンとナチス信奉者と組んで、対独協力のフランス人民党（PPF）を設立した。戦争が激しくなると、彼は多くのフランス人の若者を引き連れてドイツ軍に加担した。

熱しやすい年ごろの高校生は、死をも厭わなかった。だが、世間知らずのため、誤った目的のために命を落とす者たちもいた[47]。ジャック＝ドクール校の何人かの上級生は、ナチスの武装親衛隊に参加した。彼らのほとんどは死んだ。レジスタンス活動が盛んだったリヨンで死んだか、東部の最前線に送られて寒さにやられたか、赤軍に殺された。戦後、学校が再開すると、教室の三分の一が空席になっていた[48]。

当時の文化的な雰囲気では、命がけで戦うことには大きな意味があった。怖いと告白するくらいなら、死んだほうがましだった。人間以下の存在でないのを証明する必要があった子どもたちにとって、そうした自暴自虐的な勇気は、自己を再構築する役割を果たした。労働者として自分の肉体を資産家に切り売りする父親と、掃除婦として生計を立てる母親をもつ子どもは、自分にも勇気があることを示さなければならなかったのだ。パリ郊外に住む庶民は、毎日の通勤に四時間かかっても、決して不平を漏らさなかった。そのようなことは話題にもならなかった。他人に助けてもらうのは自分の弱さをさらけ出すことだと考えていたのではないだろうか。だからこそ、貧しくても自尊心をもって、ひそかに闘ったのではないだろうか。

異常な子ども時代を過ごした私は、青春時代も異常だったことに気づかなかった。異常は病的を意味するのではない。ヒトの血糖値は、およそ一リットル当たり〇・九グラムから一・一〇グラムだ。血糖値が〇・七〇だと、われわれのほとんどは低血糖症を引き起こす。ところが、血糖値が〇・二〇であっても、平然と生活している者もいる。彼らは、統計学的には異常だが、完全に正常なのだ。私はそのようなタイプの人間だったのだろう。つまり、私は異常な歴史をもつ人物だったが、不健全な人間だという自覚はなかったのだ。それどころか、私はそこから自力で抜け出したという、ある種の誇りを感じていた（もちろん、口に出すことはなかったが）。だが、それは正しくな

（46）Jeunesses étudiantes chrétiennes.

（47）Thème du film *Lacombe Lucien* de Louis Malle. Ce film, vivement critiqué, expose pourtant une situation qui a existé.

（48）Matot B., *La Guerre des cancres*, *op. cit.*

かった。自分の子ども時代が原因で生じた、解決すべき問題が山ほど残されていたのである。しかし、死が日常であったため、私には病的とも言える勇気があった。私は死をかいくぐってきたのだ。すなわち、死という洗礼を受けたのである。死を語ることのできない普通の人々は死を恐れる。彼らは死の現場から戻ってきた私のような幽霊を恐れたのである。

第五章

凍りついた言葉

医学部に入学した当初は、オリオール家の人々が支援してくれた。私の妻になったフローンスは、われわれ医学生をオリオール家の団欒に招待してくれたジャン＝クロードの友人だった。オリオール家の人々は、皆が青い瞳をしていた。彼らは陽気な性格で、洗練された知的会話を楽しみながら、美しい家具に囲まれて暮らしていた。オリオール家では、すべてが美しかった。われわれはセーヌ川沿いのジェヴル通りにあるオリオール家によく集まって、勉強したり、冗談を言い合ったり、政治談義を楽しんだりした。電話の呼び鈴を真似ていた鳥かごの中の九官鳥は、(1)今度はジャクリーヌ・オリオールが彼女の息子を呼ぶ「ジャン＝ポール、電話よ」という声を真似るようになった。その声に騙された息子のジャン＝ポールが慌ててやって来ると、無表情の九官鳥を除き、その場にいた全員が大笑いしたものだ。

(1) マレーシアから来た全身が黒くクチバシがオレンジ色のスズメ目の鳥。九官鳥は、「ラ・マルセイエーズ」を歌うこともでき、人間の声と驚くほどそっくりの声真似ができる。

過去の経験が、現在のあり方を左右する

年に一度、ヴァンサン・オリオールは、トゥールーズ近くのルヴェルという彼が生まれた村から送られてくるカスレ〔この地方のいんげん豆と肉の煮込み料理〕を、われわれに振る舞ってくれた。

地下鉄バルベス・ロシュシュアール駅に近いロシュシュアール通りの私の小さな部屋までは、歩いて帰った〔およそ三キロメートル強の距離〕。冬は部屋の壁が凍りつくので、ズボンの片方の裾を首に巻き、もう片方を頭に巻いて寝た。四時に目覚ましが鳴り、アルジャントゥイユの市場で、アドルフと落ち合った。私は、自分に大きな刺激を与えてくれる、こうしたメリハリのある生活が好きだった。退屈する暇などなかった。しかし、自分がこうした生活を送っていることは、誰にもしゃべらなかった。オリオール家の人々なら、私の子ども時代に興味をもってくれたかもしれない。戦争、ナチズム、迫害されたこと、孤児院にいたこと、貧窮した生活などを語ることもできたはずが、それらを語れば、彼らの夕べのひとときは、ぶち壊しになっただろう。オリオール家の人々は、ドラとアドルフにも興味をもったに違いない。彼らは、慎重にいくつかの質問を投げかけた後に、私が別の世界の人間だと知って、私に失望したはずだ。そのように思ったので、私は自分の暮らしぶりを彼らに告げようとはしなかった。市場では商人として振る舞う私は、オリオール家ではインテリを装い、ワインの出来栄えを論じ、電話の呼び鈴を真似する九官鳥の鳴き声に腹を抱えて笑っ

ていたのである。
私は二重の暮らしをする人物だった。医学部での最初の厳しい数年間を乗り越え、ついに医師になった。専門は念願の神経精神医学。この成功は、私の神経症的な自己分裂の副産物だった。もしバランスの取れた精神状態だったのなら、あのような悪条件で勉強などできなかっただろう。恵まれない環境に耐えながら勉強しすぎて、健康を害するのではないかと心配などしなかった。過去の経験から、苦しみを乗り越えれば自由になれることが、私にはわかっていたのだ。「苦しむことが自分の生活の一部になり、それが他者の支配から逃れる方法になった」[2]のだ。将来の夢があれば、現状のとらえ方も一変する。つまり、夢があれば苦しみなど気にならなくなるのだ。

若いころに強制収容所から生還した人々が戦後五十年を、どのように暮らしたかについて多くの研究調査が実施された。[3]ヨーロッパ全体では、戦後の時点で生き延びたユダヤ人の子どもの人口は、およそ二十万人だったと推定されている（一九三〇年代末には、およそ二百万人だった）。彼らのほ

（2）Jeammet P.,《Souffrir pour exister: conduites pathologiques à l'adolescence》, *Abstract Psychiatre*, avril 2005, n°6.
（3）Weill M.,《Camps de la mort: 50 ans après》, *Abstract Neurologie et Psychiatrie*, n°120, septembre-octobre 1994.

とんどは、想像を絶する子ども時代を過ごした。心理的、肉体的な虐待など、トラウマになる出来事を次々と経験したのである。

彼らの中には、戦時中に幸せを感じていた者もいた。平和が訪れた戦後よりも、戦時中のほうが幸せだったと回答した者さえいた。セルジュ・エルランジェは、次のような手紙を書いた。「親愛なるロメーヌとユジーンへ。ご存知のように、私は両親ときょうだいと生き別れ、ナチスから逃れるために孤児院にいました。その私を引き取り、この四年間、面倒をみていただいたあなたがたに、感謝の言葉もありません。あなたがたのおかげで、生きながらえることができました。私の人生において、あなたがたと一緒に暮らした時期は最も楽しかったです(4)」。

名前を忘れてしまったが、ある女性の次のような証言を覚えている。彼女によると、父親が強制収容所で死にさらされている四年間は、パリの小さな部屋で母親と二人暮らしだったが、その後に比べればずっと幸福だったという。戦争が終わって戻ってきた父親は、瘦せこけて凶暴な顔つきになり、性格は暗くなり、家族に暴力を振るうようになったからだ。「父親が戻ってきて、家は地獄と化した。私は父親が嫌いでたまらなかった。父親が強制収容所で死ななかったのは、ナチスと取引したからだとまで思った」。

セルジュの母親が彼に地獄をもたらすことはなかったが、終戦後に彼女が息子セルジュを引き取りに来たとき、彼は母親を蹴っ飛ばしたという。なぜなら、「母親は、ロメーヌとユジーンとの間に築かれた愛情関係を破壊するのではないか」と思ったからだ。母親は機転を利かせて、ロメーヌとユジーンとの関係を維持した。

ドラがヴィラール＝ド＝ランにある孤児院に迎えに来たとき、彼女の不用意な発言が原因で、私は仲間はずれになった。仲間たちはお祈りをしているのに、私だけが壁に向かって、またしても一人ぼっちになったのだ。

トラウマの成り立ちにより、精神活動は構造化される。まったく同じ状況であっても、物語によって相反する意味が付与されるのだ。

ほとんどの子どもたちにとって、戦争は恐ろしい出来事だった。だが彼らは、危険な状況にさらされて人格が分裂したからこそ、病的ともいえる勇気を発揮したのだ。終戦から五十年が経過した一九九四年、三百人の人々が、いまだに戦争の恐怖に悩まされていた[5]。調査対象者のほとんどが、終戦後の数年間はうつ病に悩まされた。例外は、英雄的な活動をした者たち、レジスタンス活動に従事した者たち、自分の評価を高める何か特別なことがあった者たちだけだった。全員が戦時中の出来事を驚くほど鮮明に記憶していたが、彼らは押し黙っていたという。たとえ意気消沈しようと

（4）Erlinger S., *Parcours d'un enfant chaché（1941-1945）. Une enfance aux Mardelles*, Paris, Éditions Le Manuscrit, 2012.
（5）Weil M.,《Camps de la mort: 50 ans après》, art. cit.

も全員が戦時中の狂気だけを考えていたが、それを誰かに語ろうとはしなかった。子ども時代のトラウマが、彼らの人格を形成したのである。そのような記憶を心の奥底にしまい込むことにより、重苦しい精神世界がつくり出されたのと同時に、類まれなる職業的な成功がもたらされた。(6)苦痛を恐れない彼らは、困難を克服すれば自由になれると心得ていた。それは、心傷ついた勝者の悲しい勝利だ。しかしその一方で、心があまりにもひどく傷ついた者たちは、過去の囚人になり、彼らにとって常に現在である過去に悩まされ続けた。記憶が邪魔して出来事を過去に追いやることができなかったのだ。心の傷は、相変わらず出血がとまらない状態なのである。

へこたれない精神を養う支え

戦後しばらく、学校は今日ほど重要な存在ではなかった。読み書き算盤が終わると、すぐに就職先を見つけなければならない時代だった。社会人になるには身体が頑強でなければならなかった。たとえば、農民であれば、寒さ暑さに耐え、ぬかるみを物ともせず、地面に這いつくばり、身体を鍛え続けなければならなかった。労働者は、立ちっぱなしで決まった動作を迅速に繰り返さなければならなかった。

高校では多くの出会いがあり、生徒たちは、お互いの人格を向上させ続けられた。われわれは同年齢の仲間たちとともに切磋琢磨したのである。家族以外の小さな集団に加わることができるようになると、両親の心理形成から抜け出した。計画された教育の場である高校には、十一歳になると両親からの精神的自立を促すという暗黙の教育的な役割[7]があった。教師たちは尊敬すべき憧れの存在であり、仲間たちはお互いにへこたれない精神を養った[8]。

高校時代の初期、私のへこたれない精神の支えになったのは、ジルベール・オズンという仲間だ。われわれは同じ地区に住んでいた。彼は地下鉄ポルト・ドゥ・クリニャンクール駅近くの大きなアパートに、私はオルドゥネ通りの二部屋しかない小さなアパートに住んでいた。そのとき、ドラはエミールと別れたばかりで、私の心は、またしても引き裂かれた状態だった。ジルベールは、私にとって初めての安定した友人だった。高校から徒歩で帰宅する間、私たちはしゃべり詰めだった。彼は、優等生でサッカーが上手で、クラスのリーダーだった。そのように紹介すれば、読者は、彼がどんな生徒だったかを想像できるだろう。私は、ラグビーの練習をするために体育の授業をサボ

（6）Robinson R. *et al.*《The present state of people who survived the Holocaust as children》. *Acta Psychiatrica Scandinavia*. 1994, 89, p.242-245.

（7）Pourtois J.P., Desmet H., *L'Éducation implicite*, Paris, PUF, 2004.

（8）エミリオ・サルグイエロ〔ポルトガルの心理学者〕は、子どもがへこたれない精神を得る際に、明らかな支えになる人（心理学者や教師）と、影で支えてくれる人（スポーツマン、芸術家、仲間）を区別している。

私のラグビー仲間。パリにて（前列右から二人目が私）

った。自分が最良と考えた独自の練習方法で、自分を鍛えようと思ったのだ。ところがジルベールは、体を鍛えるには先生の言うことを聞きながらも先生とは距離を置き、真面目に体育の授業を受けたほうがよい、と私にアドバイスした。このように彼はくそ真面目で従順な生徒だったのだが、ある日突然、ホテルのボーイになると言い出した。彼の母親がかんかんに怒ったため、彼は私のアパートに転がり込み、しばらくの間、「避難生活」をしていた。その後勉強を再開し、フランスの形成外科学の権威になった。

ムーセル先生は、私を全国学力コンクールに送り出してくれたが、私の家には本がなかったため、そのための準備ができなかった。私は、ジャックおじさんが資本主義社会の衰退を論証するためにもってきた共産主義系の書籍を暗記していたので、コンクールはそれで何とかなるだろうと思っていた。地下鉄のジュル＝ジョフラン駅近くにあったパリ十八区〔著者が住んでいた地区〕の市立図書館では、私が未成年であるのを理由に、バラ色文庫〔少年少女向けの小説〕以外は貸出ができないと言われた。ゾラやジュール・ヴァレスの小説をむさぼり読み、マルクスやジャネット・ヴェルメルシュ〔フランス共産党の女性政治家〕の一節を暗記していた私にとって、バラ色文庫では、まったく物足りなかった。図書館の規則により、私は自分の知的好奇心を満たすことができなかったのだ。そこでジルベールに相談すると、彼は小学校の先生だった父親の本棚からこっそりと数冊の本を抜き出して貸してくれた。その一冊は、アルベール・ドブゥ(9)〔フランスの芸術家〕の挿絵が入ったラ・フォンテーヌの『艶笑譚《えんしょうたん》』だった。修道女たちがロバと交尾し、司祭たちがイカれた少女たちと乱痴気騒ぎをするなど、堕落しきった生活を描いた話が収録されていた。読者は、私が全国学力コンクールに入賞できなかったわけが、これでおわかりいただけたと思う。

私が充実した高校時代を過ごせたのも、ジルベールのおかげだ。勉強熱心で勤勉な彼とは、ラテン語の翻訳に取り組み、サッカーやペロタ〔球を壁に当てて打ち合うバスク地方の球技〕を一緒にやった。また、ジュモーヴィル〔パリから西に三十キロメートル強の町〕までサイクリングしたことも

（9）私の記憶では、ドブゥだったはずだ。ジルベールの家でドブゥの挿絵が入った分厚い本を走り読みしたのを覚えている。しかし、ドブゥが挿絵を描いたのはラブレー、ヴィヨン〔十五世紀のフランスの詩人〕、パニョルだけだったはずだ。おそらく私は、出所の異なる二つのイメージの記憶を混同させたに違いない。

あった。われわれは、彼の父親のワイン・コレクションから何本かのボトルを選び出し、コルクを抜いて盗み飲みした。半分空になったボトルには水を足しておいた。そうしておけば、父親はわれわれが飲んだことに気づかないだろうと思ったのである……。われわれは、ワインを堪能するための勉強会も一緒に行ったのだ。

ドラとアドルフはサノワに引っ越したが、私はパリに残ったので、ムーセル先生、高校、ジルベールという、私の心の支えは維持された。夏休みにプールの監視アルバイトをするために、ヴェルサイユで水難救助士の資格講習会に参加した。サノワの隣町エルモンのプールで働くことになったため、サノワにもよく行き、別の高校の仲間とも、しばしば顔を合わせるようになった。このような環境で、はたして私は勉強ができたのだろうか。プールの監視の仕事は楽しかった。しかし、サノワの仲間たちは私に言った。「男ってのは、家族を養うために現場で汗を流して働くもんだ。勉強なんてのは、女かホモのすることだ」。

彼の発言に納得しなかった私は、我が道を歩んだ。とくに、医学部に入った最初の数年間は、かなりつらかった。奨学金はもらえなかったので、働かなければならず、研修先の病院が変わるたびに新たな仕事を見つける必要があった。精神的なバランスが取れていたのなら、私は決して精神科医になろうとは思わなかっただろう。この突拍子のない夢をあきらめてしまおう、と思ったこともあった。あきらめてしまえば、気持ちが楽になっただろう。商人になるのも悪くないと思った。商売仲間はいたし、私にだって家庭を築くことができたはずだ。だが私は、精神病患者のように自分の夢にとりつかれていた。歯を食いしばって頑張るしかなかった。ジルベールに医学部への入学手続きの方法を教えてもらい、あとは培った病的な勇気で突き進んだ。

われわれは、人とのめぐり会いによって変化する。だが、そうしためぐり会いは偶然ではない。「勉強なんてのは、女かホモのすることだ」と言った左官工とは、めぐり会ったのではなく、すれ違っただけだ。彼の発言には驚かされたが、納得したわけではなかった。私の進路は変化しなかったのだから、それはめぐり会いではなかった。私は彼に影響されなかった。ただ、彼の驚きの発言は、彼が属する若者たちの集団の考え方を代表しているとわかっただけだった。

友達が変われば、付き合い方のスタイルも変化する。社会的な環境が変われば、人生計画は変化する。もちろん、そのような変化はそれまでの自分から生じる。それは転換であり、変身ではない。しかし、われわれの生き方の道筋が変化することもありうる。本物のめぐり会いは、お互いに影響を及ぼす。両者の心が相互に作用して、お互いの心が変化するのだ(10)。各自は自分自身が心に抱く考えを具現するが、そうした自己の表象は、家庭的および文化的な背景によってさまざまに表現される。同じ歴史の同じ出来事であっても、ある社会的な環境では話題にできないことであっても、社

(10) Kirkpatrick L. A., Hazan C.,《Attachment styles and close relationships:A four-year prospective study》. *Personal Relationships*, 1994, 1, 2, p.123-142.

会的な環境が異なると、それを大いに語り合える場合もある。だが、子ども時代に心が傷ついた場合では、心の奥底にある地下礼拝堂を解体するのは難しい。

十三歳のときに、理由は忘れたが、数カ月間、地下鉄トロカデロ駅近くのレイヌアール通り〔高級住宅街〕にあるサージョン家に滞在した。彼らは夫婦ともにジャーナリストだった。周囲の人々は、サージョン夫人のことをマレーネ・ディートリッヒ〔ドイツ出身の女優・歌手〕にそっくりの美人だと噂していた。彼女の長い金髪は腰まであった。一方、夫は非常に気さくで笑顔の絶えない人物だった。毎朝、彼らはラジオ局に、私は高校へ行き、毎晩お互いに顔を合わせ、誰かが晩ご飯を用意しておいてくれた。ただそれだけだった。

毎週日曜日、私はローラースケートを持ってトロカデロ広場に行き、階段を駆け下りて遊んだ。広場では、ローラースケートをしに他の地区からやってきた、私と同年齢の子どもたちの姿を見かけた。高級住宅街に住む子どもたちが一人で街を歩くことは、めったにない。一方、モンマルトル地区では、遊びを学び、おしゃべりし、小銭を稼ぐアルバイトを見つけるのは、すべて街角においてだった。夕方になると、すぐ近くのイエナ橋まで歩いて行き、一日中ローラースケートをして汗だくになって汚れた身体を、セーヌ川で洗い流した。

もう一つおもしろい思い出がある。サージョン夫妻は、ラジオ番組のために、ある歌手の歌声を録音したいとよく話していた。ある日、彼らは自分たちのアパートの一階にある食堂に、大きな録音機を数台設置した。録音する段取りになると、録音技術者は、アパートの前を車が通過すると録音の邪魔になるので、車がやって来るのを事前に知らせるために道路の真ん中に立って見張っていた。幸いにも一台の車にも邪魔されることなく、ジャン・サブロン〔フランスの有名な歌手〕の録音は無事に終了した。

なぜ雨なのに、君は僕と会う約束をしたのかな
魅力的な瞳の君、僕が愛する大切な人
雨の中、たった一人で君を待つ、そんな自分にうんざりだ
なぜなんだろう、わからないことがいくつもある

パリの高級住宅街にあるサージョン夫妻の快適な住居で数カ月間過ごした後、アドルフとドラの二部屋しかないアパートに戻ってきたとき、私はほっとした。そこには暮らしがあった。サージョン夫妻は、親切で、美しく、文化的だったが、私は彼らの家で快適に過ごしただけであって、彼らとめぐり会ったのではなかった。

風向きが変わる多感な時期

自分の存在意義を示すイメージが、突然心の奥底に刻み込まれる瞬間がある。私にとって、「子ども中央委員会（CCE）[11]」がバカンス村を企画したステラ＝プラージュ〔イギリス海峡に面した町〕で過ごした時期がまさにそれだった。子ども中央委員会の指導員だったジャックおじさんの薦めで、夏休みをそのバカンス村で過ごしたのだ。私は十四歳になって初めて、ユダヤ人たちとともに過ごしたのである。そこでは、ユダヤ教についての話はまったくなく、ユダヤ人の歴史、文化、歌、将来の夢などが語られた。神のことを除いたユダヤに関する話だったので、私にはちょうどよかった。歴史、レジスタンス、哲学、文学、音楽について、多くのことを学んだ。ユダヤの精神性をテーマにした話は、それまで聞いたことがなかった。それは、すばらしく、深刻であり、また愉快で魅力的でもあった。ユダヤ人絶滅については、一言も触れられなかった。

両親のいる子どもたちでさえ、ユダヤの精神性については何も知らなかった。いわゆる宗教的なお祭りによっては、ユダヤ人の家族たちが集まるきっかけになっていたものがあったり、文学的および哲学的な言い回しによっては、偉大なユダヤ人の文献から引用されていたものがあったくらいだ。

バカンス村での滞在中、昼間のほとんどは、スポーツと夜の集いの準備のために費やされた。人生を語り合うための夜の集いでは、宗教よりも、階級闘争や歴史が話題になった。われわれ全員は、自分たちがユダヤ人であることはわかっていても、ユダヤ人が何者であるのかは理解できていなかった。ユダヤ人とは何者なのか、という疑問は私につきまとっていた。われわれ全員は、家族のように親しく感じたため、お互いの内面に興味をもつようになった。

ルーバ・ヴィルナーとアナ・ヴィルナーという二人の女性が、この小さな集まりを盛り上げてくれた。彼女たちの存在感は大きく、ゲーム、討論会、ダンス・パーティーなどを、次々と企画してくれた。ルーバとアナは、われわれに次のような歌を教えてくれた。

ああ、悲しみの大地
そこでわれわれは、耕し続けなければならないのだ
耕すのだ……耕すのだ……
いつの日か、生命はよみがえるだろう
春になれば、花は再び咲くだろう

---

(11) 戦後にユダヤ人の孤児を受け入れるために設立された「子ども中央委員会」は、バカンス村をつくった。この委員会は、一万五千人ほどの子どもを受け入れた。

私はこの歌詞に戦争の災禍と、よみがえる希望を感じ取った。イディッシュ語の「Es brennt, Es brennt, O briderler, Es brennt」[12]という哀歌も私の心を打った。

われわれの苦悩を語る方法として、それを歌や詩にして暗喩するのは、よい考えだと思った。苦悩を直接語るのでは不平を述べるようなもので、いつまでたっても苦悩は解消されないだろう。そうではなく、傷口を何とかしなければならないのだ。そのためには、私は共産主義、とくにレジスタンス運動が効果的な武器だと思えたのである。

義勇遊撃隊（ＦＴＰ）[13]〔フランス共産党指導下の抵抗組織〕は、ボーイスカウト・イスラエル連盟よりも頻繁に話題になった。ちなみに、ボーイスカウト・イスラエル連盟は、フランス国内軍（ＦＦＩ）で闘った非共産主義の宗教団体であり、トゥールーズのユダヤ人武装組織として設立された。そうしたレジスタンス活動の栄光を称える歌があった。

友よ、わが平原の闇を飛ぶカラスの羽音が聞こえるか
友よ、鎖につながれた祖国のうめき声が聞こえるか
さあ、パルティザンよ、労働者よ、農民よ、闘う準備はできたか[14]……

私はそれらの歌に哀愁を感じた。戦争によって混乱が生じ、われわれの土地は荒廃し、祖国は鎖

につながれた。しかし、春になれば、花は再び咲く。解放のために、藁山の中に隠してある銃と弾薬を取り出すのだ。子どもの声で自分たちの心の傷を歌ったとき、私が感じていたことは、美と自由という単純な言葉を用いて表現された。

日中は活動し、遊びやスポーツを楽しんだ。夜は、語り合い、そしてわれわれの思いを盛り込んだ演劇を行い、皆で鑑賞した。

森の中を長時間散歩したある午後、子どもたちは、ジャックおじさんの周りに座り込んで、彼の話を聞いた。ジャックおじさんは、自分のレジスタンス活動について語り出したのである。われわれは固唾を飲んでその話を聞いた。もっとも、「私以外の子どもたちは、固唾を飲んでその話を聞いた」と言うべきだろう。というのは、私は唖然としたからだ。ジャックおじさんは、身内には言わなかったことを皆の前で語っていた。彼は言葉を慎重に選びながら、当時の状況を克明に説明し、自分の体験を皆に伝えていた。ところがそれまで彼は、親類にはそのようなことを一切語らなかっ

(12)「焼かれてしまう、焼かれてしまう、ああ弟よ、焼かれてしまう」。
(13) 義勇遊撃隊（ＦＴＰ）の構成メンバーは、共産主義のユダヤ人が九〇％で、残りの一〇％はアルメニア人とキリスト教徒だった。
(14) *Chant des partisans*, de Joseph Kessel et Maurice Druon.

たのである。私はうれしくなり、ジャックおじさんを誇りに思い、驚くと同時に困惑し、そして押し黙ってしまった。

ステラ＝プラージュでは、ジャック＝ドクール校の生徒だったローランと相部屋になった。私はすぐに彼と親友になった。日中、われわれは、絵の展覧会の準備し、壁に花飾りをして、ストライキを続ける炭鉱夫を応援するデモを企画した。ローランは、大人たちは関与すべきではないと主張して、ルーバとアナが発するあらゆる命令に異議を唱えた。その点、私は彼よりもはるかにおおらかだった。物事を決める際に、私が誰かと対立することはあまりなかった。われわれの議論は夜通し続いた。彼は議論の重要な局面で大笑いするのだ。もっとも、それは彼の異議を唱える手段なのだが。命令されて気に入らないときや、議論に苛立つと、彼は大笑いした。その大笑いにより、彼は議論に勝つのだった。

ローランはよく周囲の人々に、自分の姓であるトポールは、ポーランド語で「斧」を意味するのだと紹介した後、「だから僕の親父はポーランドから逃げ出したんだ。斧で切り刻まれないためにね」と付け加えた。すると誰かが恐る恐る「君のお父さんは、ユダヤ人大虐殺から逃れたのか」と聞くと、ローラン・トポールは、「違う、違う。親父は、敬虔なユダヤ教徒に我慢ならなくなって、自分から逃げ出したんだ」と答え、笑いを炸裂させるのだった。彼が笑いを「炸裂」させると、議論はそこで終了するのだ。

ステラ＝プラージュでの数カ月間、私とローランは、部屋だけでなく夢を共有し、夜通し議論した。その後、われわれはそれぞれ別の道を歩んだ。

私は、大学に通う前にアルバイトをするため朝早く起きた。ローランは、夜のアルバイトのために午前中は寝ていた。高校の仲間であるアラン・ラヴゥリュは、窓ガラス拭きの仕事を見つけ、私をその会社に入れてくれた。バカロレアの試験後、ＰＣＢ[15]に登録した私は、毎朝四時に起きて、静寂に包まれたパリの街を自転車で突っ走り、美しい建物が立ち並ぶシャンゼリゼ通りまで行った。そこで事務所や商店が開くまでのおよそ三時間、床を磨き、窓ガラスを拭いた。仕事が終われば自転車に再び乗り、朝の交通渋滞をぬって、九時前にジュシューにある大学に到着した。そして正午まで授業を受けた。昼一時ごろにローランを起こしに行ったことがあった。彼は目を覚ますと、まず水を飲み、次にコーヒーを飲んでから、ステーキとフライドポテトを食べていた。

ローランの父親はとても魅力的な人物で、いつも哲学的で嘲弄的なおもしろい発言をした。彼は皮革職人であり、詩人だった。自分が作った皮革製品が売れるたびに、買った人に自費出版の詩集をプレゼントしていた。ローランは、「父がお客に財布〔革製品〕を売るたびに、われわれは貧しくなったよ」と笑いながら嘆いていた。

私は、ローランが自分と似たような生い立ちだったことを、彼の死後に初めて知った[16]。父親はシ

(15) ＰＣＢは、物理、化学、生物を意味する。当時、ＰＣＢは、医学部に進学するための準備として必須だった。

(16) Vaillant F., Roland Topor ou le Rire étranglé, Paris, Buchet-Chastel, 2007.

ヨパンやアダム・ミツキェヴィッチ〔十九世紀のポーランドを代表するロマン派詩人〕を崇拝したフランス好きのポーランド人で、彫刻コンクールで優勝を逃したことがあった。第二位だった彼の父親には、一等賞の大金の代わりに、半年間のパリ留学のための奨学金が支給された。戦争が勃発し、彼はドイツ占領軍ではなく、留学先のフランスの警察署に出頭するように命じられ、ピティエヴィエ〔パリの南八十キロメートルにある自治体〕の収容所に入れられた。私が父と最後に会ったのがメリニャックの収容所だったように、ローランは収容所にいる父親に会いに行った。戦争中、ローランは私と同様に追い回され、「五歳にも満たない私は、フランス中の警官に追い回された」と、後日語っていたという。ローランとはあれほどたくさんおしゃべりしたのに、お互いの過去については、まったく語り合わなかったのには驚きだ。

十四歳にして政治活動に参加する

ステラ＝プラージュでの滞在の後、ジャックおじさんの影響を受けた私は、フランス共和国青年同盟（UJRF）[17]のメンバーになった。私には共産主義だけが高潔に感じられた。ソビエト連邦はヒトラーの国家社会主義を打ち破り、平等を標榜する共産主義は、世界平和の訪れを語っていた。一方、アメリカは朝鮮戦争とベトナム戦争に参戦し、ベトナム戦争では農村部にナパーム弾を投下していた。そのような情勢から判断して、私は迷わず共産主義を支持したのである。

ソ連の赤軍が唱える論理は心地よかった。共産主義者のお祭りにより、人々との絆は強まり、明るい気分になれた。トロカデロ広場には、『ロレンザッチョ』〔十九世紀に書かれたアルフレッド・ド・ミュッセの暗殺劇〕を観劇するために、オーベルヴィリエ〔パリ郊外の都市〕の労働者を満載したバスがやって来た。観衆たちは、簡素な舞台に立つジャン・ヴィラーとジェラール・フィリップの演技を夢中で観ていた。〔共産主義を信じる〕われわれは、『三文オペラ』を観に行き、フェカン〔ノルマンディー地域圏にある港町〕でのキャンプ、フォンテンブローでの山登り、ヴァロワール〔グルノーブルに近い山岳地帯〕でのノルディック・スキーなどの野外スポーツを楽しみ、ヒッチハイクで移動しながら各地のユースホステルに泊まるイギリス旅行を満喫した。われわれはピガール広場近くのナヴァラン通りにある支部で、毎週、集会を開いた。近くの高校の女生徒たちが討論会に参加し、ストライキ、芸術、歴史、ソビエト連邦、平和、繁栄、そして繁栄が世界にもたらす影響などについて語り合った。ちょうどそのころ、アメリカは世界各地で爆撃していた。アメリカ国内では貧富の格差が広がり、貧者にとって不幸な社会になっていた。そのような情勢から判断すれば、共産主義しかないと思ったのである。

私は、フランス共和国青年同盟の会合が大好きだった。『リュマニテ』〔共産党系の日刊紙〕を読

(17) フランス共和国青年同盟は、一九五六年に青年共産主義運動になった。

み、演劇を鑑賞し、極右思想の人々と議論を戦わせ、会合の準備をした。会合では専門知識を発揮し、どんな質問にも即座に答えられなければならなかった。私は、自分が通っていた高校の生徒の三分の一がユダヤ人だったとは知らなかった。だが、われわれがユダヤ人問題について語り合うことなど、まったくなかった。そのような話題は価値のないことであり、戦後において重要なのは前進することであり、人類全体の取り組みを模索することだった。前進あるのみだったのだ。

そうはいっても、こうした牧歌的な情勢にも、いくつかの小さな黒い影があった。会合は、必ずしも盛り上がるわけではなかった。「社会主義リアリズム」の映画をときどき観て称賛しなければならなかったのだが、たとえば、空の鍋に水滴が滴る場面が永遠に続く映画にはうんざりした。鍋は貧者のものであるため、それは社会主義であり、水滴が鍋の中に落ちていくのをじっくりと観察するのだから、それはリアリズムというわけだ。そのような映画を観た後の議論は、当然ながら盛り上がらない。

「おもな精神病は、いわゆるエピジェネティクスな変化〔遺伝子の構造は変化しなくても遺伝子の働きが変化すること〕によって、数世代にわたって受け継がれる可能性があることが、数年前に証明された。そして幸いなことに、遺伝の原因は、血縁関係から予見できる遺伝的特性〔遺伝子の変異〕だけではないことがわかった(18)」。ミチューリン〔ロシアの生物学者〕と、スターリンの友人ルイセンコ〔ソビエト連邦の農学者〕は、環境が獲得形質の遺伝子の働きを変化させるという説を支持した。つまり、これはきちんと組織された社会、すなわち共産主義によって、人々は世代を超えて幸福で健康な暮らしが送れるようになることを、暗黙裡に意味した。ある有名な生物学の教授は、われわれの人生は、レーニンとスターリンの思想によって健康的で幸福になると力説したものである。

ちょうどその頃、新聞『オーロル』に、共産主義国では社会的および知的な貧困が著しいという内容の記事が掲載された。それは先ほどの教授の意見と正反対だった。そのころのフランスでは、初めてカラーの映画が上映された。ソビエト製の映画だった。これを引き合いに出し、共産主義のテクノロジーは、資本主義よりも優れているという結論が導き出された[19]。

したがって、われわれの青年共産主義者の小さな集まりでは、この勝利を祝福すべきだという雰囲気があった。一九五〇年代、バルベス通りの近くに「ルクソール」という名前の巨大な映画館があり、名前のとおり、映画館の装飾はエジプト風だった。ソビエト製の初のカラー映画が上映されたのは、この映画館だった。それらのパステルカラーの映画からは、甘ったるい印象しか受けなかった。映画の一場面に、赤い夕日に包まれて二人の若い男女がオレンジ色のトラックの前で、燃える

(18) Bustany P.《Neurobiologie de la résilience》*in* B. Cyrulnik, G. Jorland, *Résilience. Connaissances de base, op. cit.*, P.59.

(19) われわれは、この断言を受け入れたが、反証もあった。*Robin des Bois*（1938）, *Le Magicien d'OZ et Autant en emporte le vent*（1939）.

恋心をお互いに打ち明けるシーンがあった。お金がないために結婚できない若いカップルは、同志のスターリンに助言を求めることにした。ロシア風の白い詰襟服を着た人民の父親的存在であるスターリンは、彼らを自分の書斎に招き入れ、彼らの話を真剣に聞いた後に、次のように言い放った。「おお、わが子たちよ。五カ年計画がもうすぐ終わる。それまで結婚するのを待ってくれ」。

われわれは、この映画のシーンを胡散臭いと思った。しかし、われわれが尊敬する共産主義者の教授たちは、人民共和国では物事はそのように進行するのだ、と説明した。ロジェ・ガロディ〔フランスの哲学者。フランス共産党の指導者。一九九〇年代にはホロコーストを否認して有罪判決を受ける〕も、果樹品種改良の権威でスターリンの友人だった生物学者イヴァン・ミチューリンの理論を持ち出し、共産主義の社会は計画的に組織されているので、西側諸国よりも乳牛から多くの乳を絞ることができると述べた。ストレスの少ない乳牛からは、多くの乳を絞れるのは間違いではないが、彼が言いたかったのは、共産主義体制によって乳牛のストレスが減った、ということだったのだろうか。

二年間にわたり共産主義活動を熱心に行い、『リュマニテ』や『アヴァンギャルド』の記事について学術発表をしてきたご褒美として、一九五三年、私はブカレスト〔ルーマニアの首都〕で開催される青年大会に参加した。ブカレストに行くには数日かかった。旅行するのは楽しかったが、われわれは不安で仕方がなかった。国境が封鎖され、アメリカの捕虜にされてしまうのではないかと心配したのだ。そのような心配もなく、ようやくブカレストに到着した。駅に到着して最初に驚いたのは、つなぎの作業服を着た専用の係員が、われわれの荷物を運ぶために待機していたことだ。荷物は自分たちで運ぶから結構だと断ると、彼らは、自分たちはこの仕事のために国家から徴用されたのだと言い、片言のフランス語で、共産主義は完璧な社会を組織し、自分たちは社会の下級階層に位置するので、自分たちがそうした役務をこなすのは当然だと説明した。

街角では、人々は旗を振り、われわれを笑顔で迎えた。人々は片言のフランス語で話しかけてきた。それはあたかもお祭りのようだった。ルーマニアの理工科大学に宿泊し、キャンプ用のベッドで寝た。私は、若い高等師範学校の学生たちと一緒に「寄宿舎」で寝た。数日間で現地の新聞を解読し、その辺を歩きまわるのに必要なルーマニア語の単語をマスターした。街では、しばしば路地裏を訪ねたが、案内してくれた現地人は心配そうな表情になり、警察がそこらじゅうで見張っているから気をつけろと忠告してくれた。その彼は、われわれにジーパンを売ってくれないかと打診してきた。

十六歳にして政治活動から足を洗う

街だけでなく、デモ隊や劇場の中にも警察がいた。ある晩、劇場に到着するのが遅れたため、すでに満席だった。どうしたものかと思っていると、警察官が私に住所を尋ねてきた。警察官は、私が外国人だとわかると、便宜を図ってやると合図した。私を一番よい席まで案内すると、そこに座っていた観客に対し、手振りで席を空けろと命令した。

多くのルーマニア人は、フランスで義勇遊撃隊（ＦＴＰ）に加わり、ヒトラーの国家社会主義と闘った。ジャックおじさんがレジスタンス活動家の住所を教えてくれたので、私は彼らに会おうと思っていた。もらった住所を頼りに見つけた建物の中に入った。階段を上っていく途中の踊り場で、近所の人々が身振りを交えて、「ここから上の階は、政治運動家たちのサナトリウムだ。行ってはダメだ」と言った。私は、多くのレジスタンス活動家たちが結核であることに驚いた。そしてなぜ警察が彼らの治療に関わっているのかが、わからなかった。私は、「サナトリウム」が「精神病院」のことだと、しばらくたってからわかった。昔のレジスタンス活動家たちの一部は、政治的責任を取らされ、刑務所に入れられ、残りの者たちは単に「煙滅」したのだった。

ある日曜日の朝、幟を持ったダンサーたちが繰り広げる政治色の強いスポーツ大会を観戦する前に、われわれは、ぜひ参加したいと思っていたデモに招待された。パリ高等師範学校に通う仲間と、彼らより年下の高校生だった私は、職業ごとに集まった群衆の真ん中にいた。デモでは、人々は口々に「ゲオルゲ・ゲオルジェ＝デジ〔一九五五年から十年間、ルーマニア共産党の書記長を務めた〕は、平和と人民の守護神だ[20]」と叫んでいた。

また、ルノーで働く仲間と一緒に現地の工場を見学した。工場の正門には、月桂樹の葉で飾られた大きな写真が何枚か貼り付けてあった。ルノーで働く若い労働者は、この工場ののんびりとした作業スピードに驚き、次のようにつぶやいた。「もしここで働くスタハノフ運動〔ソビエト連邦で始まった大衆生産性向上運動〕の実践者がルノーの工場で働いたら、すぐに解雇されるだろうな」。

大きな側溝の中では、女性たちが泥だらけになって働いていた。小柄な現場監督は、彼女らが重いパイプを側溝から持ち上げる際に、掛け声をかけていた。もう一団の女性たちは、シャベルとツルハシを投げ出し、公園の芝生の上でうたた寝をしていた。われわれの通訳者が、「お疲れの様子ですが、大丈夫ですか」と話しかけて彼女らをからかうと、彼女たちは笑いながら「国は、私たちに賃金を支払った気分でいるから、私たちも働いた気分でいるんですよ」と答えた。独裁体制にあっても、彼女たちはユーモアによって反骨精神を表現していた。

私は医学部を訪問した。ルーマニアの大学の医学部における最も厳しい試練は、解剖学、生物学、病院での実地研修だと思ったら大間違いで、それはマルクス主義に関する小論文だという。学生の中には、この小論文テストのせいで、医師になるのをあきらめる者もいるとのことだった。宗教は弾圧されているので、彼らは隠れて十字を切るそうだ。医学部の建物の中には、次のような標語が貼ってあった。「染色体は、資本を合法化するためのブルジョワのでっち上げだ」。ルイセンコは、友人であるスターリンのイデオロギーを強化するために、遺伝を連想させる恐れのある染色体の存在など信じるな、と主張したのである。共産主義者による社会組織だけが、考察に値するというの

(20)《Georghiu Dedj, défenseur de la paix et du peuple.》

だ。まったくもって奇妙な唯物論である。(21)

一緒に旅行した高等師範学校の友人たちは、ルーマニアの現実に落胆していた。彼らの一人は、それを「革命を起こす際に、卵を割らずにオムレツはできない」と表現した。私はそれを聞いて、卵は数百万の人々だと思った。

街角では、われわれの耳元にこっそり話しかけてくる者たちがいたが、私には彼らが伝えたい意味がよくわからなかった。たとえば、「ロシアの支配」、「警察がそこらじゅうにいる」、「肉に対する課税」、「ブルジョワの子どもは入らない学校」など……。

そうはいっても、ルーマニア旅行は、かけがえのない体験だった。ルーマニア人は、フランスにあこがれていた。彼らの音楽は活気があり、人々は街角でルーマニアの民族舞踊に合わせて踊っていた。われわれはルーマニアの戯曲の美しさに息を呑んだ。街角で出会う人々は皆、愛想がよかった。フランスに戻り、私はルーマニア旅行によって自分がひとまわり成長した気がしたが、それと同時にかなり困惑していた。

私は、ナヴァラン通りにあるフランス共和国青年同盟（ＵＪＲＦ）の支部にルーマニア旅行の報告書を提出したが、仲のよい友達や青春時代に崇拝していた人々は、それを読んで押し黙った。私を支持してくれると思ったジャネットでさえ、私と目を合わすのを嫌がった。そこで私は、自分の驚きについて誰かを糾弾するのではなく、責任者たちにいくつかの質問を穏やかに投げかけてみた。

フランス共和国青年同盟の全国幹事長だったポール・ローランは、幼い私には物事を観察する能力がまだないと回答した。

高校に戻り、私は自分の動揺した気持ちについて、尊敬するジャン・バビー先生に話してみた。彼は私の訴えることを信じなかった。そして反動的なプロパガンダを信用してはいけない、と説いた。私は、戦後になって自分に起こったことを語りたかったときに、経験を率直に語ることができなかったのを思い出した。私は、そのときと似たような状況に再び置かれたのだ。

私はブカレストに旅行する前に、ソビエト連邦の秘密警察の局長ベリアが告発した「白衣の陰謀事件」を新聞『ルモンド』で読んだ。この事件では、多くの共産党幹部を暗殺したとして、ユダヤ人の医師団が糾弾された[22]〔ソ連における反ユダヤ主義を象徴する事件。スターリンの死後に、でっちあげであることが判明した〕。

(20)《Georghiu Dedj, défenseur de la paix et du peuple.》

(21) Lecourt D., *Lyssenko. Histoire réelle d'une《science prolétarienne》*. この本には、ルイ・アルチュセール〔フランスの哲学者〕が「数百万人の犠牲者を出した（マルクス主義の）大きな過ち」という驚きの序文を書いている（Paris. françois Maspero. 1976. p.14）。

(22) この陰謀を企てたのはベリアではなかった。彼も犯人の一味だと糾弾されていた。一九五二年にスターリンは、この事件を告発したが、一九五三年一月十三日付の新聞『プラウダ』には、それが「陰謀」だったことが報じられた。Communication personnelle. Denis Peschansky.

一九五三年に判明した「白衣の陰謀事件」の顚末、ブカレストでの困惑、一九五六年のソ連軍のブカレスト侵攻により、私のユートピアは崩れ始めた。現実がその純朴な表象から遠ざかっていったのだ。それまでの高揚感を捨て去るのは難しかった。「だからそれは、戦わなければならないことじゃないんだ」と発言した私は、友だちを失くした。そして、自分の夢をはぐくんできたさまざまな活動に参加するのを、断念しなければならなかった。それらの活動は私の日常生活の一部になっていただけに、とてもつらかった。

私が共産主義に対する信仰をもち続けられたのなら、医学部の最初の数年間はもう少し楽だっただろう。私は、ベルナール・クシュネル〔医師で政治家。国境なき医師団の設立者の一人〕のように、多くの同志に取り囲まれ、励まされ、勇気づけられただろう。ベルベットの襟のコートに身を包み、そのころからエレガントで勇敢だったクシュネルは、共産主義を志す青年のための新聞『クラーテ』[23]で意見を戦わせていた。私は、彼が医学部の建物の前で、この新聞を売っている姿をよく見かけた。後にクシュネルも共産主義に疑問を抱くようになったのだが、そのころから彼は懐疑的だったようで、自分の販売する新聞の記事をしばしば批判していた。

人は、神話なしに生きていけるのだろうか。共同体の経験が耐えがたく、社会的状況が困難で、心の中が絶望的であるとき、神話は、われわれを団結させ、われわれの苦悩に意味を付与してくれる[24]。

神話は嘘ではない。皆と同じ世界で暮らすには、現実の体験を共有するために、それらの体験を修正する必要がある。私はそれこそが神話だと思う。一方、私の子ども時代の夢想は、自分が周囲の人々と共有できなかった経験に形式を与えてきた。そのような自己の表象には、自分の周囲の人々が耳をふさぎたくなるような事実が含まれていた。だが反対に神話では、経験は同じ表象を皆と共有するために構成される。私の夢想は、自分の心の中で反芻され、独自に跳ねまわる一方で、神話の共有は、共同体の物語をつくり出す。人々は、それらの物語を通じて自分の近親者と接触をもち、彼らの支援を取り付けることができる。私の夢想は、死に勝利した自分という表象に一貫性を与えた。それは皆と同じ世界で生活していく際の奇妙な戦略になった。もし共同体の記憶を共有できたのなら、私は救われただろう。そうはいっても、青年共産主義者のおかげで社会的な運動に関与し、夢をもつことができた。ただしそれは、私が共産主義に疑問をいだき、彼らの支援を失うまでの間だった。

神話がドグマになり、神話以外に真実はないと信じるべきだと、共同体が主張しだすと、事態は

(23)『クラーテ』は、フランス共和国青年同盟の機関紙『アヴァンギャルド』を引き継いだ共産主義の学生連盟の新聞。『クラーテ』には、反スターリンの記事が掲載されていた。

(24) Hachet P.,《Le mensonge indispensable: le mythe》, *Le journal des psychologues*, avril 2012, n°296, et Hachet P., *Le Monsonge indispensable. Du traumatisme social au mythe*, Paris, L'Harmattan, 2009.

悪い方向に推移する。そのような事態になったのなら、その神話が冒涜だとわからせるために、われわれの誰かが、神話を変えるためのそれまでにない経験や記録を見つけるなど、別の解決策を模索する必要が生じる。

共同体を団結させるために必要な神話が不変的なドグマになると、ほんの少し異なる意見であっても、違反した行為と見なされる。「私」が脆弱であっても、「われわれ」が補強してくれるのだ。自分たちの心を支え合うために神話が必要なとき、考え方の些細な違いであっても、それは攻撃だと見なされ、正当防衛を口実に暴力による反撃が正当化される。共同体の物語に厳格に一致しない者は、強制収容所送り、火あぶり、破門、あるいは再教育を受けることになる。世の中の見方を変える者は、われわれの神話を破壊し、われわれの集団での暮らしを邪魔する悪者だ。よって、そのような冒涜者は死刑に処すべきだ、となる。

一九七〇年代になると、害虫のようなドイツ人に抵抗して、彼らをあざ笑った機転のきくフランス人という神話は崩れ去った。そのころから、周りの人々は、私に起こったこと（私と似たような子ども時代を過ごした二万人の人々に起こったこと）[25]に、関心をもつようになった。私が夢想するときに感じていた孤独感は、少しずつ和らぎ始めたのである。

凍りついた言葉

実際に起こったことだが、それらを語る言葉は凍りついていた。

ラブレー〔フランス・ルネッサンスを代表する知識人〕は、そのような考えを物語にまとめている。[26]北海の凍りついた海を航海している船は、南の温暖な海に向かっている。「海の真ん中で、われわれが、ごちそうを食べ、ちびりちびりと飲み、おしゃべりし、気取って短い演説などをしていると、パンタグリュエルは起き上がり、われわれに言った。《おい、なにか聞こえないか》。（……）パニュルジュは叫んだ。《なんてこった、もうおしまいだ。早く逃げようぜ。……神が大砲をぶっ放してきたんじゃないか……》。パンタグリュエルは大きな物音を聞いた。《厳しい冬の時代では、言葉、考え、規範など、…冷たい空気の中で凍りつく》。船長は答えた。「乗組員たちよ、何も恐れることはない。われわれが今いるのは、凍りついた海の上だ。今聞こえたのは、この冬の初めに起こったアリスマピエン族〔黒海沿岸部に住んでいた古代民族〕とネフェリバト族〔ラブレーによる架

(25) Zajde N., *Les Enfants cachés en France*, Paris, Odile Jacob, 2012, p.14.
(26) Rabelais, *Œuvres complètes*, Paris, Gallimard,《Bibliothèque de la Pléiade》, 1994, p.667-671.

空の民族」の熾烈な闘いが発する音だ。言葉、男女の悲鳴、大衆の精神的衝撃、兵士たちのぶつかり合い、馬のいななきなど、戦いから生じたあらゆる音は、空気の中で凍りついたのだ。そして今、厳しい冬が過ぎ去り、平和で穏やかな春の日々が凍った空気を溶かし、それらの音が空気から漏れ出てきたのだ……」。（パンタグリュエルは）乗組員たちの前で、一握りの、まだ凍っている言葉を甲板に投げつけた……。溶け出すと、そこからは、赤、緑、青、黒、金の色の言葉が溢れ出てきた」。

十六世紀初期にラブレーは、今日でも議論されている問題を提起している。なぜ心が傷ついた人は、聞いてもらえる状況にならないと、語ることができないのだろうか。文化的な状況が凍っているとき、心が傷ついた人は、自分の心の奥底にある地下礼拝堂にトラウマを抱えて引きこもる。しかし春が訪れ、「平穏な状況になると」、心が傷ついた人は表現できるようになり、彼らは人々に囲まれ、人々の中で自分の居場所を再び見つけられるようになる。

他者が存在すれば、自分の傷についての語り口が変わるのだ。私は、自分の物語を語りかける人に応じて、自分の過去の表象を修正する。私が語りかける人は、私の物語に参加しているのだ。私は周囲の物語に働きかけながら、自分に起こったことを穏やかに表現できる。

戦時中、偉大な少女アンネ・フランクが『アンネの日記(27)』を書いたとき、彼女は悲惨な出来事を綴ったが、それらは耳をふさぎたくなるような出来事ではなく、知ってはいたが、見たことのない出来事だった。彼女の日記には緊迫した空気が張り詰めている。それは、死の足音が聞こえるからであって、死体の山が描写されているからではない。

一方、アンネ・フランクと同じ時期に、詩的センスと洞察力に優れたプリーモ・レーヴィ〔イタリアの化学者、作家。アウシュヴィッツからの生還者〕は、自分の赤裸々な証言によって、犯罪者たちに復讐しようと考え、『アウシュヴィッツは終わらない——あるイタリア人生存者の考察』[28]という本を書いた。それは、「(……)弾圧した者たちのこめかみに、拳銃を押し当てたような本」である。

『アンネの日記』は、耳を傾けることのできる、感動的な物語だ。一方、複数の編集者から「そのような恐怖に、読者はいない」と出版を断られたプリーモ・レーヴィの本は、初版が出版された一九四七年には、七百部しか売れなかった。

アンネ・フランクは、彼女の物悲しい物語によって、耳をふさぎたくなるようなレーヴィの証言よりも巧みに言葉を溶かしたのだ。一方、レーヴィは読者を凍らせたばかりか、読者の中には、彼

(27) アンネ・フランクは、家族と隠れて暮らし始めた一九四二年六月から、ドイツ秘密警察に逮捕された一九四四年八月まで日記を付けた。
(28) プリーモ・レーヴィ『アウシュヴィッツは終わらない——あるイタリア人生存者の考察』竹山博英訳、朝日新聞社出版局、一九八〇年。

が語ったことを否定する者まで現われた。

迫害されたユダヤ人を救った「正義の人々」のことが世間で認知され始めると、私は凍った言葉が溶け出したような気がした。一九五三年にイスラエル議会は、「ユダヤ人を助けようとして自らの命を危険にさらした諸国民の正義の人々」に敬意を表する法律を可決した。アイヒマンの裁判があった一九六一年までは、そうした動きに対して何の反響もなかった。ドイツ政府に対する中傷と受け止められるのを恐れた企画担当者は、特定の国民を裁くのが目的でないことを示すために、「諸国民の正義の人々」をドイツ人の中から数名選んだ。その翌年は、多くのユダヤ人機関から「正義の人々」の名誉を称えてほしいという要求が多数あったため、イスラエル国会は、エルサレムに「正義の人々」の並木道をつくり、その開通式を行った(29)。

一九八〇年代初頭、凍った言葉は明らかに溶け出した。私の周りでも、次のような文句がささやかれ始めた。「子どもであっても、逮捕されたようだ。(……)フランスのために戦ってもらった勲章をつけ、正装して警察署に出頭した者もいたそうだ。(……)そして彼らは永遠に姿を消したらしい」。政治的左翼の間では、宗教はその人のアイデンティティではなくなった。左派陣営では、ルーマニア人、ハンガリー人、ポーランド人、フランス人という区分はあったが、ユダヤ人あるいはキリスト教徒という分け方はしなくなった。というのは、宗教には意味がない、と考えるようになったからだ。

ラ・セーヌ＝シュル＝メール〔トゥーロンに近い地中海に面した都市〕の医療センターで医師とし

て働いていたときのことだ。看護師が私にミッシェル・スリタンスキー〔フランスのレジスタンス闘士〕が書いた、戦時中のユダヤ人一斉検挙についての短い記事が掲載された『イストリア』という隔月誌を持ってきてくれた。その記事には、「外国人部隊にいた勇敢な兵士、シリュルニク〔著者ボリス・シリュルニクの父親〕は、ソワソンの戦いで負傷し、ボルドーの秘密警察によって、病院のベッドの上で逮捕された」とあった。その看護師リシャール婦人は、「この記事に出ている兵士は、あなたのご家族の方ですか」と私に尋ねた。

ついに『イストリア』も取り上げたじゃないか。勇敢だった私の父親は、ソワソンの戦いで負傷し、同じ部隊にいたハンガリー人の兵士とともに逮捕されたのだ。フランスの警察は、フランスのために命をかけて戦った父親たちを逮捕し、強制収容所に送ったのだ。

一九八一年、イエール〔トゥーロンの隣街〕において、ポール・ギマール〔フランスのジャーナリスト〕は、ジャン゠ピエール・エナード〔フランスの作家〕との対談を企画した。私は、エナードに自分の初稿を手渡したところだった。彼らは、「バール内閣の閣僚を務めたモーリス・パポンは、フランソワ・ミッテランに激しく抗議している」と述べ、「セルジュ・クラスフェルド[30]は、戦時中

(29) Bensoussan G., Dreyfus J.-M., Husson E., Kotek J., *Dictionnaire de la Shoah*, *op. cit.* p.309-311.
(30) セルジュ・クラスフェルドは弁護士であり、「強制収容所に送られたフランスのユダヤ人子どもたちの会」の副会長だ。

にモーリス・パポンが署名したユダヤ人一斉検挙を指示する書類を見つけた。パポンは窮地に立たされるだろう」と語っていた。

その数週間前、ミッシェル・スリタンスキーは、警察が検挙すべき子どものリストが掲載された県条例のコピーを送ってくれた。それらの書類の最後には、「知事殿、総務局長」とあり、モーリス・パポンが署名していた。

スリタンスキーが送ってくれた資料[31]からは、一九四三年三月十六日に、モーリス・パポンは、メリニャック収容所の囚人をドランシー収容所へ移送するように指示していたことがわかった。私の父は、ナチス・ドイツが設置したドランシー収容所に送られた後、アウシュヴィッツへと移送されたのだろう。

私の逮捕は、一九四二年七月十六日に予定されていたが、母が私を孤児院に預けたため、その日の逮捕は免れた。一九四二年七月十八日、母はアウシュヴィッツへ移送された。

メリニャックの医師フィリップ・ブレノの父親は、収容所の資料を見た、と私に語った。そこには「ボリス・シリュルニク、五歳、逃亡」と書かれていたという。それはありえない。資料が間違っている。そのとき、私はまだ五歳にもなっていないし、メリニャックの収容所には、父に会うために一度行っただけだ。

マルゴは、死ぬほんの少し前、私の面倒を見たエピソードを語ってくれた。マルゴは私を引き取る前に、ヴィルナーヴ゠ドルノン〔ボルドーの南に隣接する街〕に住む、ある家族に私を預けたという。私は、そのことをまったく覚えていない。私が逮捕されたとき、マルゴはクートラ〔ボルドーの北東五十キロメートルにある街〕の小学校の先生をしていたそうだ。私はそのことも知らなかった。私が逃げ出した後、アンドレ・モンツィーと彼の妻レネが私の面倒を見てくれた。私は、そのことを一九八五年の「言語」をテーマにした学会のときに知った。アンドレ・モンツィーがマイクを使って皆の前で、そのことを私に語ったのだ〔41頁を参照のこと〕。

それらのつらい時期のことは、私の記憶から完全に抜け落ちている。逆に、どういうわけか、マルゴが私を孤児院に迎えに来て角砂糖をくれたことは、よく覚えている。私は、膝の上に砂糖箱を抱えていたマルゴに近づいて行った。角砂糖をいくつか食べたところで、彼女が「もうおしまい」と言ったときの仕草を、はっきりと覚えている。そのほかにも、詳細で明確な記憶がある。「トラウマになる固有の出来事は物語化されにくい[32]」。トラウマをともなう記憶は、変化することのない凝り固まった精神的な傷跡なのだ。それは、昼間であれば、日常生活のちょっとしたことから不意によみがえる。夜であれば、そうした精神的な傷跡は悪夢となって現われ、あたかも恐怖の記憶を復習するような作業が繰り返される。

---

(31) Slitinsky M., *L'Affaire Papon*, *op. cit.*, p.137.
(32) Waintrater R., 《Ouvrir les images. Les dangers du témoignage》, *in* J. Ménéchal et coll. *Le Risque de l'étranger. Soin psychique et politique*, Paris, Dunod, 1999.

物語化の過程はさまざまだ。それは意思をともなう作業である。というのは、自分の過去の表象を修正し、意見や物事の見方を変化させるには、思い出を探し出し、資料に目を通し、そして出会いが必要となるからだ。

歴史的な記憶は、物語的な記憶とは異なる

歴史的には明白であっても、物語的には明白でないことがある。敵意に満ちた世界で自分が進むべき方向を見つけるには、心の中で語る物語に一貫性をもたせる必要があった。ところが私は、自分の子ども時代に関する話を誰かから聞くと、まったく未知の世界を発見したような気分になった。世の中の物語が変化したため、私の心の中の物語も変化したのである。私は同じ物語を語らなくなった。春が来て言葉が溶け出したのだ。私は、自分の過去に対する解釈を変え、それを心を許せる多くの友人と分かち合えるようになった。自然に語れるようになったのである。

たしかに、パポン裁判〔一九八一年のスリタンスキーの資料がきっかけになって、一九八三年に「人道に対する罪」で起訴された〕には啓蒙的な目的があった。メディアは歴史の先生のように振る舞い、それまで沈黙を余儀なくされていた人たちには、発言の機会が与えられた。彼らは、自分たちの心が傷ついた記憶を、語り、証言し、詳述し、修正した。しかし、裁判に教育が持ち込まれたよ

うな感覚にとらわれた、と批判する人々もいた。「法廷を、討論会や高校の学級会と混同してはいないか[33]」。

パポンが法廷に引っ張り出され、自分が知らなかった過去を知ることができたが、年老いた男〔八十六歳だった〕が攻撃されるのを見るのは居心地が悪かった。それは、一九四四年九月のフランス解放のときに、ボルドーのグランド・ホテルで対独協力者の民兵隊員がなぶり殺しにされた思い出と重なった。あのとき私は、解放者たちにはもっと高貴に振る舞ってほしいと思った〔39頁参照〕。パポンが裁かれる前に、彼を糾弾した人々に対して、私はあのときと似たような感情を抱いた。パポンに対して、もう少し尊厳ある対応を期待したのだ[34]。一九八一年の時点では、ヴィシー政権の犯罪について語る者はいなかった。そのような状況では、〔シャルル・ド・ゴール率いる〕フランス戦闘部隊に加盟するのを、曖昧ながら認めたパポンを法廷に引きずり出すことは難しかった。その当時、あらゆる社会運動は順応主義に染まっていた。一九三三年、ほとんどのドイツ人はナチスに投票した。その後、スローガンの復唱によって、ドイツ国民と偉大なるドイツ文化は、愚かな

(33) Poirot-Delpech B., Papon: *un crime de bureau*, Paris, Stock, 1998, p.83.

(34) 新聞『カナール・アンシュネ』がこの問題を取り上げた一九八一年五月から、ボルドー重罪裁判所がパポンに「人道に対する罪」という有罪判決を下した一九九八年四月までのおよそ一世代の間に、文化は変化した。

イデオロギーに服従するように誘導されてしまった。「日常生活における無意識な追従により、悪逆非道の振る舞いに、疑問を抱かなくなってしまった」[35]のだ。プリーモ・レーヴィも同様の考えを記している。「危険なのは普通の人々だ」[36]。「当時の官吏たちは、疑問を発することなく、命令に従うのが習わしだった」[37]。だが、ちょっとした反抗心を示すのは、彼らにとって都合がよかった。独裁体制の官吏たちはその体制に参加することを受け入れたが、彼らはわずかな反抗心を示した。「ほとんどのヴィシー政権の高級官僚たちは、レジスタンス活動家に便宜を図った」[38]。彼らは、子どもを逮捕することに、消極的にではあるが異議を唱え、ドランシー収容所からアウシュヴィッツまで囚人を移送する家畜車両に、藁を敷くように上司に要求した。また、死ぬ運命にある千七百人の人々に、毛布とミルクを配布するように上官に申し立てた。上下関係により、犯罪につながる命令に従わざるをえない場合では、そのような態度は珍しくない。官吏である以上、命令には従うが、自己の尊厳を守るために、反抗心をすべて捨て去りはしない。彼らはこうした順応により、任務を果たし、罪悪感を覚えることなく、犯罪につながる命令を執行できたのだ。

このような態度を取らないでは、いられなかったのだろう。批判することなしに命令に従えば、さらには死刑執行を率先すれば、その人物は犯罪に加担したという意識に悩まされる。反逆すれば解雇される恐れがあり、そうなれば仕事をやめてレジスタンス活動に逃げこまなければならない。犯罪を行う体制に参加した人々全員は、自分の職を守るために命令に服従したのだ。また彼らは、罪悪感を減らすために、そしていつの日か「命令に従ったまでだ」と言うために、わずかな反抗心を示しながら、当時の環境に順応したのだ。モーリス・パポンという男は、まさにそうした代表例だった。しかし、職務に忠実な高級官僚だったパポンは、ユダヤ人を一網打尽にするために、一斉検挙の命令を逮捕執行一時間前に発した(39)。

一九九八年四月、パポンに有罪判決が下された日、異端者たちが文化を変えた。その一人が一九八五年に映画『ショアー』を作成した映画監督クロード・ランズマンだ。彼は、命令に従うのは犯罪行為だと糾弾した。事実関係の把握や資料の検証にとどまらず、犯人や民族大虐殺の目撃者に証言するように求めたランズマンは、自分たちは無実だと思っている犯罪集団の内部を暴いた。その

(35) Haffner S. *Histoire d'un Allemand*, Arles, Actes Sud, 2003.

(36) プリーモ・レーヴィ、前掲『アウシュビッツは終わらない』。

(37) Baruch M. O.,《La culutre d'un fonctionnaire est d'obéir sans se poser de quesitons》, *Le Monde*, 1er octobre 1997.

(38) *Ibid.*

(39) イヴェット・モクの証言によると、ほとんどの県知事は、一斉検挙の命令を出してからそれを執行するまで、かなりの猶予期間を設けた。というのは、ユダヤ人やレジスタンスたちに一斉検挙が実施されることを、憲兵が警告するためだったという。フランスで初のイスラム系知事シェリフ・メシェリは、逮捕者の名簿作成を拒否したため、戦後にレジオン・ドヌール三等を受勲した。彼はリモージュ(フランス中部の都市)で、パポンと同じ役職にあった。

映画の終わりの場面は、沈黙するのは、そうした犯罪者たちや彼らの後継者たち、そして史実を否定する者たちの共犯者になることだ、と訴えていたと私は理解した。

現実を否認する時代は終わった。ド・ゴールが「不幸のなかでも、沈黙と忘却は涙よりも悲しい」と嘆くことは、もうないだろう。ユダヤ人は、沈黙して他者を困惑させることがなくなった。われわれは過去を語るべき、となったのだ。文化的な環境が和らぎ、凍っていた言葉が溶け出したのである。ルネ・ブスケ〔ユダヤ人一斉検挙を指揮したフランス警察の責任者〕は、愚か者が〔一九九三年に〕彼を暗殺したために、告訴できなくなってしまった。残るはパポンだった。彼には、犯罪幇助の罪で禁固十年の判決が下った。彼は、自分は連行されたユダヤ人がどうなるのか知らなかったと反論したが、人道に対する罪を犯したに等しいとして咎められた。

私には、パポンと働いたことのある友人が何人かいる。彼らは異口同音に、「パポンは有能で信頼でき、仕事熱心で教養のある、感じのいい男だ」と言っていた。もちろん、パポンが戦争中に暴走したのは間違いない。あまりにも職務熱心だった彼は、当時でも避けることができたいくつかの判断を下してしまった。しかし、パポンと同じような過ちを犯した多くの者が、いまだに権力の座に居座っている。間違いを犯したのは、パポンだけではないのだ。

自己の記憶は、社会的枠組みと強い結びつきがある。われわれが語る物語は、自分たちの社会的地位や、日常生活で接する文化の物語に左右される。(40)

戦争中、殺されないために、私は沈黙を余儀なくされた。秘密にしなければならないことがたくさんあったのだ。戦争が終わり、現実を否認する時代に順応するために、私はほのめかしながらぼそぼそとしゃべるか、沈黙してしまうかで、周囲の人々を困惑させてきた。一九八〇年代からは、語ってほしいという誘いを受けるようになり、気が楽になった。つまり、同じ社会的出来事であっても、戦時中はしゃべることができず、戦争が終わってからは変質されてしまい、世の中の物語が変化したことによって、ようやく世間で語られるようになったのである。

凍った言葉が溶け出した

パポンの起訴により、私の周りでいろいろなことが起こった。パポンが一九八一年に初めて起訴されると、メディアで私の名前が登場した。それらを見て驚いた友人たちが、私に質問してきた。私はよろこんで答えたものの、彼らは一連の出来事の展開をうまく飲み込めず、私は説明に苦労し

（40）Marques J., Paez D., Serra A. E.,《Social sharing, emotional climat, and the transgenerational transmission of memories:The Portuguese colonial war》, *in* J. W. Pennebaker, D. Paez, B. Rimé（éd.）, *Collective Memory of Political Events, op. cit.*, p.258.

た。彼らはショアー〔ヨーロッパのユダヤ人大虐殺〕について何も知らないので、見当はずれの質問が返ってきた。ある若い法学部の女性教授は、「戦争がどのようなものだったかを、子どもが理解できるわけがない」と私に断言した。別の女性は心配そうな表情で、私が幼児性愛の犠牲者になったのではないかと尋ねた。というのは一九九〇年代、メディアでは盛んに幼児性愛の事件が取り上げられていたからだ。ある起業家は、死を逃れることができたのは、私が生物学的に優れた存在である証拠だと説明し、私の生命力に感心した。博士論文の発表の終わりに、ある若い大学院生の女性は、遠慮のない堂々とした声で「スリタンスキーの本[41]の中で、あなたの話を読みました。ところで、あなたはどうやって逃げ出したのですか」と私に質問した。私は、その女性にごく簡潔に答え、その場をそそくさと立ち去った。

私は、それらの勘違いや場違いな質問を責めるつもりはなかった。なぜなら、私の沈黙が彼らの無知を助長させたからだ。

一九九七年、私がマルゴに「正義の人々」の勲章を手渡したとき、私の子ども時代は公になった。控えめな性格のマルゴは、ごく内輪の式典を開いてくれないかと私に頼んだ。ところが、彼女の夫であるジョセフ・ラジュジーは、元法学部長で、シャバン゠デルマ〔元レジスタンス活動家でフランスの元首相〕の補佐役を務めたボルドーの名士だった。当然ながら、その式典は世間の注目を引いた。市役所に到着すると、そこには、旗を持ち、胸に勲章をつけた二十人ほどの元軍人、ヤド・ヴァシェムの委員会[42]の役員、十数人のジャーナリスト、市役所のほとんどの職員がいた。

マルゴの要望で、私は質問に曖昧に答えた。というのは過去に、私の誤った発言によって私が傷つけたくない人々の感情を害してしまったからだ。私はそれらの誤解を解くために発言し、自分が隠してきた子ども時代を公にするために式典に出席したことを強調した。

それまで私は、沈黙しなければならなかった状況では押し黙ってきた。だが一九八〇年代以降、ショアーに関係した映画、随筆、文献などの影響から、社会的な雰囲気は変化した。私は凍った言葉を溶かすことができ、うれしかった。それなのに、パポン裁判に証人として出席するように依頼されなかったのは非常に残念だった。

一九四四年一月十日の一斉検挙で生き延びたのは、自分だけだと信じてきた。私の上で瀕死の状態だった女性は、あの時に死んだと思っていた。そう思ったのは、歴史資料を読まなかったからだ（現実を否認したい気持ちから、それらの資料を探し出して読もうとする意欲がわかなかったのだ）（48頁参照）。

数カ月前、ミッシェル・ショウカーと名乗る人物から電話があった。「私は、あなたと同年齢です。あなたと一緒にボルドーのシナゴーグに閉じ込められました。あなたにお会いしたいのです

（41） Slitinsky M. *L'Affaire Papon, op. cit.* p.131.

（42） ヤド・ヴァシェム委員会は、「殉教者と英雄の追悼に関する法律、エルサレム（一九五三年）」に基づき、「諸国民の中の正義の人」の称号の申請書類を審議する。

が」。

だがどうして私は、この面会にヨラム・ムーチェニク(43)〔パリ大学の精神科の教授〕に立ち会ってくれと頼んでしまったのだろうか。若いムーチェニク教授は、感情を押し隠した子どもの心理に関する本を書いていた。本来であれば、生き残った自分の仲間に、私は一人で会うべきだったのだろう。このように書きながら私は、自分が無意識のうちにヨラムに立ち会ってくれと頼んだのは、またしても周囲の人々が自分の言うことを信用してくれないのではないか、と心配したからだと気づいた。また私は、証拠の欠片を掴み損ねるたびに疑り深くなっていたのだ。

ヨラムに来てもらい、われわれはミッシェルと陽気におしゃべりした。こうした話題は、「陽気に」にしか、しゃべることができないのだ。戦争が始まる前、ミッシェルの父親は、フォーブール＝ポワッソニエール通り〔パリ市内〕で開業医をしていた。彼は古い建物を買い、トルコ人労働者たちに改築してもらっていた。ところが戦争が勃発し、パリにいるのは危険だと判断したミッシェルの父親は、ミッシェルをボルドーにいる友人の司祭の家に疎開させた。その司祭の家で、ミッシエルは逮捕されたのだった。われわれのシナゴーグに関する思い出は、ほぼ同じだった。たとえば、入り口での選別、シナゴーグを取り巻く有刺鉄線、床に横たわり捕らえられた人々、乱暴な兵士などに関する思い出だ。彼は毛布の上にいたという。そこにいた女性とミルクの箱に安心した彼は、家畜車両に乗せられてドランシー収容所へと移送された。彼は死する運命になったのだ。

ドランシー収容所には、偶然にもミッシェルの父親が雇っていたトルコ人労働者が、建物の改修工事のために徴用されていた。自分の雇い主の子どもであるミッシェルを見つけたそのトルコ人は、ミッシェルの手を引いて、看守の傍に行き、「この子はユダヤ人じゃない。私の子どもだ。イスラム教徒だ」と訴えた。すると看守は、「お前の子どもなら、連れて行け」と言ったという。

その後、ミッシェルは医師になった。彼も、自分の過去を語るのが難しかったという。そのような経緯もあり、一九九七年にパポン裁判がボルドーで行われたとき、彼は証人になりたいと申し出たが、証言は必要ない、と断られたそうだ。

裁判が行われていたとき、私は、自分の上で瀕死の状態にあった女性は、あのときに死んだと思っていた。ところが、命拾いした彼女も証人として呼ばれなかったことを、裁判が終わってから知った。彼女は裁判のニュースを聞いて動揺し、心の中で眠っていたトラウマがよみがえってしまったという。[44]

戦後から五十年経っても、われわれはまだ沈黙させられたのだ。しかし、環境は和らぎ、凍った言葉は溶け出し、若者たちは、過去の悲劇に興味をもつのと同じように、ショアーにも関心を示すようになった。異常な出来事を論理的な表象の枠組みに組み入れるのは厄介な作業だけに、ショ

(43) Mouchenik Y., *Ce n'est qu'un nom sur une liste, mais c'est mon cimetière*, Grenoble, La Pensée sauvage, 2006.

(44) 彼女の息子と孫のヴァレリー・ブロンシェが私に語った。

アーを語ることは相変わらず難しい。お決まりの文脈に落とし込まれた悲劇として述べられる場合がほとんどだ。

出来事の記憶と社会的な枠組み

一九八五年、私は、ジャン＝ディディエ・ヴァンサント〔フランスの神経生物学者〕とともに、アメリカのサンディエゴにあるアメリカ国立精神衛生研究所(45)に招聘された。終戦時、われわれはラファイエ校長の学校にいた。ボルドーで有名なレジスタンス活動家だったヴァンサントの父親は、カスティヨン解放で重要な役割を果たした。サンディエゴでの晩、テーブルを囲んで、その田舎の子ども時代の話をした。彼はぽそりと言った。「ボリス、君は列車の窓から飛び降りたんだよね。あの時、飛び降りたからこそ、強制収容所に収容されなかったんだよな」。「死をぎりぎりのところで逃れたのは事実だけど、列車の窓から飛び降りたのではない」と答えた。誰も質問しなかった。われわれは話題を変えて、和やかに夕食を続けた。

ジャン＝ディディエは私と同じ学校だったので、私がラファイエ校長の学校に隠れていたことは知っていたのだろう。彼の父親や家族、あるいはカスティヨンの村人たちは、私が学校に隠れていたのを噂していたはずだ。彼は部分的な事実に、おなじみの場面を貼りつけたのだ。たとえば、映画などで「死の列車」に乗せられた母親が、窓から赤ちゃんを投げる場面だ。よくあることだが、彼は自分の記憶の二つの異なる源泉、つまり、彼の場合では、家族の話と一般に流布されているイメージを一つにしてしまったのだ。

パポン裁判の後、私は自分の子ども時代を語ってくれる人々に会った。ジョルジュ・ゲルドマンは、第七移送列車の記録と公文書を見つけた。この列車の同じ車両には、彼の母親と私の母がいたことがわかった。

イヴェット・モクからは、私が逃げたところを目撃したという内容の手紙をもらった。自分の父親を助け出そうとした彼女は、国際赤十字の看護師の前掛けをつけていたおかげで、シナゴーグに潜入することができた。モク婦人は、そのときのことをパポン裁判で証言した。彼女は、「私は、あなたが看護師の防寒ケープの中に隠れて《逃亡》するのを目撃した[46]」と詳述した。そのことをデクーブ婦人に確認すると、私が看護師のケープの中にいたことはないという見解で一致した。勇敢にもシナゴーグに潜入したモク婦人は、私が一人でいるのを見たか、逃亡しようと企んでいる姿を見たのだろう。というのは、私は成功するまで何度も逃亡を試みていたからである。そして彼女は、

(45) NIMH : National Institute of Mental Health, San Diego, États-Unis
(46) Yvete Moch, lettre, février 2001.

私が看護師のそばにいるのを見たに違いない。

　私の逃亡について語った多くの人々は、ケープ姿の看護師がいたのを覚えていた。驚いたことに、私が看護師のスカートの中にいたと断言する者までいた。彼らは、思い出の源泉を混乱し、誤った論理を導き出していた。たとえば、三本脚のテーブルを見たのに、思い出の中ではそれが四本脚のテーブルになっている場合がある。実際に三本脚のテーブルであっても、四本脚のテーブルは論理的な表象である。

　トラウマをともなう記憶は、絶えず繰り返す、固定された不変の思い出である。それは、物語の停止であり、死んだ記憶だ。ところが、過去の試練についての思い出を分かち合うことができれば、記憶は生き生きとよみがえる。そのとき、恐ろしい現実の表象に一貫性を施した修正に、われわれは驚愕することになる。思い出は進化するのだ。語る環境が整うと、物事がそれまでとは違って見えるのである。


　一九六七年にピエール・マーティ〔フランスの精神医学の権威。一九一八年生まれ一九九三年没〕に出会ったとき、私の語る環境は、まだ凍っていた。そのとき私は、パリのピティエ＝サルペトリエール病院神経外科の若い医師だった。朝八時ごろ、いつも忙しい救急班が複数箇所を骨折した女性を床に置いたまま、どこかに行ってしまった。その時間帯の病院は、全員が大忙しである。医師たちは自分たちの持ち場に張りつき、看護師たちはさまざまな指示を出しながら病院内を走り回り、床の清掃も行われ、もちろん外来の準備もしなければならない。忙しく行き来する人々が、床に置かれた痛み苦しむ女性を、ひっきりなしにまたいでいった。

付き添っていた女性が、患者をいつまでも担架の上で寝かせておくことはできない、と私に訴えた。そこで私は、使用していなかった診察室を職員に開けさせ、患者をそこの診療ベッドに寝かせ、やって来た立ち会いの医師に症状を説明した。検査結果が出るまでの間、その医師は椅子に座って待っていた。患者を囲んで忙しくしているときに、看護師の一人が私の名前を呼んだ。「シリュルニク先生、この検査も必要ですか」。座っていたその医師は、私の名前を聞いて椅子から飛び上がった。私が患者を診断している間、彼は近くに来て、私の顔をまじまじと見た。文字どおり「まじまじと見た」のだ。検査が終わり、落ち着きを取り戻した彼は、私を指差し、「君の父親の名前はアーロンだろう」と言った。なぜ彼が私の父の名前を知っているのだろうか。びっくりした私は、どうして父の名前を知っているのか尋ねた。「戦争が始まる前、私と君のお父さんは、反ファシストのグループで一緒に活動していたんだ」と彼は答えた。私は、自分の父について語ることのできる人物に出会ったのだ。資料、戦功十字章、アウシュヴィッツでの「煙滅」だけでなく、彼は、私の父が実際にどんな男だったのかを知っていたのだ。

外来患者がやって来たので、彼は私に名刺を手渡し、いつか訪ねてくれと言って立ち去った。もらった名刺には、「精神分析医、サンジェルマン大通り、ピエール・マーティー[47]」とあった。

しかし私は、彼に会いに行かなかった。

彼が父の死についてしゃべるのなら、私は、自分が家族を失った経緯を、すべてさらけ出さなければならないと思ったのだ……。自分の目の前から消えていなくなった死んだ親族に対して、私は何かできるのだろうか。誰も聞きたくない思い出は、私の心の奥底にある地下礼拝堂に閉まっておいたほうが、よいのではないだろうか。どうしようもない心の苦しみをよみがえらせても、意味がないじゃないか。私は、現実を否認したため、生前の父を知るピエール・マーティーに会うという、貴重な機会を逃したのである。

今日であれば、彼に会い、「煙滅」した家族に関する、私の知らなかったことを教えてもらえたのなら、幸せを感じただろう。実際に、ドラは、彼女の子ども時代と戦争について、ようやく語れるようになり、私はドラと一緒に、お互いの過去について知ろうとした。社会的な環境が変化し、そして歳をとったため、彼女は穏やかに自分を表明できるようになったのだ。ドラも自分の心の奥底にある地下礼拝堂を外に開くよろこびを感じていた。

社会的な環境の変化

一九八八年にアメリカから戻ったナタリー・ザイデ〔フランスの臨床心理学者〕は、トラウマが世代を超えて伝達されるという、アメリカの研究を報告した。私は、彼女の博士論文の指導教官だ

ったが、沈黙して自分を守るという方法は、人間関係を歪める恐れがあることを、彼女は私に気づかせてくれた。(48)

ジャック・シラク大統領は、一九九五年にヴィシー政権の犯罪を認め、大量虐殺に対する見方を大きく変化させた。一九九八年には、モーリス・パポンに対する「人道に対する罪」がほぼ確定した。私は、パポンは事態の進展に協力したのではないかと考えている。もちろん、パポンは自ら進んでヴィシー政権の犯罪を認めたくはなかっただろうが。

しかし、裁かれたのは、パポンという男ではなく、そこで働いていた責任者たちが、無実の千六百人を死へと追いやる書類に判を押すことができ、職務をきちんと果たしたという充実感を得て、立身出世の約束とともに帰宅できた奇妙な社会システムだったのではないか。

一九四四年のフランスには、数十万人の小型のパポンがいた。死の列車までバスを運転した者に

(47) ピエール・マーティー、ミッシェル・ドゥ・ミュザン、クリスチャン・ダヴィッド、ミッシェル・ファンは、いわゆるパリの心身医学の創設者たちだ。彼らは、心理的な欠陥により、幻想や情動をともなうことなく、操作思考が生じ、これが器質性疾患を引き起こすことを説明した先駆者たちだ。

(48) Zajde N., *Transmission du traumatisme chez les descendants de survivants juifs de l'Holocauste*, thèse de doctorat d'État, Paris-VIII, 22 janvier 1993.

は十日間の禁固刑を処し、逮捕すべき人物の名簿を作成した者には、罰金を科すべきだったのだろうか。

私は、死を覚悟して戦闘に従事した武装親衛隊〔ナチスの武装部隊〕やフランス民兵団[49]〔ヴィシー政権下で活動した親ナチスの民兵組織〕たちのことを言っているのではない。私は、ユダヤ人の財産を没収して経済のアーリア化を推進しようという名目を利用し、自分の雇用主を死に追いやる密告文を書いた者たちのことや、大学の医学部の教授ポストが欲しいために、ユダヤ人の教授を失脚させ、そのポストに就こうとした者たち[50]のことを言っているのではない。兵士あるいは犯罪者である彼らには、法律が適用される。私が驚くのは、単に従うために他人を殺すことができた、一部の人々の恐ろしいほどの従順さである[51]。

一九三〇年代にフランスにやって来たユダヤ人は、フランスは文化と人権の国だと思っていた。彼らは、人権がきちんと擁護されているフランスに、神でさえも満足していると信じていた。反ユダヤ主義がフランス社会に蔓延するなど、思いもしなかった。十九世紀末には、ゴビノー〔小説家であり外交官。科学を装った人種差別を説いた〕やドリュモン〔反ユダヤ主義の急先鋒だったジャーナリスト〕などが、人種差別の必要性を説き、反ユダヤ主義が蔓延する土壌がつくられた[52]。小説、映画、演劇、展覧会、新聞、そしてとくに反ユダヤ主義を助長する日常的な表現が、この文化的運動を構造化させた[53]。ペタン〔ヴィシー政権の首相〕が国民の崇拝対象になったフランスにおいて、一九四〇年にユダヤ人から労働と社会的保護を奪う法律が定められたのは、驚きではなかった。その当時、モーラス〔ヴィシー政権に協力した反ユダヤ主義の文芸評論家〕がもてはやされ、人々は「穏やかな服従」のためにモーラスに夢中になり、次のような歌を陽気に歌った。「元帥〔ペタン〕よ、われらここにあり、フランスの救世主である、あなたの前に」。そしてユダヤ人街は、危険だと糾弾された。「学校がユダヤ人の子どもを迎え入れると、その子はわれわれよりもオック語〔ロマンス語系のフランスの地方語〕が上手になるだろう。われわれは優秀なユダヤ人に勝ち目がない(54)」。こうした正当防衛が口実になり、ユダヤ人に対する攻撃が正当化された。

ところが、一九四二年六月に黄色いバッジを着用する法律が施行されると、世論は一気に変化した。ユダヤ人の表象は突如として変質したのだ。伝統主義者の財産を奪い取るためには都合がよかった、商売上手で鉤鼻のユダヤ人というイメージを維持することは、不可能になったのである。たとえば、金髪のブルーメン氏は数学の教授だった。小さなまっすぐな鼻の持ち主のコーエン氏は街

(49) Terrisse R., *La Milice à Bordeaux. La collaboration en uniforme*, Bordeaux, Aubéron, 1997.
(50) Epstein H., *Le Traumatisme en héritage*, Paris, Gallimard, 《Folio》, 2010.
(51) Welzer H., *Les Exécuters. Des hommes normaux aux meutriers de masse*, *op. cit.*
(52) ジョセフ・アルテュール・ゴビノーの『諸人種の不平等に関する試論』と、エデュアール・ドリュモンの『ユダヤのフランス』は、ドイツの国家社会主義の発展に重要な役割を担った。
(53) Klemperer V., *LTI, la langue du IIIe Reich*, Paris, Albin Michel, 1996.
(54) *Gicanti S., Maurras. Le chaos et l'ordre, Paris, Flammarion, 2008, p.161.*

の仕立屋だった。大きな手をもつレヴィー氏は音楽家だった〔三名とも典型的なユダヤ人の姓〕。

自分たちの身近にいる人々が黄色いバッジをつけているのを目の当たりにし、迫害という幻想の根拠は失われた。カトリックの国だったフランスは、黄色いバッジ着用の法律のおかげで、表象を変化させ、ユダヤ人救済に乗り出した。オランダでも同じ現象が起こった。「ヘブライ」〔ユダヤ人の別称〕と記された黄色いバッジの着用が義務づけられると、国民はユダヤ人を保護するようになった。この現象は、ドイツや他のヨーロッパ諸国では起こらなかった。なぜなら、ユダヤ人絶滅作戦がすでに実行された後に、目印をつけることが決定されたからである。

パポン裁判は人を裁いたのではなかった。しかし、一九四五年に三十万ページもの資料が公開されたとき、対独協力した者たちは裁判所に呼び出され、二万五千人の公務員〔当時、公務員は全体で七十万人いた〕を含む十二万五千人に有罪判決が下り、一万二千人も銃殺刑に処された一方、行政の責任者や、経済的および科学的な協力をした者に対しては、きわめて寛大な処分が下された。要するに、貧乏くじを引いたのは、いつものように下っ端連中だったのだ[55]。

パポン裁判には啓蒙的な効果が期待されたが、それは期待はずれに終わった。調査の結果、八二%の人々は、この裁判から〔第二次世界大戦中のドイツによる〕占領時代について学んだことはほとんどない、と回答した。そして六二%の人々は、裁判が終わっても、戦時中のパポンの役割はよくわからなかったと答えた[56]。

法廷からお呼びがかかった歴史家たちは、「真実、洗いざらいの真実……」を追求するという使命を果たすことなどできないと訴えた。ピエール・ヴィダル・ナケ〔ユダヤ系の歴史学者〕、モーリス・ライスフィス〔ユダヤ系の歴史学者〕、アンリー・ルッソ〔歴史学者〕などは、裁判に関与することを拒否した。その他の歴史学者たちも、真実を保証するのではなく、正義を補完する専門家という役割で裁判に協力したにすぎない(57)。

そのような慎重な態度であっても、パポン裁判は、われわれの文化を変化させた。現在では、一九四五年のときと同じような方法で、対独協力が裁かれることはなくなった。戦後、懲罰を免れた者たちには、法を逃れる手段があったと噂された。あれから六十年後の今日、われわれは彼らの人種差別に基づく冷酷で狡猾な犯罪に対して、怒りを感じている。パポン裁判の啓蒙的な効果は、すぐには現われなかったのだ。われわれの文化がそのことを語る方法を学ぶために、歴史学者、哲学者、証人、芸術家などが、パポン裁判が提起した出来事を練り上げる時間が必要だったのだ。

(55) Wieviorka O., 《L'épuration a-t-elle eu lieu?》, *L'Histoire*, juin 1998, n° 222, p.81-82.
(56) Sondage Sofres-Libération, *Libération*, 24 mars 1998.
(57) Jeanneney J.-N., *Le Passé dans le prétoire. L'historien, le juge et le journaliste*, Paris, Seuil, 1998.

憎むのでもなく、許すのでもなく

私自身、パポン裁判に困惑したが、それは大きな役割を果たしたと思う。ほとんどの人々は興味をもって、そしてときには怒りながら裁判の行方について語り合った。「パポンを裁判にかける必要などない。すぐに死刑にしてしまえ」と叫ぶ者や、逆に「彼には何の罪もない。すぐに自由にしてやるべきだ」と反論する者がいた。

ついに皆が、その問題について語り始めたのだ。

人々は、私に質問を投げかけ、興味を示し、驚き、唖然とし、哀れんだ。人々が私に語る機会を提供したので、私の心の中の地下礼拝堂は存在意義を失った。私は機会が整えば、自分の子ども時代の困難や生き延びようとしてきたことについて、少しずつ語れるようになった。おしゃべりをしながら私は、皆と同じ人間になったのである。だが、それは奇妙な気持ちだった。というのは、それを語ると、沈黙していたときと同様に、不快な気持ちになったからだ。おしゃべりをしながらも私は、やはり皆と同じでないと感じた。次のような質問に対して、はたして何と答えたらよいのだろうか。「かくまってくれた人たちは、あなたを悪用したのではないか。強制収容所に移送されなかった《正義の人々》は、対独協力者だったのか。あなたはパポンを憎んでいるのか、それとも許したのか」。

憎むのでもなく、許すのでもなく。

私に許しを求めた者は、誰もいなかった。例外は、自分たちの祖父母が犯した罪について、いまだに罪悪感を覚えるドイツの若者たちである。なぜ彼らは、私に許しを求めたのだろうか。ある男が婦女暴行の罪を犯したとしても、その息子が刑務所に入れられることなど、ないではないか。

すべての宗教は、自分たちの近親者が犠牲になった意図的あるいは無意識な悪について、許すように求めている。ユダヤ人には、ヨム・キプルがある（贖罪の日）。ギリシャ正教徒たちは、許しを求め合い、お互いに電話をかけ、夕食を共にする。コーランは、「心地のよい言葉と許しは、施しよりも価値がある」と教えている（スーラ　二章二六三節）。

われわれは、山火事や水害などの自然災害に許しを与える必要を感じない。自然現象に憎しみを覚える者はいない。それは警戒すべき対象だ。自然災害から身を守るには、自然をうまく制御するために、その仕組みを理解しなければならない。それは、加害者を突き止めて断罪しようとする作業ではなく、たとえば自然災害で収穫物を失った農民が、水文学の専門家になることである。

ナチズムや人種差別について私が思うのは、そのようなことだ。ナチズムや人種差別に加担した人々は、現実から切り離された表象に服従した。彼らは、自分たちが考えたイメージを他者に押しつけ、それに対して怒ったのだ。たとえば、社会の寄生虫のような輩、黒人、ユダヤ人、アラブ人、オーベルニュ地方の人、ジャズ好きには死を、と叫んだのだ。そして彼らは、そうした不条理な表象に従うために行動した。彼らは服従することによって団結し、団結することによって自分たちは強者だという感覚に浸った。すなわち、「われわれが服従するおかげで、われわれの崇拝するリーダーは強いのだ」と考えたのだ。

私にとっての選択肢は、罰するか、許すかではなく、ほんの少し自由になるために理解するか、隷属に幸福を見出すために服従するかである。[58] 憎むのは、過去の囚人であり続けることだ。憎しみから抜け出すためには、許すよりも理解するほうがよいではないか。

（58）Étienne de La Boétie [1549]. *Discours de la servitude volontaire*. Paris. Flammarion. 1993.

おわりに

私は、自分が執筆を終えたばかりの本に非常に驚いている。偉業や言い訳が並べ立てられた自叙伝など書きたくなかったし、自分の日常生活においてほとんど考えたこともないユダヤ人擁護論を述べるつもりもなかった。

一九四四年一月に私が逮捕された時点から出発して、本書の執筆は、あたかも絡まっていた毛糸玉を解きほぐすような作業だった。それは「県が私を逮捕した」ことから始まり、「パポンが断罪された」ことに終わる。正直に書き綴ることは、恐ろしく難しい。しかし、読者は安心してほしい。本書を執筆するにあたり、自分の知る事実を他の証言と照らし合わせて確認したからだ。

そこでわかったのは、あらゆる記憶や自己の物語は、自分の過去の表象だということだ（同じ出来事であっても、本人が抱く感情によって、その意味合いは異なる。史実と本人の思い出は異なる場合もあるということ）。無から何かをつくり出すことはできない。経験がなければ、何も語ることができない。自分の心の中の劇場で、何が表象になっているのかを知るには、記憶の中から真実をくまなく探し出す必要がある。

戦争という不幸により、私は沈黙するという技法を学んだ。私を取り巻く社会環境が変化し、言葉を取り戻してからは、私は自分が歩んできた行程の意味を理解できるようになった。

今日、ロトの妻は、後ろを振り向き、自分の過去を眺めることができる。そして塩柱になることなく、幸福に向かって歩んでいけるようになった。

〔ソドムとゴモラの〕火事は、おそらく収まったのだろう……。

ソドムの破壊（ギュスターヴ・ドレ画）

訳者解題

本書が出版された背景

本書は、フランスで二〇一二年九月に出版された *Sauve-toi, la vie t'appelle* の全訳である。タイトルを直訳すると『自分を救うのだ、人生が君を呼んでいる』という意味になる。

本書は、フランスでは二十五万部を超えるベストセラーになり、世界一〇カ国以上で翻訳刊行された。本書執筆のきっかけは、その二年前の二〇一〇年三月に、著者の回想録的な随筆 *Je me souviens…*（『私は覚えている……』）が出版され、これが大反響を呼んだからである。

精神科医である著者は、すでにトラウマをテーマとする一般書を多数出版してきた。文筆活動を通じて、いじめ、家庭崩壊、性犯罪や戦争の犠牲者など、トラウマに苦しむ人々の心理を理解し、トラウマを治癒するための道筋を提示してきたのである。たとえそのような悲惨な状況に直面したとしても、へこたれない精神（レジリエンス）を養うことによって、トラウマをはねのける方法を、著者は専門的な見地から一般読者に説いてきたのである。

著者の両親がユダヤ人一斉検挙の犠牲者であり、著者が恵まれない子ども時代を過ごし、苦学を経て医師になった人物だということは一般に周知されていたが、彼がこれまでそれを本書で言うと

著者ボリス・シリュルニク（右側）

ころの「一人称」で語ることはなかった。事実、二〇〇三年に書かれた著者の『妖精たちのささやき』（塚原史、後藤美和子訳、彩流社、二〇〇七年）には、「戦時中に悲惨な経験をした子どもの例」が掲げてある。この本を読むと、名前は違うが、それが著者自身の出来事なのがわかる。読者に対し、自分の体験として、つまり一人称では心の傷を語ることができなかったのである。

　そして本書を書き下ろすためのスケッチとも言える前述の『私は覚えている……』が出版され、彼の熱心な読者のみならず、フランス世論は驚愕した。フランスの新聞や雑誌では、その本の特集が組まれ、ユダヤ人迫害に対するフランス人の歴史観や道徳心について、さかんに議論されるようになった。著者の講演会や学術的な学会において、その本に登場する関係者が名乗り出てきた経緯は本書に詳しい。こうした経緯から、著者は本格的な自伝を書くことを決意し、本書が執筆されたのである。出版後、本書は前作以上の衝撃をもたらし、各紙のベストセラーのランキングでは、長期にわたって一位だった。

　一人称で語れなかった著者のそれまでの心の葛藤を知るために、本書のスケッチにあたる『私は覚えている……』も、ぜひ手に取ってほしい。本書と読み比べると、著者の心の中での幽霊のようなつぶやきの中に、微妙な心の揺らぎが感じられると同時に、本書で言うところの、厳冬のなかに閉じこもっていた「凍った言葉」が、春の日光に当たって溶け出す様子がじわりと伝わってくる。出版順序はフランス本国と前後するが、この本も『私は覚えている……』（仮題、林昌宏訳、吉田書店）として、近日中に出版される予定だ。

記憶、思い出、物語

記憶は事実の断片であり、思い出はそれらを組み合わせて意味を付与したものだ、というのが著者の解釈だ。そしてこの思い出は、自分に語り聞かせる物語になる、と著者は説明している。この自分に語って聞かせる物語によって希望を抱くことができなければ、われわれはトラウマに悩まされることになる。

著者ボリス・シリュルニク

記憶が組み合わさって思い出になる過程では、主観が入る。だからこそ、自己の物語は史実と異なることもあるのだ。しかし、自己の物語が史実と異なるからと言って、それは嘘ではない。この主観を加えながら自分を勇気づける物語をつくり、そしてこれを己に語って聞かせることこそが、過去に幽閉された囚人になるのを防いでくれる。それは、過去の耐えがたい事実、つまりトラウマをともなう記憶から逃れる方法なのだ、と著者は解説している。要するに、記憶の物語化がトラウマから逃れる方法なのである。

著者は、自分の子ども時代が悲惨で恐怖に満ちたものだったからこそ、希望と勇気にあふれる物語をつくり、それを繰り返し自分に語り聞かせ、トラウマから逃れたのだ。

一連の事実である記憶をどのように解釈して思い出にするのかは、楽観的な人、悲観的な人、宗教心に篤い人、唯物論的な思考の人など、人によって異なるだろう。どのような解釈をするにせよ、著者は希望と勇気にあふれる物語を構築することが、その人の生きる力なのだと主張している。

その際には、幼年期に形成される言語能力が大きく影響するという。著者の場合、幼いころに両親の愛情に包まれて育ったことが、その後の苦境を切り抜けるのに大いに役立ったと述懐している。精神医学者でもある著者は、言語機能が弱いとトラウマに悩まされる確率が高まると指摘している。視覚機能に比べて言語機能が弱いと、前者を通じて生々しい記憶が形成される。すなわち、後者に依存するフィクションに近い自己の物語は形成されず、報道写真や行政文書のような事実の羅列がその人の記憶になる。そうなると、行き場を失った心の中の自分は、このような生々しい記憶がもたらすトラウマに悩まされ、自己を自ら破滅に導くことになる……。

本書には、ドイツ人将校が著者に彼の子どもの写真を見せ、著者と似ていると語る場面がある。著者は、自分が彼の子どもに似ていたので、ドイツ人将校は自分の逃走を見逃したのだという、事実とは異なる物語をつくることによって、極度の人間不信に陥るのを無意識のうちに防いだ。そして自分はトイレの壁をよじ登り、自らの力で自由を手に入れたという成功物語を繰り返し自己に語り聞かせた。その後も、これらの思い出を事あるごとに反芻し、いくつもの苦境を乗り越えてきたのだ。

人生において重要なのは、物事を理解するのと、将来に希望をもつことだというのが、著者の信条だ。相手がなぜそのような行動をとったのかが理解できれば、怒りは収まる。そして、理解したうえで希望をもつことができれば、トラウマに悩まされなくてすむ。これらの作業では、主観が大きな役割を担う。すなわち、重要なのは何を記憶しているかではなく、どのような思い出をもつかである。これこそが逆境にあっても、人生をあきらめない方法なのだと、著者は自身の体験から語っている。すなわち、それが著者の語る「へこたれない精神（レジリエンス）」の概要である。

「へこたれない精神」

強制収容所から生還した人々や、ルーマニアの孤児を対象に追跡調査を実施してきた著者は、フランスでは「へこたれない精神（レジリエンス）」の権威である。精神科医である著者は、レジリエンスについて、学術論文だけでなく一般書も数多く出版している。

このレジリエンスという言葉は、本来は「弾力」を意味する物理学用語であり、外力を加えられて変形した物体が、外力に抗して元の形に戻ろうとする力を表わす。心理学や精神医学の分野では、「レジリエンス」とそのまま表記されることが多いようだが、本書では「へこたれない精神」という訳語を用いた。

悲惨な体験をしても、すべての人がトラウマに悩まされるわけではない。トラウマになる人とならない人との違いが、レジリエンスである。レジリエンスには、生理学的な遺伝的要因と文化的な後天的要因があることが知られている。先ほど述べた、希望をもたらす物語をつくり、それを自分に繰り返し語り聞かせるという方法は、著者のレジリエンスを高めた。これはレジリエンスを高めるための、きわめて効果的な方法だ。しかし、自分一人で記憶をうまくつなぎわせて物語をつくるためには、本人の理解力や想像力など、高度な言語機能が必要になる。

後ほど述べるが、著者は自国において弾圧された事実を、誰にも語れないことに一人悩み苦しんだ。これは、いじめや虐待などと似たケースだろう。一方、大きな災害や社会的出来事などの集団的体験もトラウマを引き起こすことがある。しかし、そのような場合では、メディアなどを通じて、集団の物語がつくり出されるので、比較的回復しやすい。戦争直後の荒廃した日本を思い浮かべてほしい。

だが、たった一人で悩みながらトラウマから脱するのは、恐ろしく困難なことなのだ。本書からもわかるように、著者の場合は、並外れた理解力と想像力があったからこそ、希望をもたらす一貫性のある物語をつくることができたのだ。そしてそれを繰り返し自分に語りかけることによって、トラウマから逃れたのだろう。今日の日本においても、トラウマに苦しむ者は、われわれの周りにいる。われわれの社会は、一人で悩み苦しむ者に対し、手を差し伸べるような社会であってほしいと願わずにはいられない。

著者は、本書のスケッチ版（仮題『私は覚えている……』）を書く前までは、自分に起こったことを一人称では書けなかったと語っている。なぜなら、一人称、すなわち「自分は」と書くには、子ども時代の出来事は、あまりにもつらいことだったからだ。

優れた芸術家の中には、子ども時代の悲惨な体験を自己の物語につくり替え、それを小説、映画、演劇などで表現し、大きな社会的成功を収めた者もいる。著者は、彼らの成功を「心傷ついた者の悲しい勝利」と表現している。これには、著者自身のことも含まれているのではないだろうか。

「しっかりした自己をもたず、周囲の支えがない人は、悲惨な出来事の後に、過去の囚人になってしまう。そのような人々は、《自分》に起こったことを代弁してくれる自分の物語の主人公が三人称で語りだすまで、現実を否認し、過去を振り返ることを避ける」と著者は語っている。

著者シリュルニクについて

ボリス・シリュルニクの生い立ちは本書に詳しい。ここで簡単にまとめておく。

彼は、一九三七年七月二十六日にフランスのボルドーで生まれた。彼の両親は、ポーランド系のユダヤ人だった。一九四〇年にナチス・ドイツの占領下にあったフランスでは、ユダヤ人社会を規制する反ユダヤ法が施行され、著者の両親はユダヤ人であることを理由に逮捕された。

彼の父親は、「外人志願歩兵連隊」に従軍し、フランスのために戦い、一九四〇年にフランス国内で負傷した。入院先のベッドで、ユダヤ人であることを理由にフランスの警察に逮捕され、ナチス・ドイツに引き渡され、アウシュヴィッツ送りになった。

彼の母親は、一九四二年七月十九日のユダヤ人一斉検挙の際に、フランスの警察によって逮捕された。一斉検挙が実施されるのを事前に察知した彼女は、五歳になる寸前の著者を、自分が逮捕される前日に孤児院に預けた。その後、彼女もナチス・ドイツに引き渡され、アウシュヴィッツ送りになった。

そして一九四四年一月、著者が六歳のとき、彼もフランスの警察によって逮捕された。逮捕ならびに連行されたシナゴーグから脱出した様子は、本書に詳しい。脱出しなければ、彼も間違いなく両親と同じ運命をたどっただろう。シナゴーグから脱出した後、大学の食堂の大鍋の中や、輸送中のジャガイモの袋の中に隠れ、対独協力者やドイツ軍の非常線を突破し、終戦まで田舎にある農場や小学校の校舎に潜んでいた。

パリにいた彼の親類の多くも殺された。戦中、ユダヤ人であるがために、著者は両親を失い、知り合いに密告され、世間から危険人物とみなされ、周囲から陰口をたたかれた。常に死と背中合わせの生活を強いられたのである。

しかし、著者が本当につらいと感じたのは、感情が麻痺していた戦中ではなく、戦後にパリで暮らす母のきょうだいのドラに引き取られ、安定した生活基盤を得てからだった。戦争という大混乱の後に社会が安定し、自分が失ったものについて考える余裕が生じたからだろうと、つらかった時期を振り返っている。

つらさをばねにして、物質的には恵まれない環境ながらも、猛勉強してパリ大学の医学部に入学し、念願の精神科の医師になった。学生時代には、早朝から三時間、清掃会社で働いた後に大学の授業を受け、電気代を払えず、夜は月明かりで勉強した。冬は暖房がなかったので、ズボンを顔に巻いて寝たなどの苦学ぶりには、言葉を失う。

そうした物質的なつらさに加え、自分の過去を己にしか語ることができなかったのは、恐ろしく息苦しかったという。自分の過去を語れないため、彼の人間関係はぎくしゃくした。ある話題になると、突然機嫌が悪くなったり、押し黙ったりするなど、周囲の者たちにとって、著者は影のある謎の人物だったのだ。

戦後、自由になった社会では、国民は一丸となって復興に向かって歩んでいた。それは、大部分の人々が経済成長の恩恵に浴した時期である。だが著者は、自分に起こった常軌を逸した出来事を語る場がないことに苦しんだ。戦後から一九八〇年ごろまでの間、ユダヤ人大虐殺は、ナチス・ドイツの狂気の仕業であり、フランスは被害者だったという歴史認識ができあがっていた。毎年右肩上がりで所得が増える時代に、フランスが自分たちの社会の少数派を弾圧したことに、耳を傾ける者はいなかったのだ。その転換期になったのが、本書にも登場するモーリス・パポンの一九八三年の起訴だった。

モーリス・パポン裁判

一九四〇年六月にナチス・ドイツがフランスに侵攻し、首都機能はフランス中部の町、ヴィシーに移った。これが終戦まで続いた対独協力のヴィシー政権だ。ヴィシー政権は、一九四〇年十月に「ユダヤ人と外国人に対する法律（反ユダヤ法）」を制定し、国内のユダヤ人の社会的権利を剥奪した。これが先ほど述べたユダヤ人一斉検挙実施の法的根拠になったのである。

戦後しばらくの間、フランスでは、ヴィシー政権は傀儡政権であり、対独協力によってドイツの統治圧力を弱めたとする解釈や、反ユダヤ法の施行は、ナチス・ドイツに押しつけられたものだったという解釈が一般的だった。

しかし反対に、ヴィシー政権は、積極的に対独協力したのであり、フランスの反ユダヤ法は、自主的に立法化されたのだという証言もあった。フランスの黄金の三十年間とよばれる戦後の高度経済成長を謳歌していた時代には、フランス社会は過去を振り返ることがなかった。しかし、一九八一年にモーリス・パポンの過去が暴かれ、フランス国民はついに封印された歴史に向き合うようになった。

一九一〇年生まれのモーリス・パポンは、ヴィシー政権の内務省に入り、一九四二年には、三十二歳の若さでボルドーにあるジロンド県の事務局長になった。フランスの他の県でもユダヤ人一斉検挙が実施されたが、職務に「忠実」だったパポンは、ジロンド県に在住するユダヤ人を一網打尽にするために、一斉検挙の実施を一時間前に発令し、およそ二百人の子どもを含む、千六百人のユダヤ人を逮捕した。他の県では、彼と同じ役職にあった者は、逮捕者リストの作成を拒んだり、一斉検挙の実施をかなり遅らせて逃走するための猶予を与えたりしたという。つまり、彼が暴走したのは否定できない事実だったのだ。

一九八一年に、パポンが署名した一斉検挙に関する当時の公文書が明るみに出て、彼は一九八三年に起訴された。一九八一年までジスカール・デスタン政権で予算担当相を務めるなど、エリート官僚から大物政治家になった彼が法廷に引っ張りだされたのは、一九九六年だった。このとき彼は、すでに八十六歳の老人だった。彼は、「自分は役人として命令を執行しただけであって、逮捕されたユダヤ人がその後、どのような運命をたどるのかまでは知らなかった」、「ユダヤ系のレジスタンス活動家は名簿から外した」と反論した。だが一九九八年には、人道に対する罪を犯したのに等しいとして、禁固十年の刑が言い渡された。

フランスでは、パポン裁判により、ようやく封印された過去が語られるようになり、メディアではさまざまな意見が交錯した。たとえば、対独協力の実態を明らかにする最後のチャンスだという意見、治癒しつつある過去の傷を無意味に穿り返すことによって国の結束がかき乱されるだけで、パポン裁判はフランスにとって有害だという意見、国家としての犯罪にパポン個人の責任を追求しても意味がないという意見などである。

著者によると、当時、フランスには彼と同等の責任があった者だけでなく、小型のパポンがたくさんいたという。どこにでもいる普通の「善良な人々」だった彼らは、ちょっとした疑問を抱きながらも、ユダヤ人弾圧に加担したという。無意識の服従により、集団で常軌を逸した所業に加担したのだ。日本の植民地時代、企業ぐるみの犯罪、現在のいじめ問題にも、同じ病理が見て取れるのではないだろうか。

著者は、「裁かれたのは、パポンという男ではなく、無実の人々を死へ追いやる職務を実行した者を優遇したいびつな社会システムだった」と語っている。そうはいっても、先ほど述べたように、彼は職務熱心で優秀な役人だった。彼は無実のユダヤ人を死へ追いやっただけでなく、戦後も警視総監として共産党のデモ行為を武力行使によって鎮圧するなど、多くの「功績」をあげ、政治家になってからも、内閣の要職を務めた。

そのような過去をもつ人物を、フランスの功労者としてきたことについて、フランス世論は大きく割れた。パポン裁判により、フランス社会が選択した暴力が、白日の下にさらされたのである。では、その暴力の矛先となったフランスのユダヤ人は、どのような人々だったのだろうか。

フランスのユダヤ人

私の友人であるフランス国立人口研究所の元所長フランソワ・エラン氏に、人口学者としての立場からフランスのユダヤ人についてレクチャーしてもらったので、以下に紹介したい。

第二次世界大戦の始まる直前、人口四千百五十万人のフランスには、二十二万五千人から三十二万人のユダヤ人がいたと推定されている。したがって、フランスにおけるユダヤ人の人口割合は、およそ〇・七％だ。フランス国民の差別意識を刺激した原因の一つである医師、大学関係者、会計士などの知的職業分野や、金融業や小売業などの商業部門などに、一部のユダヤ人が就いていたのは事実だが、実際には、多くのユダヤ人は無産階級だった。一方、ユダヤ人は十九世紀に農村部から都市部へと移住したため、農村部におけるユダヤ人の人口は、きわめて少なかった。

地域別では、ドイツ国境沿いのアルザス地域では、人口百二十万人に対して三万人のユダヤ人がいた。すなわち、二・五％である。参考までに、この時点でのドイツ国民全体に占めるユダヤ人の割合も、たったの一％だった。

一九三九年の時点では、フランスのユダヤ人の人口のおよそ三分の二は外国籍だった。というのは、一九一〇年代以降、スラブ諸国で迫害されたユダヤ人が、フランスに大勢やって来たからである。著者の両親も、そのような経緯でポーランドからフランスに移住したのではないだろうか。新参者の彼らは、往々にして非常に貧しく、フランス市民のみならず、ユダヤ系のフランス人（フランス革命以降、十全たる市民権をもった人々）からも嫌われていた。

一九三三年にヒトラーが政権を掌握すると、ドイツ、オーストリア、チェコスロヴァキアに住んでいた五万人のユダヤ人がフランスに避難してきた。フランスにやって来た彼らの一部は、さらにイギリスやアメリカへと渡った。

少数派に対する憎悪

一九四二年六月、フランスでは県の条例により、一般市民がユダヤ人を識別できるように、ユダヤ人は胸の部分に黄色の星を縫いつけた衣服を着用しなければならなくなった。すでにパリでは、ユダヤ人一斉検挙が実施され、逮捕された人々は、アウシュヴィッツ送りになっていた。

著者によると、この黄色の星の着用義務によって、フランスの世論は大きく変化したという。一般の人々がユダヤ人に対して抱くイメージが変化したのである。つまり、それまで自分たちの社会の調和を乱す強欲な根無し草だとみなしていたユダヤ人が、実はわれわれの身近で暮らす善良な普通の人々であることが、黄色い星の着用義務によって明らかになったのである。このときからフランス市民は、ユダヤ人迫害に疑問を感じるようになったという。

フランス市民は、自分たちが型にはまった古臭いイメージを抱いていたことに気がついたのだ。ユダヤ人と聞くと、すぐにシェイクスピアの『ヴェニスの商人』に登場する強欲な金貸しシャイロックのような人物をイメージしたのだろうか。あるいは、さきほど述べたユダヤ人の三分の二が外国籍の「流れ者」だったことが、気に入らなかったのだろうか。だが、著者のように、自分はフランス人であって、ユダヤ人が何を意味するのかがわからなかったと語る者や、著者の父のように、フランスのために従軍した者もかなりいたのだ。

フランスでユダヤ人が迫害されたのは、自分たちこそ本当の国民だと考える人々が、少数派であるユダヤ人を憎悪したからだろう。フランスの文芸評論家ルネ・ジラールは、「暴力が起こるのは、少数派が存在するからではない。これとはまったく逆に、暴力が少数派を生み出すのだ」と指摘している。すなわち、黄色い星の着用義務による世論の変化からわかることは、少数派だったユダヤ人にすべての原因があったから暴力が発生したのではない。「パポンという男を裁くのではなく、そのような職務を忠実にこなした官僚が出世できたシステムが断罪された」という著者の分析と同様に、少数派にではなく、フランス社会に暴力が内在していたことに原因があったととらえるべきなのではないだろうか。これは、戦中戦後、そして現在の日本における外国人差別の問題にも当てはまる分析だと思う。

そうした意味で、ヨーロッパは、集団的暴力が極限にまで達した地域である。ヨーロッパ統一の理念には、このような集団的暴力を二度と再発させないという決意が刻み込まれている。一方、アフリカ諸国はもちろん、わが国を含むアジア地域において、近年の領土問題をめぐる関係国の国民の反応を見ると、社会に内包された集団的暴力が再燃しそうな気配が感じられないだろうか。

フランスでは一九八〇年代に入り、先ほど述べたパポン裁判、本書で触れられているこのときの様子を描いたルイ・マル監督の『さよなら子供たち』（一九八七年）、『サラの鍵』（二〇一〇年）などの映画が制作され、ドイツ人だけでなく、フランス人もユダヤ人を迫害したという史実に向き合うようになった。

それらの映画の中でも、原題が『ユダヤ人一斉検挙』という『黄色い星の子供たち』を紹介したい。なぜならこの映画は、本書を理解するうえで、実に示唆に富んでいるからである。

『黄色い星の子供たち』

一九四二年七月、フランス政府は、パリとその近郊に住む、四千百十五人の子どもを含む一万三千百五十二人のユダヤ人を一斉検挙し、彼らを飲み水もない劣悪な環境の冬季競輪場に収容した。そこに五日間拘留した後に、フランス国内の収容所に移送した。彼らは、国内の収容所から家畜用貨車に乗せられ、アウシュヴィッツをはじめとするポーランドの絶滅収容所へと移送された。生存者は、わずか二十五人だったという。

この「冬季競輪場事件」は、一九九五年にシラク大統領がフランス政府の責任を認めるまでの約五十年間、公式に認められていなかった。この事件を映画化したのが『黄色い星の子供たち』だ。この映画は、フランスでは二〇一〇年に、日本でも翌年に公開され、大ヒットした。

この映画のストーリーは、シナゴーグに収容された人々が、ボルドーの中央駅からフランス国内のドランシー収容所へ移送された後に、アウシュヴィッツ送りになった本書の話と符合する。映画なので、内容がかなり単純化されているが、ストーリーは史実に忠実である。また、登場人物の設定はうまくモデル化されており、主人公たちのセリフには、当時の代表的な意見が凝縮されている。

たとえば、本書でも描写されている次のような場面が印象的である。知的職業に就く有産階級のユダヤ人家族と、最近になってフランスにやって来た無産階級のユダヤ人家族との対比（映画の冒頭で、母親のフランス語の文法の間違いを、幼い息子が指摘する場面がある）、自分の野望を満たすためにユダヤ人一斉検挙を指揮したフランス警察の責任者レネ・ブスケなどユダヤ人迫害に積極的に加担したフランス人と、迫害されたユダヤ人を命がけで支援したりかくまったりした市民との対比、公務執行と称して残虐性を発揮した一部の警察官と、人道的配慮を見せた消防士たちとの対比などである。さらには、狂った命令を出す組織に属していることを自覚しながらも、公僕一個人ではどうすることもできないというジレンマを感じた現場の警察官や、服従しながらもちょっとした反骨精神の発揮によって「心の中のアリバイ」をつくろうとした者たちの描写である。

この映画からは、それまでの勧善懲悪的な二元論によって、悪の集団と善の集団に切り分けて史実を片づけてしまわないようにする配慮が感じられる。属する集団によって人間の善悪を論じることはできない、という単純な真理は、一九四七年に発表された不朽の名作、V・E・フランクルの『夜と霧——ドイツ強制収容所の体験記録』（霜山徳爾訳、みすず書房、一九六一年）でも語られている。「人間の善意を人はあらゆるグループの人間において発見しうるのである。従って人間の善意は全部からみれば罪の重いグループにも見出されるのである。その境界は入り混じっているのであり、従って一方が天使で他方は悪魔であると説明するようなことはできないのである。（……）この意味で如何なるグループも《純血》ではない」。そしてまた一人の人間自身も、善と悪との合金的な存在なのである。

戦時中、追われる身だった著者は、瞬時に敵味方を区別したという。自分を助けてくれる人と、密告する恐れのある人を素早く見抜かなければ、自分は殺されてしまうからだ。生き延びるための善悪二元論にどっぷりと浸かった著者は、戦争が終わってからも、こうした思考からしばらく抜け出せずに、苦労したと語っている。

この映画の主人公の父親は、「フランスは自由と人権を重んじる国であり、フランス政府が無実の自分たちを逮捕し、ナチス・ドイツに引き渡すことなどありえない」と最後までフランスを信じていた。これは著者の両親を含めて、当時のフランスのユダヤ人たちの代表的な考えだったと思われる。

ところで、この映画では扱っていない、きわめて重要なことがある。それは生き延びた者たちのその後の暮らしである。映画の主人公である十一歳のジョーと幼いノノ（史実では、冬季競輪場事件で生き残った二十五人）は、あの常軌を逸する体験をどのように解釈し、戦後、どのような暮らしを送ったのだろうか。そして戦後のフランス社会は、彼らをどのように受け入れたのだろうか。その一つの答えが、本書であることは明らかだ。

語り継ぐことの重要性

現在、われわれに問われているのは、世の中の出来事の意味を、哲学的、文化的、歴史的な観点から検証する能力だろう。つまり、出来事の背景にある価値観を見抜く高度な常識が必要とされているのだ。そのためには、われわれは、過去を封印してしまうのではなく、つらいことであっても語り継がなければならないのではないか。また、著者が述べるように、語るという行為は、語り手の資質だけでなく、聞き手の態度にも左右される。したがって、耳を傾ける姿勢を養うことも必要だろう。

本書はフランスの戦中戦後のユダヤ人をめぐる物語である。しかし、自分たちの身の回りにも、こうした封印されている物語があるのではないか。凍った言葉を心の奥底に抱え、声も出せずに苦しんでいる者たちがいるのではないだろうか。

※

吉田書店の吉田真也氏と私は、僭越ながら「語り継ぐことの重要性」を天命と感じ、この本の出版に賭けた。

本書が読者の凍った言葉を溶かすきっかけになる、あるいは身の回りの人々の溶け始めた言葉に耳を傾ける契機になれば幸いである。先ほど述べたように、一人で悩み苦しむ者に手を差し伸べるような社会になってほしいと切に願っている。

二〇一四年一月

林　昌宏

著者紹介

ボリス・シリュルニク　Boris Cyrulnik

1937年、フランスのボルドーにてポーランド系ロシア移民の子どもとして生まれる。5歳のときに、ユダヤ人一斉検挙により両親を失う。本人も6歳のときにフランスの警察に逮捕されるが、強制収容所へ移送される寸前のところで逃走する。戦後、経済的に恵まれない環境にもかかわらず、猛勉強してパリ大学医学部に進学し、念願の精神科医になる。臨床の傍ら、強制収容所から生還したものたちや、途上国の恵まれない子どもたちの支援活動を行う。学術論文以外にも、一般書を多数執筆している。フランスでは、ベストセラー作家であり、トラウマ研究の権威である。邦訳されているものに『妖精のささやき』（塚原史、後藤美和子訳、彩流社）などがある。

訳者紹介

林　昌宏（はやし・まさひろ）

1965年生まれ。立命館大学経済学部卒業。翻訳家として多くの話題作を提供。
訳書に、ベルトラン・ジョルダン『自閉症遺伝子』（中央公論新社）、ダニエル・コーエン『経済と人類の1万年史から、21世紀世界を考える』、ジャック・アタリ『21世紀の歴史』（ともに作品社）、アクセル・カーン『モラルのある人は、そんなことはしない』、ドミニク・カルドン『インターネット・デモクラシー』（ともにトランスビュー）、G.エスピン・アンデルセン『アンデルセン、福祉を語る』（ＮＴＴ出版）など多数。

本文写真（6, 10, 12, 13, 16, 20, 46, 47, 80, 82, 86, 266, 324, 325頁）……©DR.

憎むのでもなく、許すのでもなく
ユダヤ人一斉検挙の夜

2014年3月10日　初版第1刷発行
2014年5月22日　初版第2刷発行

著　者　ボリス・シリュルニク
訳　者　林　昌宏
発行者　吉田真也
発行所　合同会社 吉田書店
102-0072　東京都千代田区飯田橋1-6-4 幸洋アネックスビル3F
TEL：03-6272-9172　FAX：03-6272-9173
http://www.yoshidapublishing.com/

装丁　奥定泰之　　印刷・製本　モリモト印刷
DTP　閏月社
定価はカバーに表示してあります。

ISBN978-4-905497-19-6